くわしい学習

社会と理科の右ページは、左ページの内容をくわしく解説しています。知識を深めましょう。

知っ得！

学んだ内容にプラスとなる知識をまとめています。

関連した例題とその解説をのせています。解けないときは、左ページに戻って再確認できます。

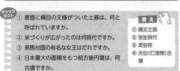

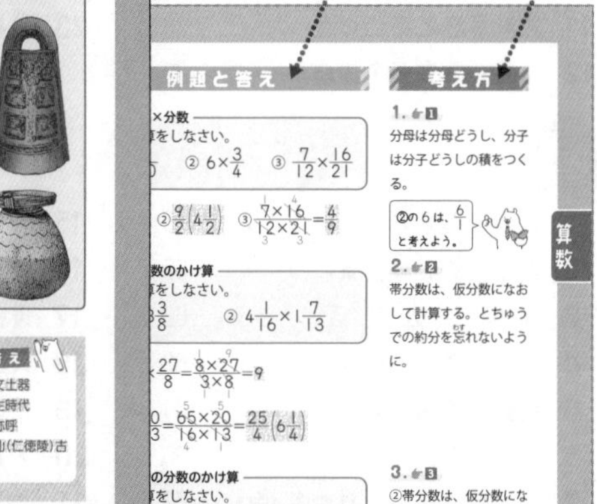

チェックテスト

一問一答式のテストです。学習内容が理解できているか確認しましょう。

もくじ

社会

理科

小6

全科の要点100%

受験研究社

この本の特長と使い方

この本は、社会・理科・算数・英語・国語の5教科を、図や表をたくさん使ってわかりやすくまとめています。日常での学習やテストの前の確認に役立ててください。

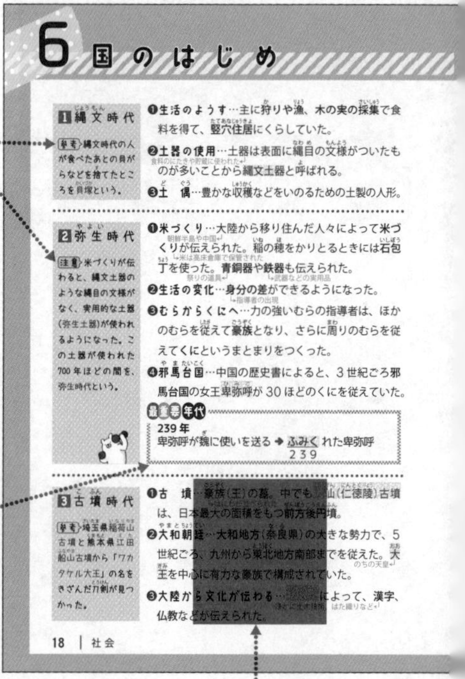
6 国のはじめ

1 縄文時代《じょうもん》

参考 縄文時代の人が食べたあとの貝がらなどを捨《す》てたところを貝塚《かいづか》という。

❶**生活のようす**…主に狩《か》りや漁《りょう》、木の実の採集《さいしゅう》で食料を得て、竪穴住居《たてあなじゅうきょ》にくらしていた。

❷**土器の使用**…土器は表面に縄目《なわめ》の文様《もんよう》がついたものが多いことから縄文土器と呼《よ》ばれる。
食料のにたきや貯蔵に使われた

❸**土《ど》　偶《ぐう》**…豊かな収穫《しゅうかく》などをいのるための土製の人形。

2 弥生時代《やよい》

注意 米づくりが伝わると、縄文土器のような縄目の文様がなく、実用的な土器(弥生土器)が使われるようになった。この土器が使われた700年ほどの間を、弥生時代という。

❶**米づくり**…大陸から移り住んだ人々によって米づくりが伝えられた。稲《いね》の穂《ほ》をかりとるときには石包丁《いしぼうちょう》を使った。青銅器や鉄器も伝えられた。
朝鮮半島や中国
米は高床倉庫で保管された
祭りの道具
武器などの実用品

❷**生活の変化**…身分の差ができるようになった。
指導者の出現

❸**むらからくにへ**…力の強いむらの指導者は、ほかのむらを従《したが》えて豪族《ごうぞく》となり、さらに周《まわ》りのむらを従えてくにというまとまりをつくった。

❹**邪馬台国《やまたいこく》**…中国の歴史書によると、3世紀ごろ邪馬台国の女王卑弥呼が30ほどのくにを従えていた。

最重要年代
239年
卑弥呼が魏《ぎ》に使いを送る ➜ ふみくれた卑弥呼
239

3 古墳時代《こふん》

参考 埼玉《さいたま》県稲荷山《いなりやま》古墳と熊本《くまもと》県江田《えた》船山《ふなやま》古墳から「ワカタケル大王」の名をきざんだ刀剣《とうけん》が見つかった。

❶**古　墳**…豪族(王)の墓。中でも山(仁徳陵)古墳は、日本最大の面積をもつ前方後円墳。

❷**大和朝廷《やまとちょうてい》**…大和地方(奈良県)の大きな勢力で、5世紀ごろ、九州から東北地方南部までを従えた。大王《おおきみ》を中心に有力な豪族で構成されていた。
のちの天皇

❸**大陸から文化が伝わる**…によって、漢字、仏教などが伝えられた。
はた織りなど

18 | 社会

参考　注意

「参考」には知っておくとよい知識や発展的な内容を、「注意」には気をつけるべきポイントを簡単にまとめています。

最重要ポイント

特に重要な内容や暗記項目をまとめています。必ず覚えておきましょう。

赤字で書かれた重要語句の上に消えるフィルターをのせて、答えられるまでくり返し勉強していきましょう。

本書に関する最新情報は、小社ホームページにある**本書の「サポート情報」**をご覧ください。(開設していない場合もございます。)
なお、この本の内容についての責任は小社にあり、内容に関するご質問は直接小社におよせください。

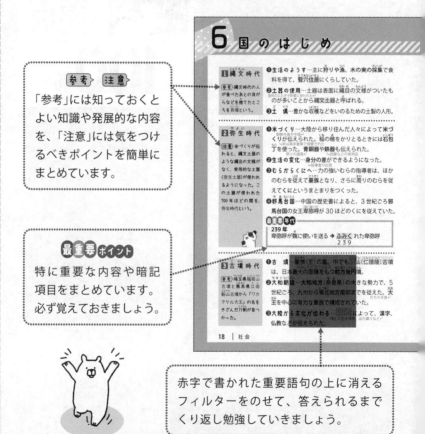

算数

英語

国語

国語は巻末から始まります

社会

1 日本国憲法と基本的人権の尊重

1 日本国憲法《けんぽう》の特色

参考 日本は、戦争や原子爆弾《げんしばくだん》による不幸な体験をくり返さないように、核《かく》兵器を「もたず、つくらず、もちこませず」という非核《ひかく》三原則を宣言《せんげん》している。

❶日本国憲法…国の最高の決まり。1946年11月3日に公布《こうふ》、1947年5月3日に施行《しこう》された。

それぞれ国民の祝日として文化の日と憲法記念日となっている↲

❷日本国憲法の3原則(3つの柱)

㋐**国民主権**…**主権《しゅけん》**は**国民**にあり、**天皇《てんのう》**は国および国民統合の**象徴《しょうちょう》**であると定めている。

↳国の政治のあり方を最終的に決定する権利

㋑**平和主義**…憲法第9条に「**戦争は永久に放棄《ほうき》する**」と示され、**平和主義**の立場をとっている。

㋒**基本的人権の尊重《そんちょう》**…人が生まれながらにしてもつ人間らしく生きる権利(**基本的人権**)を、日本国憲法は永久にうばわれない権利として保障《ほしょう》している。

最重要ポイント

日本国憲法の三原則 ➜ 国民主権、平和主義、基本的人権の尊重

2 基本的人権の尊重と国民の義務

参考 最近は新しい人権として、知る権利(情報公開)、環境《かんきょう》権、プライバシーの権利などが主張されている。

❶国民の基本的人権

㋐**平等権**…国民は**法の下《もと》に平等**で、人種、信条、**男女の性別**、**社会的身分**などで**差別**されない。

㋑**自由権**…生命や身体の自由、言論《げんろん》や集会の自由、思想や学問の自由、職業選択《せんたく》の自由など。

㋒**参政権**…**政治に参加**できる権利。

↳選挙権・被選挙権など

㋓**社会権**…健康で文化的な生活を営む権利(**生存権《せいぞんけん》**)、教育を受ける権利、働く権利など。

↳働く人には団結する権利などがある

㋔**請求《せいきゅう》権**…裁判《さいばん》を受ける権利など。

❷国民の義務…㋐子どもに**普通《ふつう》教育**を受けさせる義務。

㋑**税金**を納《おさ》める義務(納税《のうぜい》の義務)。

㋒働く義務(勤労《きんろう》の義務)。

くわしい学習

●天皇の国事行為《こくじこうい》…天皇は政治には関係せず、憲法で定められた次のような国事行為を**内閣《ないかく》の助言と承認《しょうにん》**によって国民のために行う。

①国会で指名された内閣総理大臣の任命。②内閣が指名した最高裁判所長官を任命する。③憲法改正・法律《ほうりつ》・政令・条約の**公布**。

④国会の**召集《しょうしゅう》**。⑤衆議院《しゅうぎいん》の**解散**。

⑥国務大臣などの任免《にんめん》の認証《にんしょう》。

⑦大使・公使の信任状の認証。

⑧栄典を授《さず》け、儀式《ぎしき》を行う。

⑨外国の大使や公使に会う。

●日本国憲法の内容…①前文、②天皇、③戦争の放棄、④国民の権利と義務、⑤国会の決まり、⑥内閣の決まり、⑦裁判所の決まり、⑧国の財政、⑨地方自治、⑩憲法の改正、⑪最高の法規、⑫補則《ほそく》、の順で構成されている。

●国民主権

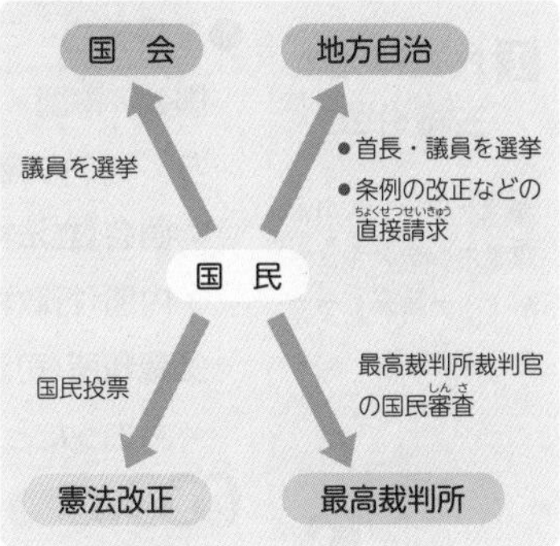

●人権と責任…憲法で基本的人権が尊重されているが、自分だけの人権を尊重し、他人の人権やみんなの幸福(公共の福祉《ふくし》)をそこなうことは許されない。㋐自分の会社の利益のためでも、公害をおこせば責任をとらなければならない。㋑交通規則を守らず勝手な行動をとれば罰《ばっ》せられる。㋒言論は自由でも、他人の名誉《めいよ》を傷《きず》つけたり、差別をすることは許されない。

チェックテスト

① 日本国憲法の３つの原則は何ですか。

② 憲法第９条で定められているのは、どういうことですか。

③ 国民は法の下に(　　)です。

④ 健康で文化的な生活をする権利や教育を受ける権利などを、何権といいますか。

答え

① 国民主権・平和主義・基本的人権の尊重

② 平和主義

③ 平等

④ 社会権

2 三権分立と国会の働き

1 民主政治と三権《さんけん》分立

参考 フランスの思想家モンテスキューが『法《ほう》の精神《せいしん》』で三権分立を主張。

❶**三権分立**…三権とは、**立法《りっぽう》権**・**行政《ぎょうせい》権**・**司法《しほう》権**。**国会**・**内閣《ないかく》**・**裁判所《さいばんしょ》**の３つの機関がそれぞれ受けもち、１つの機関に権力が集中しないようにしている。

㋐**国会(立法権)**…法律《ほうりつ》や予算などを決める。

㋑**内閣(行政権)**…法律や予算に従《したが》って、政治を行う。

㋒**裁判所(司法権)**…争いごとを解決したり、犯罪がおこったときに罪があるかないかを決めたりする。

最重要ポイント

三権分立 ➜ 権力の集中を防ぐ。

---

2 国会の働き

注意 国会の議決は、衆議院と参議院でそれぞれ審議《しんぎ》し、両院の議決の一致《いっち》で決められる。しかし、どうしても両院の議決が一致しない場合は、衆議院の議決が優先《ゆうせん》される（衆議院の優《ゆう》越《えつ》）。

❶**国会のしくみ**…国会は国民が選挙で選んだ議員（国会議員）で構成され、慎重《しんちょう》に話し合い（↳国会議事堂で話し合う）を行うために**衆議院《しゅうぎいん》**と**参議院**の２つ（↳二院制）に分かれている。

❷**国会の主なしごと**

㋐**法律をつくる**…国の決まりを定める。

㋑**予算を決める**…国の収入《しゅうにゅう》と支出を決める。

㋒**内閣総理大臣を指名する**…国会議員の中から、内閣の長である**内閣総理大臣**（首相《しゅしょう》）を指名《しめい》する。

㋓**条約を承認《しょうにん》する**…内閣が外国と結んだ条約を認《みと》めるかどうかを決める。

㋔**弾劾《だんがい》裁判**…裁判官としてふさわしくない行いをした裁判官をやめさせるかどうかを、裁判を行って決める。

❸**内閣不信任《ふしんにん》の決議**…国会（衆議院のみ）は、内閣を信任（↳信頼して任せること）または不信任とすることを決める。

くわしい学習

●三権分立のしくみ

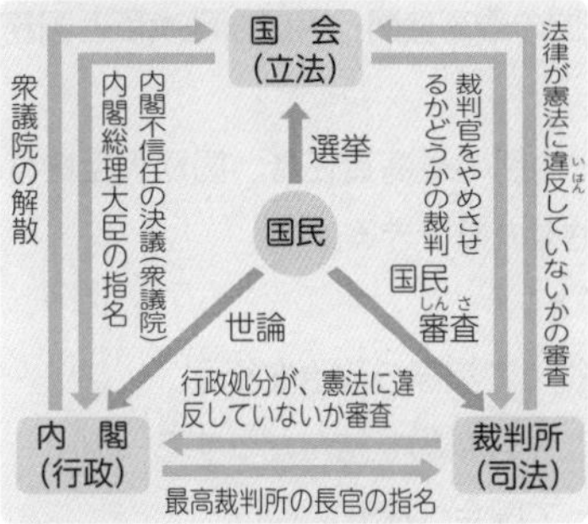

●衆議院と参議院のちがい

	衆議院	参議院
議員定数	465人	248人
被《ひ》選挙権	25才以上	30才以上
任　期	4年	6年
解　散	ある	なし

●主な国会の種類…①**常会**（**通常国会**）は毎年１回、１月に召集《しょうしゅう》。②**臨時《りんじ》会**（**臨時国会**）は内閣が認めたときか、一定数の議員の要求があったとき。③**特別会**（**特別国会**）は衆議院の解散後の総選挙の日から30日以内に召集。

●衆議院の優越…衆議院は参議院よりも任期が短く解散もあるので、世論《よろん》《せろん》を反映《はんえい》しやすいため、参議院よりも強い権限をもつ。

- **内閣不信任の決議**ができる。
- **予算の審議**を参議院より先に行う。
- **予算の議決・条約の承認・内閣総理大臣の指名**、また法律案の議決で、両院の意見が合わないときは、衆議院の議決が優先される。法律案は、**衆議院で出席議員**の**3分の2以上**の賛成が必要。

●内閣不信任…衆議院は、**内閣不信任の決議**ができる。可決されると内閣は10日以内に衆議院を**解散**するか、**総辞職**しなければならない。

●憲法《けんぽう》改正の発議…国会は、憲法改正案を各議院の総議員の**3分の2以上**の賛成で国民に発議できる。改正案は**国民投票**にかけられ、投票総数の**過半数**の賛成で成立。

チェックテスト

① 三権とは(　　)・(　　)・司法権です。
② 法律や予算を決めるのは(　　)です。
③ 衆議院は内閣(　　)を決議できます。
④ 国会の衆議院と参議院のうち、任期4年で解散があるのは、どちらですか。

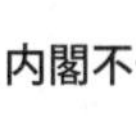

答え

① 立法権・行政権
② 国会
③ 不信任
④ 衆議院

3 内閣と裁判所の働き

1 内閣《ないかく》の働き

参考 内閣のしごとには、天皇《てんのう》の国事行為《こくじこうい》についての助言と承認《しょうにん》、臨時《りんじ》会の召集《しょうしゅう》の決定などもある。

参考 内閣は国会から生まれ、国会の信任に基《もと》づいて成立し、国会に対して連帯して責任を負う。このような制度を議院内閣制という。

❶**内　閣**…行政機関の最高機関。**内閣総理大臣**と国務大臣からなる。

❷**内閣総理大臣**…内閣の最高責任者。国務大臣を任命したり、やめさせたりできる。
↳首相

❸**内閣の主なしごと**

㋐法律《ほうりつ》や予算に従《したが》って実際の政治を行う。

㋑外国と交渉《こうしょう》したり、**条約**を結んだりする。

㋒**予算案**をつくって国会へ提出する。

㋓法律を実施《じっし》するための決まり(**政令**)を制定する。

㋔最高裁判所《さいばんしょ》長官を指名、その他の裁判官を任命する。

最重要ポイント

内閣総理大臣がすべての国務大臣を集めて開く**閣議**《かくぎ》で、内閣の方針《ほうしん》が決められる。

---

2 裁判所の働き

参考 裁判には、刑事裁判と民事裁判とがある。刑事裁判は盗《ぬす》みや誘拐《ゆうかい》などの犯罪行為について、民事裁判はお金の貸し借りによるもめごとなど個人や企業《きぎょう》の間の争いについて裁判を行う。

❶**裁判所の役割《やくわり》**

㋐争いごとや犯罪を法律によって解決する。

㋑法律や行政のしごとが憲法《けんぽう》に違反《いはん》していないかどうか判断する。

❷**司法権《けん》の独立**…裁判官は国会・内閣から独立する。
↳良心と憲法・法律に従って裁判を行う

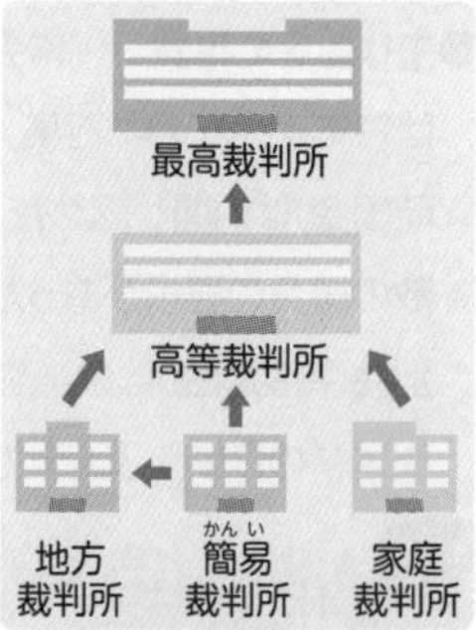

↑三審制

❸**裁判所のしくみ**…判決に不服の場合、上級の裁判所にうったえて3回まで裁判を受けられる(**三審制**《さんしんせい》)。

❹**裁判員制度**…国民の中から抽選《ちゅうせん》で選ばれた裁判員が、裁判官と判決を出すしくみ(刑事《けいじ》裁判のみ)。
↳2009年から始まった
↳有罪か無罪か、刑罰の内容などを決める

くわしい学習

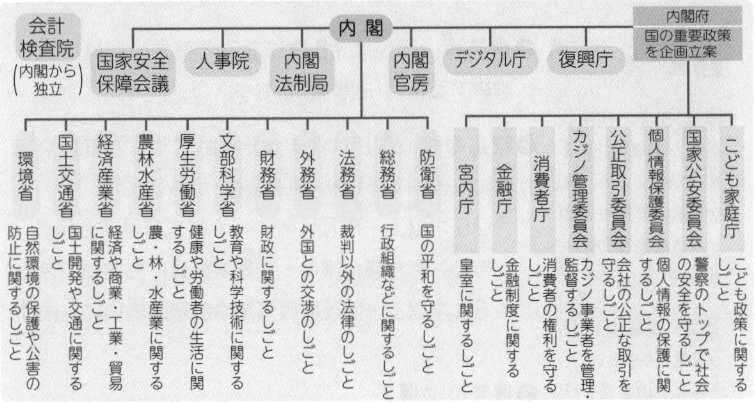

●**内閣の総辞職**…内閣が総辞職しなければならない場合。

- 衆議院《しゅうぎいん》で内閣不信任案が可決され、内閣が10日以内に衆議院を解散しないとき。
- 内閣総理大臣が欠けたとき。
- 衆議院の総選挙後に、はじめて国会が開かれるとき。
- 内閣の重要法案が国会で否決《ひけつ》されたり、政治進行に行きづまったりして総辞職を決めたとき。

●**裁判官をやめさせる場合**…裁判官は裁判の公正を守るために身分を保障《ほしょう》されているが、やめなければならないときがある。

- 裁判官としてふさわしくない行いをした裁判官を裁《さば》く弾劾《だんがい》裁判所（国会）が、やめさせる判決をしたとき。
- 国民の投票（国民審査《しんさ》）で不適格とされたとき（最高裁判所の裁判官のみ）。

チェックテスト

① 内閣総理大臣は（　　）が指名します。
② 最高裁判所の長官は（　　）によって指名されます。
③ 2009年に始まった（　　）制度により、国民の司法参加が実現しました。

答え

① 国　会
② 内　閣
③ 裁判員

4 選挙のしくみと税金

1 選　挙

参考 国会は、国民が選んだ議員(国会議員)で構成される。国会議員は衆議院議員と参議院議員に分かれる。

注意 政権をになう政党を与党《よとう》といい、それ以外の政党を野党《やとう》という。

❶選挙権《けん》…国民は18才になると首長や議員などを選挙する権利(**選挙権**)をもつ。

❷被《ひ》選挙権…国民は決まった年齢《ねんれい》になると首長や議員に立候《りっこう》補《ほ》する権利(**被選挙権**)がある。

㋐ 25才以上…**市(区)町村長**や都道府県議会議員・市(区)町村議会議員・衆議院《しゅうぎいん》議員に立候補できる。

㋑ 30才以上…**都道府県知事**や参議院議員に立候補できる。

❸選挙の心構え

㋐棄権《きけん》しないで、投票する。

㋑立候補者の主張や**公約**、**政党《せいとう》**(政治の考え方が同じ人の団体)の考え方をよく聞いて投票する。

↳立候補者が当選したときに行う約束事

2 税　金

参考 国が集めた税金を、どのように使うかという計画を、予算《よさん》という。予算は内閣《ないかく》がつくり、国会の承認《しょうにん》を得なければならない。予算の審《しん》議《ぎ》と議決は、国会の中でも衆議院の優越《ゆうえつ》が憲法《けんぽう》で認《みと》められている。

❶税金とは…国民から集めるお金。国民には、税金を納《おさ》める義務《ぎむ》(**納税《のうぜい》の義務**)がある。

❷主な税金

㋐ものを買ったときに払《はら》う…値段《ねだん》の10%が**消費税**。

㋑その地域《ちいき》に住んでいる人が払う…住民税。

㋒収入《しゅうにゅう》がある人が払う…所得税や事業税。

❸税金の使いみち…国、県、市の行う公共的なしごとに使う。学校、公園などをつくる。警察《けいさつ》や消防、公共的なサービスのしごとをする。

↳子育て、お年寄り、障がい者を支援

最重要ポイント

国や県、市は国民から集めた税金で公共的なサービスを提供《ていきょう》している。

くわしい学習

●**選挙の基本原則**…現在の選挙は、一定の年齢以上のすべての国民が選挙権をもつことができる**普通《ふつう》選挙**、だれでも一人一票である**平等選挙**、代表を直接選ぶ**直接選挙**、他の人に投票した政党や候補者を知られない**秘密《ひみつ》選挙**という４つの原則のもとで行われている。

●**税金の集められ方**…税金は、さまざまな種類があり、その集められ方もちがう。

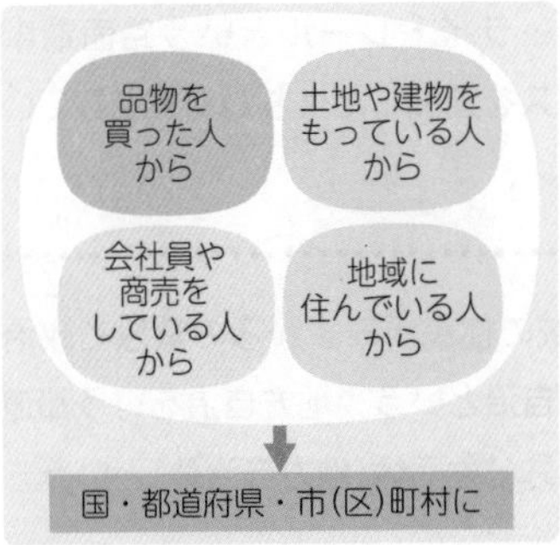

●**税金の働き**…公共施設《しせつ》の建設や地域の開発などは、税金によってまかなわれている。税金は、収入にかかる所得税のように税金を納める人と負担《ふたん》する人が同じ**直接税**と、**消費税**のように税金を納める人と負担する人が異《こと》なる**間接税**とに分かれる。また、国に納める税金を**国税**、市や県などに納める税金を**地方税**という。

		直接税	間接税
国　税		所得税、法人税、相続税など	消費税、酒税、たばこ税、関税など
地方税	(都)道府県税	(都)道府県民税、事業税、自動車税など	ゴルフ場利用税、(都)道府県たばこ税など
地方税	市(区)町村税	市(区)町村民税、固定資産税など	市(区)町村たばこ税など

チェックテスト

① 選挙権をもつことができるのは、何才以上からですか。

② 国や地方公共団体が国民から集めるお金を、何といいますか。

③ ものを買ったときに払う②を何といいますか。

答え

① 18才以上
② 税　金
③ 消費税

5 わたしたちの願いと地方の政治

1 わたしたちの願いを実現する政治

参考 地方公共団体のしごとは、その地域に住む人のためのもので、道路や上下水道の整備、学校や病院などの設置、警《けい》察《さつ》や消防などがある。

❶子育てのために…子育て費用を補助《ほじょ》する(医療《いりょう》費の負担《ふたん》を減らすなど)。子育て支援《しえん》センターをつくって保護者に対していろいろな**保育サービス**を提供《ていきょう》する。

❷お年寄りのために…お年寄りを社会全体で支えるために、いろいろな**介護《かいご》サービス**を提供する。健康や生きがいを支える場として、老人福祉《ふくし》センターをつくっている市町村もある。

❸災害からの復興・復旧…自然災害からの復興や復旧のために、公共施設《しせつ》やライフラインなどを修復する。

❹地域《ちいき》の活性化…**ライトレール**という路面電車や**コミュニティバス**を整備したまちづくりをしている例がある。

2 地方公共団体

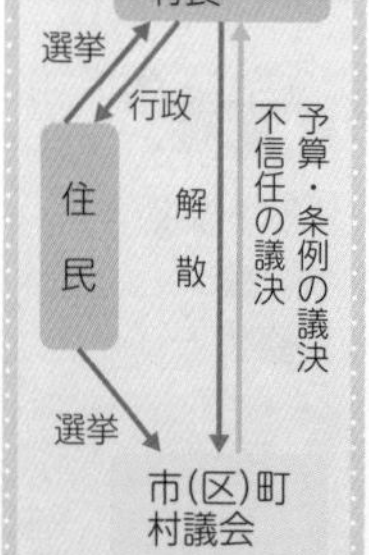

❶地方自治…地域の住民がみずからの意思で政治を行うことを**地方自治**という。地方自治を行う都道府県や市町村を**地方公共団体**(**地方自治体**)という。

❷地方公共団体のしくみ

㋐**首《しゅ》　長《ちょう》**…都道府県知事や市(区)町村長などのことで、予算や地域の決まり(**条例**)の案を議会に提案し、また、議会の議決に従《したが》ってしごとを行い、地方公務員を指揮《しき》する。

↳地方公共団体独自の法律

㋑**議　会**…議会は条例の案や予算などを検討《けんとう》して、賛成か反対かを決める。

くわしい学習

●ノーマライゼーション…障がいがあってもなくても、すべての人が地域の中で安心して生活できる社会を目ざす考え方。だれでも安心して利用できるよう、エレベーターやエスカレーターを整備するといった**バリアフリー**をすすめれば、みなが快適な社会が実現する。

●ユニバーサルデザイン…年齢《ねんれい》や障がいの有無、性別、国籍《こくせき》などに関係なく、あらゆる人が簡単《かんたん》に使えるようにくふうした施設、製品、使い方など。

●直接請求《ちょくせつせいきゅう》…住民が地域で一定割《わり》合《あい》以上の賛成署名《しょめい》を集めれば、条例をつくるよう請求したり、議会の解散や、知事や市(区)町村長をやめさせる(**リコール**する)ことを議会に求めることができる。

●地方公共団体の収入《しゅうにゅう》と支出

- **収　入**…**地方税**(住民税・事業税など)や国からの**国庫支出金《こっこししゅつきん》**や**地方交付税**が主な収入。
- **支　出**…一般《いっぱん》行政経費(社会福祉費・教育費・土木費)、公債《こうさい》費などに支出。

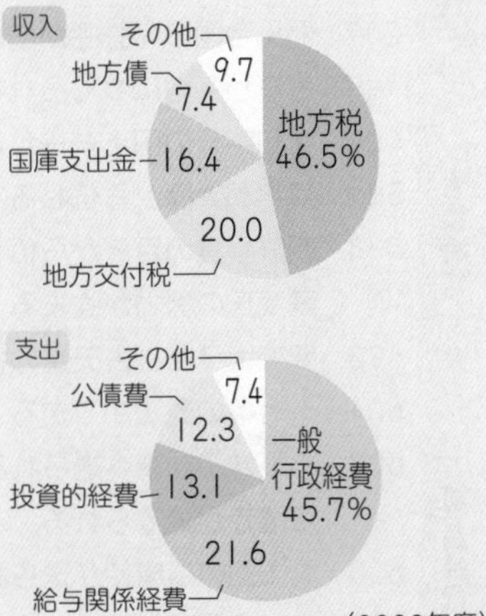

(2023年度)
(2023/24年版「日本国勢図会」)

↑地方財政の収入と支出

チェックテスト

① 介護を必要とするお年寄りに対する公共的なサービスのことを、何といいますか。
② 地方公共団体の知事や市(区)町村長などは、まとめて何といわれますか。
③ 地方公共団体が独自に制定する決まりを何といいますか。

答え

① 介護サービス
② 首　長
③ 条　例

年表によるまとめ①（縄文～安土桃山時代）

時代	年代	できごと・文化	中国
縄文《じょうもん》時代	1万年前	狩《か》りや漁《りょう》のくらしが行われる	殷《いん》・周《しゅう》
		縄文土器《どき》や石器が使われる（三内丸山遺跡《さんないまるやまいせき》）	
弥生《やよい》時代	2300年前	米づくりが大陸から伝わる	秦《しん》
		弥生土器が使われる（吉野ヶ里《よしのがり》遺跡、登呂《とろ》遺跡）	漢《かん》
	57	倭《わ》の奴国《なのくに》の王が漢に使いを送り金印をさずかる	
	3世紀	各地に小さな「くに」ができる	
	239	邪馬台国《やまたいこく》の卑弥呼《ひみこ》が魏《ぎ》に使いを送る	三国《さんごく》
古墳《こふん》時代	3世紀後半	古墳が各地につくられる	晋《しん》
	4世紀	大和朝廷《やまとちょうてい》の国土統一が進む	
	5世紀	漢字が大陸から伝わる	南北朝《なんぼくちょう》
	538	朝鮮《ちょうせん》半島の百済《くだら》から仏教が伝わる	
		蘇我《そが》氏の勢力が強まる	
飛鳥《あすか》時代	593	聖徳太子《しょうとくたいし》が推古天皇《すいこてんのう》の摂政《せっしょう》となる	隋《ずい》
	604	十七条《じゅうしちじょう》の憲法《けんぽう》ができる	
	607	小野妹子《おののいもこ》が隋へ送られる	
		法隆寺《ほうりゅうじ》が建てられる	
	630	第1回の遣唐使《けんとうし》が送られる	唐《とう》
	645	**大化《たいか》の改新《かいしん》**	
	701	大宝律令《たいほうりつりょう》が定められる	
奈良《なら》時代	**710**	**都が平城京《へいじょうきょう》（奈良）に移る**	
		このころ『古事記《こじき》』『日本書紀《にほんしょき》』ができる	
	743	墾田永年私財法《こんでんえいねんしざいのほう》（荘園《しょうえん》の始まり）	
	752	東大寺大仏《とうだいじだいぶつ》の開眼式《かいげんしき》が行われる	
平安《へいあん》時代	**794**	**都が平安京《へいあんきょう》（京都）に移る**	
	894	菅原道真《すがわらのみちざね》の意見で遣唐使が停止される	
	10世紀	かな文字など、日本風の文化が育つ	五代《ごだい》

↑大仙《だいせん》古墳

プラスα

摂政とは天皇が女性のときや幼少《ようしょう》のときに、天皇の代わりに政治を行う役職である。

↑東大寺大仏

時代	年代	できごと・文化	中国
平安時代	10世紀半ば	武士(平 将門《たいらのまさかど》、藤原純友《ふじわらのすみとも》)の反乱	宋《そう》
	11世紀はじめ	『枕草子《まくらのそうし》』『源氏物語《げんじものがたり》』ができる	
	1016	藤原道長《みちなが》が摂政《せっしょう》となる	
	1053	藤原頼通《よりみち》が平等院鳳凰堂《びょうどういんほうおうどう》を建てる	
	1167	平清盛《きよもり》が太政大臣《だいじょうだいじん》となる	
	1185	壇ノ浦《だんのうら》の戦いで平氏がほろびる	
鎌倉《かまくら》時代	**1192**	**源 頼朝《みなもとのよりとも》が征夷大将軍《せいいたいしょうぐん》になる**	
	1221	承久《じょうきゅう》の乱がおこる→北条《ほうじょう》氏の執権《しっけん》政治へ	
	1232	御成敗式目《ごせいばいしきもく》(貞永《じょうえい》式目)が制定される	
	1274	文永《ぶんえい》の役《えき》(最初の元寇《げんこう》)	
	1281	弘安《こうあん》の役(2回目の元寇)	元《げん》
	1333	鎌倉幕府《ばくふ》がほろびる	
室町《むろまち》時代	**1338**	**足利尊氏《あしかがたかうじ》が京都に室町幕府を開く**	
	1397	足利義満《よしみつ》が金閣《きんかく》を建てる	明《みん》
	1404	足利義満が勘合《かんごう》貿易を開始する	
	1428	正長《しょうちょう》の土一揆《どいっき》がおこる	
	1467	**応仁《おうにん》の乱**(～77年)→戦国時代	
	1485	山城《やましろ》の国《くに》一揆	
	1488	加賀《かが》の一向《いっこう》一揆	
	1489	足利義政《よしまさ》が銀閣《ぎんかく》を建てる	
	1543	種子島《たねがしま》に鉄砲《てっぽう》が伝わる	
	1549	キリスト教が伝わる	
安土桃山《あづちももやま》時代	**1573**	**織田信長《おだのぶなが》が室町幕府をほろぼす**	
	1582	羽柴《はしば》(豊臣《とよとみ》)秀吉《ひでよし》が検地《けんち》を始める	
	1585	豊臣秀吉が関白《かんぱく》になる	
	1588	**豊臣秀吉が刀狩令《かたながりれい》を出す**	
	1590	豊臣秀吉が全国を統一する	
	1592	文禄《ぶんろく》の役(最初の朝鮮侵略《しんりゃく》)	
	1597	慶長《けいちょう》の役(2回目の朝鮮侵略)	
	1600	関ヶ原《せきがはら》の戦いで徳川家康《とくがわいえやす》が勝利する	

↑平等院鳳凰堂

データ

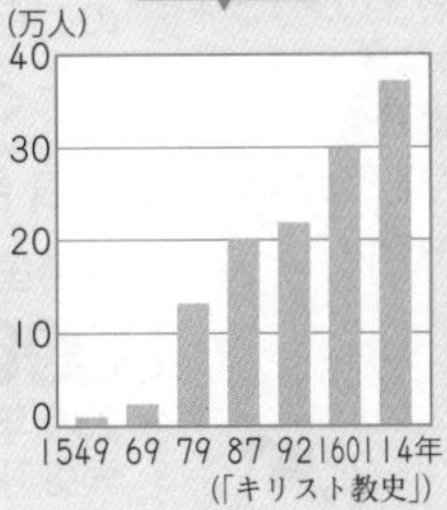

↑キリシタンの増加

入試サポート

各時代の人物名とできごとを整理しておこう。

6 国のはじめ

1 縄文《じょうもん》時代

参考 縄文時代の人が食べたあとの貝がらなどを捨《す》てたところを貝塚《かいづか》という。

❶**生活のようす**…主に狩《か》りや漁《りょう》、木の実の**採集**《さいしゅう》で食料を得て、**竪穴住居**《たてあなじゅうきょ》にくらしていた。

❷**土器の使用**…土器は表面に縄目《なわめ》の文様《もんよう》がついたものが多いことから**縄文土器**と呼《よ》ばれる。
食料のにたきや貯蔵に使われた↲

❸**土偶**《ど　ぐう》…豊かな収穫《しゅうかく》などをいのるための土製の人形。

2 弥生《やよい》時代

注意 米づくりが伝わると、縄文土器のような縄目の文様がなく、実用的な土器（弥生土器）が使われるようになった。この土器が使われた700年ほどの間を、弥生時代という。

❶**米づくり**…大陸から移り住んだ人々によって**米づくり**が伝えられた。稲《いね》の穂《ほ》をかりとるときには**石包丁**《いしぼうちょう》を使った。**青銅器**や**鉄器**も伝えられた。
朝鮮半島や中国↲
↳米は高床倉庫で保管された
祭りの道具↲　↳武器などの実用品

❷**生活の変化**…**身分の差**ができるようになった。
↳指導者の出現

❸**むらからくにへ**…力の強いむらの指導者は、ほかのむらを従《したが》えて**豪族**《ごうぞく》となり、さらに周《まわ》りのむらを従えてくにというまとまりをつくった。

❹**邪馬台国**《やまたいこく》…中国の歴史書によると、3世紀ごろ**邪馬台国**の女王**卑弥呼**《ひみこ》が30ほどのくにを従えていた。

最重要年代

239年
卑弥呼が魏《ぎ》に使いを送る ➔ **ふみく**れた卑弥呼
239

3 古墳《こふん》時代

参考 埼玉《さいたま》県稲荷山《いなりやま》古墳と熊本《くまもと》県江田《えた》船山《ふなやま》古墳から「ワカタケル大王」の名をきざんだ刀剣《とうけん》が見つかった。

❶**古墳**…豪族《ごうぞく》（王）の墓。中でも**大仙**《だいせん》**（仁徳陵**《にんとくりょう》**）古墳**は、日本最大の面積をもつ**前方後円墳**《ぜんぽうこうえんふん》。
↳はにわが並べられた

❷**大和朝廷**《やまとちょうてい》…**大和地方**（奈良《なら》県）の大きな勢力で、5世紀ごろ、九州から東北《とうほく》地方南部までを従えた。**大**《おお》**王**《きみ》を中心に有力な豪族で構成されていた。
のちの天皇↲

❸**大陸から文化が伝わる**…**渡来人**《とらいじん》によって、**漢字**、**仏教**などが伝えられた。
ほかに土木技術、はた織りなど↲

くわしい学習

●縄文・弥生・古墳時代の文化

チェックテスト

① 表面に縄目の文様がついた土器は、何と呼ばれていますか。

② 米づくりが広がったのは何時代ですか。

③ 邪馬台国の有名な女王はだれですか。

④ 日本最大の面積をもつ前方後円墳は、何古墳ですか。

答え

① 縄文土器
② 弥生時代
③ 卑弥呼
④ 大仙（仁徳陵）古墳

7 聖徳太子と大化の改新

1 聖徳太子《しょうとくたいし》の政治

❶聖徳太子の国づくり…6世紀末(593年)、**聖徳太子**はおばの推古天皇《すいこてんのう》を助ける役職(**摂政《せっしょう》**)につき、**蘇我馬子《そがのうまこ》**と協力して、天皇中心の国づくりを進めた。

㋐**新しい制度**…冠《かんむり》の色などで役人の位《くらい》を示す**冠位《かんい》十二階の制度**をつくり、**十七条《じゅうしちじょう》の憲法《けんぽう》**で役人の心《こころ》得《え》を示した。

↳仏教や儒学の考えを取り入れた

㋑**遣隋使《けんずいし》の派遣《はけん》**…中国(隋)の進んだ制度・文化を取り入れるため、**小野妹子《おののいもこ》**ら使節を隋へ送った。

㋒**仏教をさかんにする**…**法隆寺《ほうりゅうじ》**など寺院を建てた。

参考 聖徳太子はあつく仏教を信じ、仏教を広めてその精神を政治に生かそうとした。仏教を中心としたこの時代の文化を、飛鳥《あすか》文化という。

2 大化《たいか》の改新《かいしん》

❶大化の改新…聖徳太子の死後、645年に**中大兄皇《なかのおおえのおう》子《じ》**と**中臣鎌足《なかとみのかまたり》**らは、権力が強くなった蘇我氏をたおして、政治の改革《かいかく》を始めた。豪族《ごうぞく》が支配していた土地・人民を、国のものとした(**公地公民**)。

のちの天智天皇↲　のちの藤原鎌足↲

❷大宝律令《たいほうりつりょう》…8世紀のはじめにつくられた法律。全国を支配するしくみが整えられた。

㋐**班田収授法《はんでんしゅうじゅのほう》**…戸籍《こせき》にもとづいて、6才以上のすべての人々に**口分田《くぶんでん》**をあたえた。

↳死ねば国に返させた

㋑**国・郡をつくる**…全国を国と郡に分け、それぞれに役人(**国司《こくし》**・**郡司《ぐんじ》**)を置いた。

㋒**税の制度**…人々に稲《いね》(**租《そ》**)・地方の特産物(**調《ちょう》**)・労《ろう》役《えき》のかわりに布(**庸《よう》**)を税として納《おさ》めさせた。成人男子には朝廷の警備《けいび》や北九州の守りにつかせた。

↳収穫高の約3%　↳衛士　↳防人

最重要年代

645年
大化の改新がおこる ➔ 大化の改新 むずかしい
(6 45)

参考 中国にならって、645年に初めて大化という元号が定められたので、大化の改新という。

注意 朝廷《ちょうてい》の役職についた豪族の中で、重要な役職についた豪族は、貴族《きぞく》と呼《よ》ばれるようになった。

参考 672年、大海人《おおあまの》皇子(天智《てんじ》天皇の弟)が壬申《じんしん》の乱《らん》に勝ち、天武《てんむ》天皇として即位《そくい》した。

くわしい学習

●**冠位十二階**…6つの階位をさらに大小2つに分けて役人の位を12に分け、能力に応じて、豪族に位があたえられた。

●**十七条の憲法**（一部）

1. たがいに仲よくせよ。
2. 仏教をあつく信仰《しんこう》せよ。
3. 天皇の命令には必ず従《したが》え。
4. 礼儀《れいぎ》を正しくせよ。
5. 裁判《さいばん》は公正に行え。

●**中大兄皇子**…667年に近江《おうみ》（滋《し》賀《が》県）に都を移し、翌年《よくねん》、天皇（天智天皇）になった。

●**中臣鎌足**…大化の改新など長年の功績により、亡《な》くなる際に朝廷から藤原《ふじわら》の姓《せい》をあたえられ、藤原氏繁栄《はんえい》のもとを築いた。

●**大宝律令**…701年、中国の律令（刑罰《けいばつ》や政治のしくみを定めたもの）にならってつくられた。

●**法隆寺**（右の絵）…7世紀はじめに、聖徳太子によって建てられた。一度、焼けたあと、7世紀末～8世紀はじめに再建された。現存《げんそん》する**世界最古の木造建築**で、世界文化遺産《いさん》に登録されている。

チェックテスト

① 十七条の憲法や冠位十二階をつくったのは、だれですか。

② ①の人物が中国へ送った使者を何と呼びますか。

③ 大化の改新を始めた中心人物は、だれとだれですか。

④ 大宝律令がつくられたあと、人々が納めることになった3つの税は、何ですか。

答え

① 聖徳太子
② 遣隋使
③ 中大兄皇子・中臣鎌足
④ 租・調・庸

8 聖武天皇と奈良の都

1 奈良《なら》の都と東大寺《とうだいじ》の大仏

参考 山上憶良《やまのうえのおくら》は『万葉集《まんようしゅう》』の中の「貧《ひん》窮問答歌《きゅうもんどうか》」で、農民の貧しいくらしを歌にしてよんだ。

❶奈良の都…710年、藤原京《ふじわらきょう》から奈良の**平城京《へいじょうきょう》**に都が移された。

唐の都の長安にならった↵

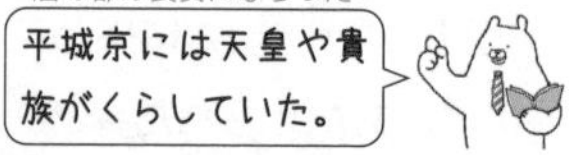

❷聖武天皇《しょうむてんのう》と大仏

㋐**聖武天皇**…仏教の力で世の中の不安をしずめようと全国に**国分寺《こくぶんじ》**と**国分尼寺《こくぶんにじ》**、都に**大仏**と大仏をまつる**東大寺**をつくった。

↳貴族の反乱や病気が流行した

㋑**行《ぎょう》　基《き》**…ため池や橋などをつくり、民衆《みんしゅう》にしたわれていた僧《そう》。大仏づくりに協力し、多くの民衆も行基に協力して工事に参加した。

❸農民の負担《ふたん》…租《そ》・調《ちょう》・庸《よう》の税と兵役《へいえき》は農民を苦しめたため、逃亡《とうぼう》する者もいた。

稲↵ 特産物↵ ↳年間10日の都での労働か布

最重要年代

710年
奈良に都を定める ➔ **なんと**みごとな　平城京
7 10

2 遣唐使《けんとうし》と奈良時代の文化

参考『万葉集』には、柿本人麻呂《かきのもとのひとまろ》や山上憶良・山部赤人《やまべのあかひと》らの歌人や庶民《しょみん》の歌がおさめられている。

❶遣唐使…朝廷《ちょうてい》は、中国(唐)の進んだ文化や学問などを学ぶため、使節(**遣唐使**)を中国へ派遣《はけん》した。

㋐**鑑《がん》　真《じん》**…中国の高僧《こうそう》。仏教の制度を整えたい朝廷の招きに応じて来日し、**唐招提寺《とうしょうだいじ》**を建てるなど、日本の仏教の発展《はってん》に力をつくした。

㋑**正倉院《しょうそういん》の宝物《ほうもつ》**…東大寺の**正倉院**には、遣唐使がもたらした中国や西アジアの品が残されていた。

↳三角形の木材を組んだ校倉造

シルクロードを通じて伝わった↵

❷奈良時代の文化…歴史書として『**古事記《こじき》**』や『**日本《にほん》書紀《しょき》**』、地理書として『**風土記《ふどき》**』、日本最古の歌集になる『**万葉集**』がつくられた。

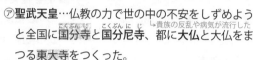

くわしい学習

●**平城京**…東西約6km、南北約5kmで、北に平城宮《きゅう》があり、それに向かって中央に、はば約70mの朱雀大路《すざくおおじ》が通っていた。役所や寺院のほか、貴族《きぞく》・下級役人・庶民の住まいが立ち並《なら》んでいた。

●**遣唐使**…630年から894年(菅原道真《すがわらのみちざね》の意見により停止)までの間に十数回、日本から中国(唐)に派遣された使節。これにより日本に国際的な文化が栄えた。

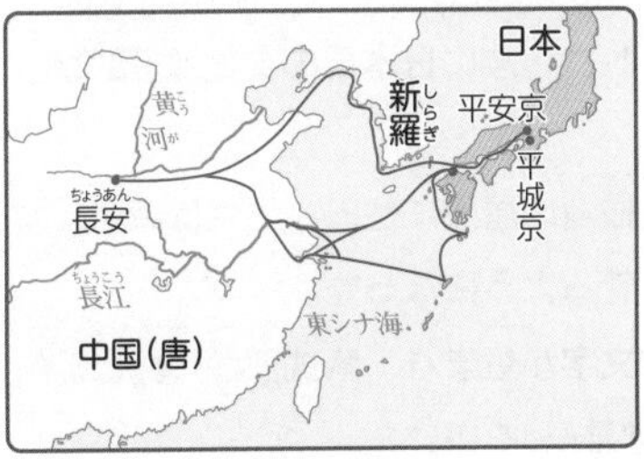

↑遣唐使の航路

●**正倉院の宝物**…正倉院には、**聖武天皇**の**遺品《いひん》**など約9,000点の品が宝物として保存《ほぞん》されていた。宝物には中国やペルシャ(今のイラン)・インドなどの品々があり、**国際色豊か**である。

●**『古事記』『日本書紀』**…『古事記』は**稗田阿礼《ひえだのあれ》**が覚えていた古代の歴史を**太安万侶《おおのやすまろ》**がまとめ、712年に完成した。『日本書紀』は**舎人《とねり》親王《しんのう》**らが古代の歴史をまとめ、720年に完成した。

●**墾田永年私財法《こんでんえいねんしざいのほう》**…奈良時代、人口が増え、口分田《くぶんでん》が不足したため、743年に朝廷は**墾田永年私財法**を出して、新しく土地を開墾《かいこん》した者にその土地(私有地《しゆうち》)の所有を認《みと》めた。この私有地がのちに荘園《しょうえん》と呼《よ》ばれるようになった。

チェックテスト

① 710年につくられた都は何ですか。
② 東大寺を建てた天皇はだれですか。
③ 大仏づくりに協力した僧はだれですか。
④ 鑑真が建てた寺は、何ですか。
⑤ ②の天皇の遺品などをたくさん保存していた東大寺の宝庫は何ですか。
⑥ 日本最古の歌集は何ですか。

答え

① 平城京
② 聖武天皇
③ 行 基
④ 唐招提寺
⑤ 正倉院
⑥『万葉集』

9 平安京と藤原氏の栄え

1 平安京《へいあんきょう》と摂《せっ》関《かん》政治

参考 桓武天皇は坂上田村麻呂《さかのうえのたむらまろ》を征夷大将軍《せいいたいしょうぐん》に任命し、東北《とうほく》地方（蝦夷《えみし》《えぞ》）の支配にあたらせた。

❶**平安京**…**桓武天皇《かんむてんのう》**は、寺院勢力が強くなった奈良《なら》をはなれ、794 年に都を京都《きょうと》(**平安京**)へ移した。

❷**摂関政治**…**藤原氏《ふじわら》**は、むすめを天皇のきさきにして、**摂政《せっしょう》**・**関白《かんぱく》**となり政治の実権《じっけん》をにぎった。**藤原道長《ふじわらのみちなが》**とその子**頼通《よりみち》**のころ、もっとも栄えた。藤原頼通は**平等院鳳凰堂《びょうどういんほうおうどう》**という阿弥陀堂《あみだどう》を建てた。

↳中臣鎌足の子孫（藤原氏）

↳京都の宇治に建てられた（平等院鳳凰堂）

最重要年代

794 年

平安京へ都を移す ➜ 泣《な》くよ坊《ぼう》さん 平安京

794

2 平安時代の文化

参考 紀貫之《きのつらゆき》らが『古今和歌集《こきんわかしゅう》』を編集《へんしゅう》した。このころすぐれた歌人《かじん》が多く出た。

❶**日本風の文化**…遣唐使《けんとうし》の停止(894 年)で中国のえいきょうがうすれ、貴族《きぞく》に日本風の文化(**国風文化**)が広まった。

㋐貴族たちは**寝殿造《しんでんづくり》**の屋敷《やしき》に住み、男性は**束帯《そくたい》**、女性は**十二単《じゅうにひとえ》**を着るようになった。

㋑漢字から**かな文字**が生まれ、**紫式部《むらさきしきぶ》**が『**源氏物語《げんじものがたり》**』、**清少納言《せいしょうなごん》**が『**枕草子《まくらのそうし》**』を書いた。

㋒日本の自然や風俗《ふうぞく》がえがかれた(**大和絵《やまとえ》**)。

❷**新しい仏教**(9 世紀はじめ)

㋐**最澄《さいちょう》**が比叡山《ひえいざん》に**延暦寺《えんりゃくじ》**を建て、**天台宗《てんだいしゅう》**を伝えた。

↳滋賀県・京都府（比叡山）

㋑**空海《くうかい》**が高野山に**金剛峯寺**を建て、**真言宗《しんごんしゅう》**を伝えた。

↳和歌山県（高野山）

3 武士《ぶし》のおこりと平清盛《たいらのきよもり》

❶**武士のおこり**…豪族《ごうぞく》などが武装《ぶそう》を始め、**武士**となり、中でも**源氏《げんじ》**と**平氏《へいし》**の勢いが強かった。

10 世紀ごろに出現↲（武士）

❷**平氏の政治**…平清盛は**保元の乱《ほうげん》**で力を認《みと》められ、**平治の乱《へいじ》**ののち、**太政大臣《だいじょうだいじん》**の地位についた。

↳天皇家や藤原氏一族の争い（保元の乱）

↳源氏を破った（平治の乱）

↳朝廷の高い位（太政大臣）

くわしい学習

●藤原道長の歌

「この世をば　わが世とぞ思う　望月《もちづき》の　欠けたることも　なしと思えば」(この世は、わたしの世の中で、わたしの思い通りにならないことは何もない。満月に欠けたところがないように。)

この世は自分の思い通りになるという意味の歌。

●束帯と十二単

束　帯
朝廷での公式行事の際などに着用。
十二単
宮中《きゅうちゅう》女性の正装《せいそう》。何枚も重ねた着物は約16kgもあったと考えられる。

●平将門《まさかど》と藤原純友《すみとも》の乱《らん》…935年、平氏の一人**平将門**が関東《かんとう》地方の役所を次々とおそって、関東の大部分を支配した。同じころ瀬戸《せと》内《うち》地方で、**藤原純友**が海賊《かいぞく》を率いて役所をおそった。朝廷《ちょうてい》は、武士の力を借りて、これらをしずめた。

●平清盛(右のイラスト)

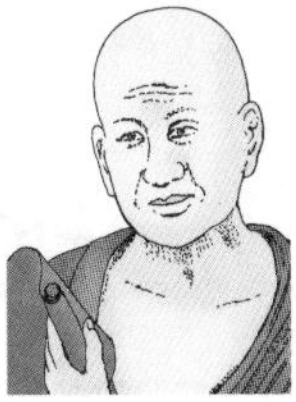

武士として最初の太政大臣。むすめを天皇のきさきにして天皇と親戚《しんせき》となり、実権をにぎった。兵《ひょう》庫《ご》(神戸《こうべ》市)の港を直して**中国(宋《そう》)との貿易**を行い、**厳島《いつくしま》神社**(広島《ひろしま》県)を守り神として航海の安全をいのった。

チェックテスト

① 平安京に都を移した天皇はだれですか。
② 藤原氏がもっとも栄えたのは、藤原(　　)とその子頼通のときです。
③ 藤原頼通が宇治《うじ》に建てた阿弥陀堂は何といいますか。
④『枕草子』の作者はだれですか。
⑤ 武士で最初に政治の実権をにぎった人はだれですか。

答え

① 桓武天皇
② 道長
③ 平等院鳳凰堂
④ 清少納言
⑤ 平清盛

10 源頼朝と鎌倉幕府

1 鎌倉幕府《かまくらばくふ》と執権《しっけん》政治

参考 頼朝の妻北条政子《まさこ》は、頼朝の死後、実家である北条氏と政治の実権をにぎり、承久の乱では御家人に頼朝のご恩を説いて団結をうったえた。

❶平氏《へいし》がほろびる…源 頼朝《みなもとのよりとも》の弟、**義経《よしつね》**が**壇ノ浦《だんのうら》の戦い**で平氏をほろぼした。
↳山口県

❷鎌倉幕府の成立…1185年、頼朝は各地に**守護《しゅご》**・**地頭《じとう》**を置き、1192年に**征夷大将軍《せいいたいしょうぐん》**になった。将軍と**御家人《ごけにん》**は、**ご恩《おん》**と**奉公《ほうこう》**の関係で強く結ばれていた。
↳家来になった武士

❸執権政治…**執権**となった**北条氏《ほうじょう》**が政治の実権《じっけん》をにぎった。1221年、朝廷《ちょうてい》は幕府をたおす命令を出したが、幕府側の武士に敗れた（**承久《じょうきゅう》の乱《らん》**）。
将軍を助ける職↲

最重要年代

1221年
承久の乱がおこる ➜ 人に不《ふ》意《い》うつ 承久の乱
1221

2 元《げん》 寇《こう》

参考 幕府は元寇などの出費のため生活に苦しむ御家人の借金を帳消しにしたり、手放した土地をただで取りもどしたりする徳政令《とくせいれい》を出したが、経済《けいざい》の混乱を招くことになった。

❶元《げん》…13世紀、モンゴルは中国を支配すると国名を元とした。元の皇帝《こうてい》**フビライ**は、日本に従《したが》うようにと使者を送ったが、幕府の執権**北条時宗《ときむね》**は断り、九州の守りを固めた。

❷元　寇…元は、1274年（**文永《ぶんえい》の役《えき》**）と1281年（**弘安《こうあん》の役**）に日本へせめてきた。**集団戦法**と**火薬兵器**で、日本側を苦しめたが、武士の抵抗《ていこう》や暴風雨で引き上げた。
↳てつはう

❸御家人の不満…御家人は、「**一所懸命《いっしょけんめい》**」のかいなく、領地をもらえず、幕府に不満をもった。
↳生活も苦しくなった

3 鎌倉時代の文化

❶武士や民衆《みんしゅう》にわかりやすい**新しい仏教**が広まった。

❷『**平家物語《へいけものがたり》**』など戦いの物語を**琵琶法師《びわほうし》**が語り伝えた。

❸**金剛力士像《こんごうりきしぞう》**など力強い彫刻《ちょうこく》が生み出された。
↳運慶・快慶らが制作

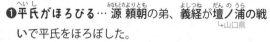

くわしい学習

●鎌倉幕府のしくみ

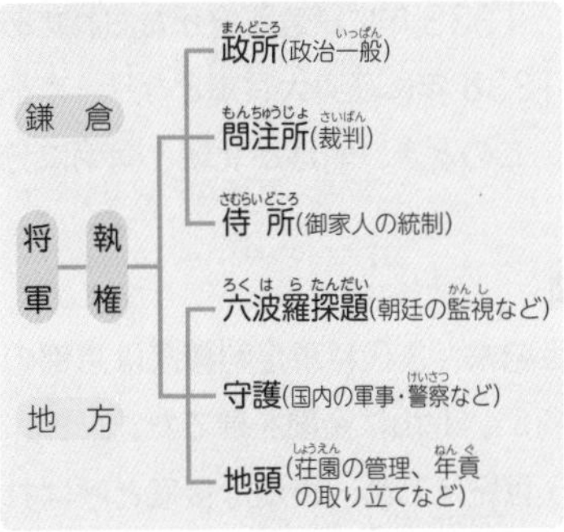

●ご恩・奉公…将軍がてがらを立てた御家人に領地をあたえることをご恩という。対して、御家人が将軍のために戦うことを奉公という。

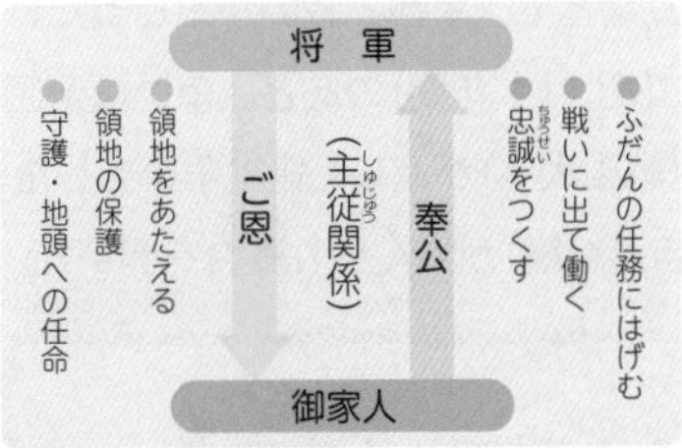

●御成敗式目《ごせいばいしきもく》(貞永《じょうえい》式目)…1232年に北条泰時《やすとき》が御家人に示した裁判の基準。武士がつくった最初の法律《ほうりつ》で、長く武士の法律の見本となった。

●新しい仏教…法然《ほうねん》の浄土宗《じょうどしゅう》、親鸞《しんらん》の浄土真《じょうどしん》宗(一向《いっこう》宗)、一遍《いっぺん》の時宗《じしゅう》、日蓮《にちれん》の日蓮宗(法華《ほっけ》宗)、栄西《えいさい》《ようさい》の臨済《りんざい》宗、道元《どうげん》の曹洞《そうとう》宗。

●鎌倉時代の産業

- **農　業**…米の裏作《うらさく》に麦をつくる二《に》毛作《もうさく》が広まり、耕作に牛馬が使われるようになった。また、鉄製の農具がふきゅうし、草や木を焼いた灰《はい》が肥料として使われた。
- **手工業《しゅこうぎょう》**…刀や陶器《とうき》などをつくる専門《せんもん》の職人が現れた。
- **商　業**…市《いち》が開かれ、商業が発達した。

チェックテスト

① 源頼朝が開いた幕府は何ですか。

② 将軍と御家人には、(　　)と(　　)という強い結びつきがあった。

③ 執権として幕府の政治を行ったのは何氏ですか。

④ 13 世紀に日本へせめてきた国は(　　)で、そのときの執権は(　　)です。

答え

① 鎌倉幕府
② ご恩・奉公
③ 北条氏
④ 元・北条時宗

11 室町幕府と応仁の乱

1 足利義満《あしかがよしみつ》と足利義政《よしまさ》

参考 応仁の乱は、対立していた細川《ほそかわ》氏と山名《やまな》氏が、義政のあとつぎ争いや畠山《はたけやま》氏一族の争いに加わったことをきっかけにおこり、守護大名がそれぞれの側について戦った。

注意 室町幕府のもとでの守護は、一国内の武士を家来《けらい》にして、その国を支配し、守護大名と呼ばれた。

❶室町幕府《むろまちばくふ》の成立…1333年に鎌倉《かまくら》幕府がたおれたあと、**足利尊氏《たかうじ》**は1338年に征夷大将軍《せいいたいしょうぐん》となり、京都《きょうと》に幕府を開いた。このとき、朝廷《ちょうてい》が北朝と南朝に分かれた。

1392年、足利義満が南北朝を統一↲

❷足利義満と金閣《きんかく》

㋐**金　閣**…14世紀末、3代将軍**足利義満**は京都の室町で政治を行い、北山《きたやま》に**金閣**を建てた。

㋑**日明《にちみん》貿易**…15世紀はじめ、義満は**倭寇《わこう》**と呼《よ》ばれる海賊《かいぞく》を取りしまり、中国(明)と貿易を始めた。

↳勘合という証明書を使用した

勘合(日明)貿易↲

❸足利義政と銀閣《ぎんかく》…15世紀の終わり、8代将軍**足利義政**は京都の東山《ひがしやま》に**銀閣**を建てた。

❹応仁《おうにん》の乱《らん》…1467年、義政のあとつぎ争いと守護《しゅご》大名《だいみょう》どうしの対立などで、京都で戦いがおこった。

❺戦国時代…応仁の乱(11年間)のあと、争いは全国に広がり、大名(**戦国大名**)が激《はげ》しく領地争いをした。

↳下剋上の風潮が広がった

❻村の自治…**惣《そう》**(自治組織)がつくられ**寄合《よりあい》**を開いた。

↳村のおきてを決めた

最重要年代

1467年

応仁の乱がおこる ➜ 応仁の乱 **人《ひと》の世《よ》むな**し

1　467

---

2 室町時代の文化

参考 書院造は、銀閣のとなりの東求堂《とうぐどう》がとくに有名。

❶書院造《しょいんづくり》…たたみ・障子《しょうじ》・違《ちが》い棚《だな》・付《つ》け書院《しょいん》など。

和室のもとになった↲

❷すみ絵(水墨画《すいぼくが》)…**雪舟《せっしゅう》**がすみ絵を完成させた。

❸おとぎ草子《ぞうし》…絵本のこと。『一寸法師《いっすんぼうし》』『浦島太郎《うらしまたろう》』。

❹能《のう》…観阿弥《かんあみ》・世阿弥《ぜあみ》が完成させた。能の合間には、**狂言《きょうげん》**も演じられた。

❺茶の湯・生け花…この時代に人々の間に広まった。

くわしい学習

●**金閣**(上)と**銀閣**(下)

●**土**《ど》《つち》**一揆**《いっき》…土民《どみん》(農民ら民衆《みんしゅう》の呼び名)が一揆をおこして、借金の帳消しなどを求めたこと。

- **正長**《しょうちょう》**の土一揆**…1428年、近江《おうみ》(滋賀《しが》県)の運送業者が徳政《とくせい》(借金の帳消し)を求めた。
- **山城**《やましろ》**の国一揆**…山城(京都府)の武士・農民が、守護大名を追い出し、約8年間、自治を行った。
- **加賀**《かが》**の一向**《いっこう》**一揆**…加賀(石川《いしかわ》県)の一向宗《しゅう》の信者が守護大名をほろぼし、約100年間自治を行った。

●**書院造**(東求堂の内部)

●**商工業の発達**…産業の発達により商品が増え、定期市が月6回開かれるようになった。職人や商人は同業者組合(**座**《ざ》)をつくり、営業を独占《どくせん》した。運送業者として**問**《とい》(**問**《とい》**丸**《まる》)や**馬借**《ばしゃく》が活動した。また、**土**《ど》**倉**《そう》・**酒屋**《さかや》などが高利貸《こうりが》しを営んだ。

チェックテスト

① 金閣を建てたのはだれですか。
② 銀閣を建てたのはだれですか。
③ 1467年におこった戦いは何ですか。
④ 雪舟は(　　)を完成させました。
⑤ 能を完成させたのは観阿弥とだれですか。

答え

① 足利義満
② 足利義政
③ 応仁の乱
④ すみ絵(水墨画)
⑤ 世阿弥

12 信長・秀吉と全国統一

1 鉄砲《てっぽう》とキリスト教の伝来

❶**鉄砲の伝来**…1543年、中国船に乗った**ポルトガル人**が**種子島《たねがしま》**に流れ着き、日本に**鉄砲**を伝えた。
↳鹿児島県
↳その後、堺などで大量生産

❷**キリスト教の伝来**…1549年、**フランシスコ＝ザビエル**が日本に**キリスト教**を伝えた。
↳スペイン人宣教師

2 織田信長《おだのぶなが》

参考 当時、市《いち》では権利《けんり》をもつ者しか商売ができなかった。信長は、自国の商工業をさかんにするため、楽市《らくいち》・楽座《らくざ》でだれでも自由に商売ができるようにした。

❶**戦国大名をたおす**…**桶狭間《おけはざま》**の戦い、**長篠《ながしの》**の戦いで周辺の大名をたおした。

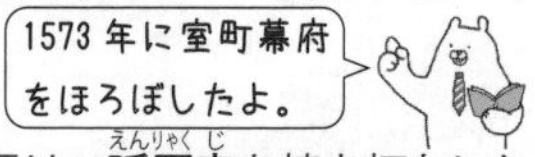

❷**寺院勢力をたおす**…信長は、**延暦寺《えんりゃくじ》**を焼き打ちにし、一向一揆《いっこういっき》の中心であった**石山本願寺《いしやまほんがんじ》**を降伏《こうふく》させた。

❸**信長の政策《せいさく》**…信長は**安土城《あづちじょう》**を築き、城下町では商工業の自由を認《みと》めた（**楽市・楽座**）。また、キリスト教の布教活動を許し、**南蛮《なんばん》貿易**をすすめた。
↳琵琶湖のほとりに築いた5層7階からなる城

❹**本能寺《ほんのうじ》の変**…信長は、全国統一の途中《とちゅう》、家来《けらい》の**明《あけ》智光秀《ちみつひで》**に裏切《うらぎ》られ、京都《きょうと》の**本能寺**で自害《じがい》した。

3 豊臣秀吉《とよとみひでよし》の全国統一

参考 秀吉は、石山本願寺あとに大阪城《おおさかじょう》を築いた。豊臣氏は、江戸《えど》幕府が成立した後、大阪夏の陣《じん》（1615年）で徳川家康《とくがわいえやす》にほろぼされた。

❶**全国統一**…**豊臣秀吉**は、1590年に全国を統一した。

❷**秀吉の政策**

㋐田畑の面積・収穫高《しゅうかくだか》や耕作者などを調べた（**検地《けんち》**）。

㋑農民から武器を取り上げ、一揆《いっき》を防いだ（**刀狩《かたながり》**）。

㋒百姓《ひゃくしょう》・町人・武士の身分を区別した。
農民や漁民など↲
↳職人と商人

❸**朝鮮侵略《ちょうせんしんりゃく》**…秀吉は、朝鮮を従《したが》わせようと、二度出兵したが、秀吉の病死で朝鮮から引き上げた。

最重要年代

1588年
秀吉が刀狩を行う ➔ **以後《いご》やや**安心の　刀狩
1588

くわしい学習

●**長篠の戦い**…信長が約 3,000 丁の鉄砲を使って、当時、最強といわれた武田《たけだ》軍を破った戦い。

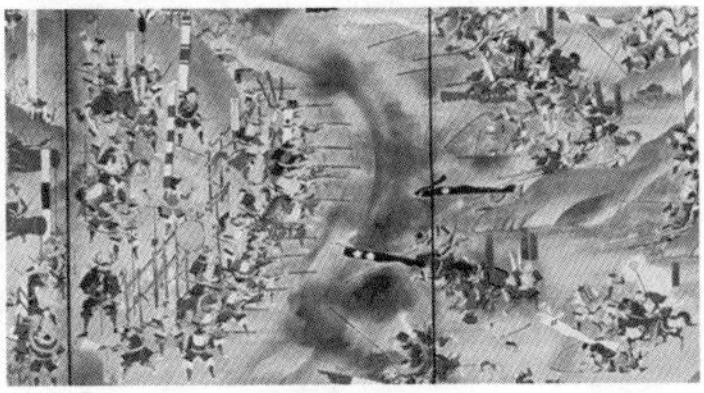

長篠の戦い

●**信長の勢力の広がり**

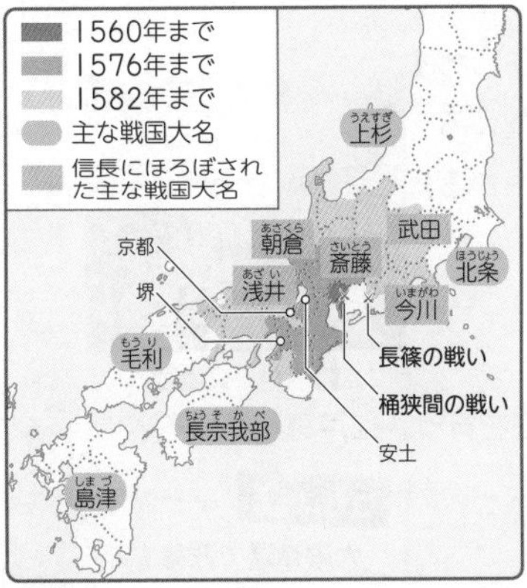

●**検　地**…田畑の面積や土地のよしあし・収穫高・耕作者を調べて**検地帳**に記録したこと。検地帳に耕作者として名まえを記された農民は、その田畑を耕す権利を認められたかわりに、年貢《ねんぐ》をおさめる義務を負わされた。

●**桃山《ももやま》文化**…大名や大商人の富を反映《はんえい》した雄大《ゆうだい》・豪華《ごうか》な文化が栄えた。

- 建　築…安土城・大阪城・姫路《ひめじ》城。
- 絵　画…**狩野永徳**《かのうえいとく》の障壁画《しょうへきが》。
- 茶　道…**千利休**《せんのりきゅう》が大成。
- 歌舞伎《かぶき》…**出雲阿国**《いずものおくに》の阿国歌舞伎。

●**有田焼**（右の写真）

秀吉の**朝鮮侵略**に従った大名に連れてこられた朝鮮の陶工《とうこう》によってつくられた。

チェックテスト

① 日本にキリスト教を伝えたのは(　　)です。

② 信長は、(　　)の戦いで鉄砲を使い武田軍の騎馬《きば》隊を破りました。

③ 秀吉は農民から武器を取り上げましたが、このことを何といいますか。

④ 秀吉は二度、(　　)に大軍を送りました。

答え

① フランシスコ＝ザビエル
② 長篠
③ 刀狩
④ 朝鮮

年表によるまとめ②（江戸～令和時代）

時代	年代	できごと・文化	中国
江戸《えど》時代	1603	徳川家康《とくがわいえやす》が江戸幕府《えどばくふ》を開く	明《みん》
	1615	大阪《おおさか》夏の陣《じん》で豊臣《とよとみ》氏がほろびる	
	1615	武家諸法度《ぶけしょはっと》ができる	
	1635	参勤《さんきん》交代の制度が確立する	
	1637	島原《しまばら》・天草一揆《あまくさいっき》（島原の乱《らん》）がおこる（～ 38 年）	
	1641	鎖国《さこく》が完成する	
		大阪を中心に町人の文化が栄える	清《しん》
	1774	杉田玄白《すぎたげんぱく》らが『解体新書《かいたいしんしょ》』を出版する	
		江戸を中心に町人の文化が栄える	
	1798	本居宣長《もとおりのりなが》が『古事記伝《こじきでん》』をあらわす	
		百姓《ひゃくしょう》一揆、打ちこわしが増える	
	1837	大阪で大塩平八郎《おおしおへいはちろう》の乱がおこる	
	1853	ペリーが浦賀《うらが》に来航する	
	1854	日米和親《わしん》条約を結ぶ	
	1858	日米修好通商条約を結ぶ	
	1867	15 代将軍《しょうぐん》慶喜《よしのぶ》が大政奉還《たいせいほうかん》を行う。江戸幕府がほろぶ	
明治《めいじ》時代	1868	五か条の御誓文《ごせいもん》が出される	
	1869	版籍《はんせき》奉還を行う	
	1871	廃藩置県《はいはんちけん》を行う	
	1872	学制の公布。富岡製糸場《とみおかせいしじょう》ができる	
	1873	徴兵《ちょうへい》令の発布《はっぷ》。地租《ちそ》改正を行う	
	1877	西南戦争がおこる	
	1881	政府が国会開設の 詔《みことのり》 で 10 年後の国会開設を約束する	
	1885	内閣《ないかく》制度ができる	
	1889	大日本帝国《ていこく》憲法《けんぽう》が発布される	

↑ペリーの上陸

プラスα

大政奉還で政権を朝《ちょう》廷《てい》に返したことにより、鎌倉幕府から続いた武士の政権が終わった。

時代	年代	できごと・文化	中国
明治時代	1890	第１回帝国議会(衆議院《しゅうぎいん》と貴族《きぞく》院)が開かれる	清
	1894	領事裁判権《りょうじさいばんけん》(治外法権《ちがいほうけん》)の撤廃《てっぱい》(条約改正が進む)	
	〃	日清《にっしん》戦争がおこる。翌年《よくねん》、下関条約《しものせきじょうやく》、三国干渉《かんしょう》	
	1901	八幡製鉄《やはたせいてつ》所が操業《そうぎょう》を開始する	
	1904	日露《にちろ》戦争がおこる。翌年、ポーツマス条約を結ぶ	
	1910	韓国併合《かんこくへいごう》で韓国を植民地にする(～45年)	
	1911	関税《かんぜい》自主権を回復する(条約改正が達成される)	
大正《たいしょう》時代	1914	第一次世界大戦が始まり日本も参戦する(～18年)	中華民国《ちゅうかみんこく》
	1918	米騒動《そうどう》がおこる	
	1923	関東大震災《かんとうだいしんさい》がおこる	
	1925	**普通《ふつう》選挙法ができる**(満25才以上の男子に選挙権)	
昭和《しょうわ》時代	1931	満州事変《まんしゅうじへん》がおこる(1933年に国際連盟《れんめい》を脱退《だったい》する)	
	1932	五・一五事件(軍部が首相を暗殺)がおこる	
	1936	二・二六事件がおこる(軍部の発言力が拡大《かくだい》)	
	1937	**日中《にっちゅう》戦争が始まる**(～45年)	
	1939	第二次世界大戦が始まる(～45年)	
	1941	太平洋《たいへいよう》戦争が始まる(～45年)	
	1945	広島《ひろしま》と長崎《ながさき》に原子爆弾《げんしばくだん》の投下。ポツダム宣言を受け入れる	
	1946	**日本国憲法の公布(翌年に施行《しこう》)**	
	1950	朝鮮《ちょうせん》戦争がおこる(53年に休戦)	中華人民共和国《ちゅうかじんみんきょうわこく》
	1951	**サンフランシスコ平和条約と日米安全保障《ほしょう》条約を結ぶ**	
	1956	ソ連と国交を回復し、国際連合に加盟《かめい》する	
	1965	韓国と日韓《にっかん》基本条約を結んで国交を正常化する	
	1972	沖縄《おきなわ》が返還《へんかん》される(ただしアメリカ軍基地が残る)	
	1978	中国と日中平和友好条約を結ぶ	
平成《へいせい》時代	1995	阪神《はんしん》・淡路《あわじ》大震災がおこる	
	2011	東日本大震災がおこる	
令和《れいわ》時代	2020	新型コロナウィルス感染症の感染拡大	
	2021	東京オリンピック・パラリンピックが開催される	

入試サポート

戦争がおこった原因と結果をおさえておこう。

13 徳川家康と江戸幕府

1 徳川家康《とくがわいえやす》と家光《いえみつ》

参考 大名の領地と支配のしくみを藩《はん》といい、17世紀の中ごろには220ほどあった。

❶**江戸幕府《えどばくふ》の成立**…秀吉《ひでよし》の死後、**徳川家康**は対立する石田三成《いしだみつなり》らを**関ヶ原《せきがはら》の戦い**でたおし、1603年
↳岐阜県
に征夷大将軍《せいいたいしょうぐん》に任じられると、**江戸**に幕府を開いた。
↳東京都

❷**大名の取りしまり**…幕府は、大名を**親藩《しんぱん》**・**譜代《ふだい》**・**外様《とざま》**に分け、1615年に**武家諸法度《ぶけしょはっと》**という法律《ほうりつ》を定めて大名を取りしまった。3代将軍**徳川家光**は**参《さん》勤《きん》交代**の制度を設けて、大名に負担《ふたん》をかけた。

❸**身分制度**…人々を武士と百姓《ひゃくしょう》・町人に分けた。

2 キリスト教の禁止と鎖《さ》国《こく》

参考 沖縄《おきなわ》の琉球《りゅうきゅう》王国は、江戸時代、将軍が代わるごとに使節を幕府に送った。また、北海道《ほっかいどう》のアイヌの人々は、17世紀半ば、松前《まつまえ》藩の不正な取り引きに怒《いか》り、シャクシャインを中心に松前藩と戦ったが、敗れた。

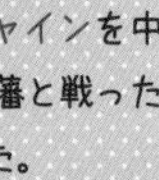

❶**朱印船貿易《しゅいんせん》**…幕府は、はじめ京都《きょうと》や堺《さかい》、長崎《ながさき》などの商人に航海の許可状(朱印状)をあたえて貿易をさ
↳東南アジアに進出し、そこで日本町をつくった
かんにしようとした。

❷**キリスト教の禁止**…キリスト教信者の勢力拡大《かくだい》をおそれた幕府は、キリスト教を禁止し、日本人の海外渡航《とこう》と帰国を禁じた。

❸**島原《しまばら》・天草一揆《あまくさいっき》(島原の乱《らん》)**…1637年、島原(長《なが》崎《さき》県)や天草(熊本《くまもと》県)で、**キリスト教信者**らが重い年貢《ねんぐ》の取り立てやキリスト教の取りしまりに反対して一揆をおこしたが、幕府の大軍におさえられた。

❹**鎖国の完成**…幕府はキリスト教を広めるおそれのない**オランダ**・**中国**(清《しん》)とだけ長崎で貿易を行った。

❺**朝鮮《ちょうせん》との交流**…朝鮮との貿易は**対馬《つしま》藩**(長崎県)を通じて行われ、**朝鮮通信使**がおとずれた。
↳将軍の代がわりごとに朝鮮からくる使節

最重要年代

1637年
島原・天草一揆 ➜ 色《いろ》みな決死 キリスト信者
1637

くわしい学習

●**親藩・譜代・外様**…徳川氏一族の大名を**親藩**、古くから徳川氏に仕えていた大名を**譜代**、関ヶ原の戦いのあとに徳川氏に従《したが》った大名を**外様**といった。親藩・譜代は重要地に、外様は江戸から遠いところに配置された。

●**武家諸法度**…幕府が大名を統制した法律。大名は城《しろ》の新築などを禁じられた。

●**参勤交代の制度**…幕府が大名に江戸と領地とを１年交代で往復させた制度。大名の妻子は、人質《ひとじち》として江戸に住むことを強制された。

●**江戸時代の身分ごとの人口割合《わりあい》**

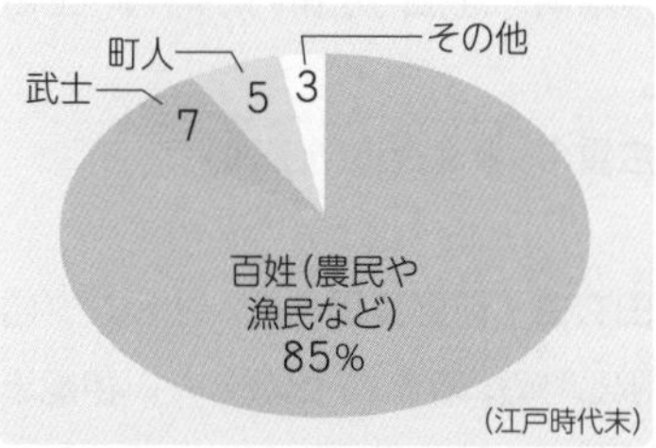

●**島原・天草一揆**…一揆をおこしたキリスト教信者らは、**天草四郎《あまくさしろう》**(**益田時貞《ますだときさだ》**)をかしらに原城《はらじょう》あとに立てこもり抵抗《ていこう》した。

●**絵踏《ふ》み**…キリスト教信者でないことを確かめるために、人々にキリスト像などを踏ませた。

↑踏み絵

●**出《で》島《じま》**(下の絵)…幕府が長崎につくった人工島。オランダ人を住まわせ、ここでのみ貿易を認《みと》めた。

チェックテスト

① 徳川家康が開いた幕府は何ですか。
② 幕府が大名を統制した法律は何ですか。
③ 1637年に九州でおこった大規模《だいきぼ》な一揆は何ですか。
④ 幕府は長崎で(　　)・中国と貿易をしました。

答え
① 江戸幕府
② 武家諸法度
③ 島原・天草一揆
④ オランダ

14 産業の発達と町人の文化

1 身分とくらし

注意 百姓《ひゃくしょう》や町人とは別に厳《きび》しく差別された身分の人々もいた。

❶武《ぶ》　士《し》…城下町《じょうかまち》に住み、政治を行った。
↳名字を名のり、刀を差す特権があった

❷百　姓…五人組を組まされ、年貢《ねんぐ》の納入《のうにゅう》や犯罪の防止に連帯責任を負わされた。

❸町　人…城下町などに住み、商工業を行った。

2 都市・産業の発達

参考 商人は同業者ごとに株仲間《かぶなかま》という組織をつくり、営業を独占《どくせん》するようになった。

❶都市の発達

㋐江《え》　戸《ど》…「将軍《しょうぐん》のおひざもと」
↳18 世紀には人口 100 万人の大都市になった

㋑大　阪…「天下の台所」と呼ばれ、商業が発達した。
↳各藩の蔵屋敷が集まった

㋒五街道《ごかいどう》の整備→宿場町、寺社の門前《もんぜん》→門前町《まち》。

❷産業の発達

㋐農　業…新田開発、綿・なたね・茶などの栽培《さいばい》。

㋑工場制手工業…酒・しょうゆなどの特産物。

3 江戸時代の学問と文化

参考 俳諧《はいかい》－松尾《まつお》芭《ば》蕉《しょう》・与謝蕪村《よさぶそん》。
小説－井原西鶴《いはらさいかく》・滝《たき》沢馬琴《ざわばきん》。
浮世絵－喜多川《きたがわ》歌《うた》麿《まろ》・葛飾北斎《かつしかほくさい》・歌川広重・東洲斎写楽《とうしゅうさいしゃらく》。

❶町人の文化

㋐歌舞伎《かぶき》・人形浄瑠璃《じょうるり》…近松門左衛門《ちかまつもんざえもん》が町人の生活を脚本《きゃくほん》にした。

㋑浮世絵《うきよえ》…歌川広重《うたがわひろしげ》の「東海道五十三次《とうかいどうごじゅうさんつぎ》」。

❷新しい学問

㋐蘭学《らんがく》など…杉田玄白《すぎたげんぱく》・前野良沢《まえのりょうたく》らは、オランダ語の解剖《かいぼう》書を翻訳《ほんやく》し『解体新書《かいたいしんしょ》』を出版した。伊能忠《いのうただ》敬《たか》は全国を測量し、正確な日本地図をつくった。

㋑国　学…本居宣長《もとおりのりなが》は『古事記伝《こじきでん》』を書いた。
↳仏教や儒教が伝わる前の日本人の考え方を研究

❸教育の広がり…幕府・藩の学校、庶民の寺子屋《てらこや》。

最重要ポイント

元禄《げんろく》文化 ➔ 上方《かみがた》の町人を中心とした文化

化政《かせい》文化 ➔ 江戸の庶民を中心とした文化

くわしい学習

●**五街道《ごかいどう》**…幕府《ばくふ》が整備した江戸を起点とする５つの主要な道路。

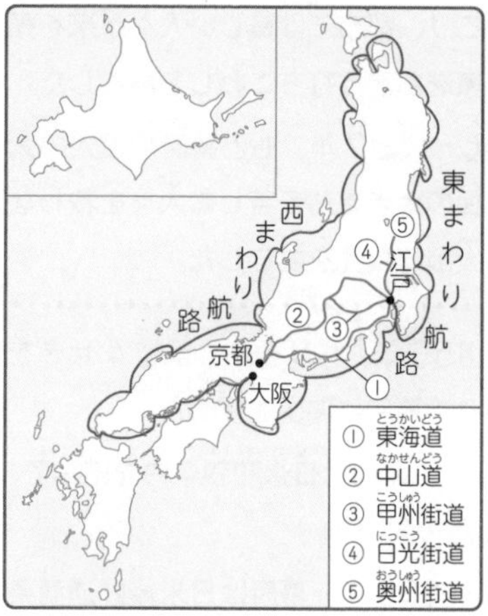

●**新しい農具**…千歯こきにより脱穀《だっこく》が速くなり、備中《びっちゅう》ぐわにより深く耕せるようになった。

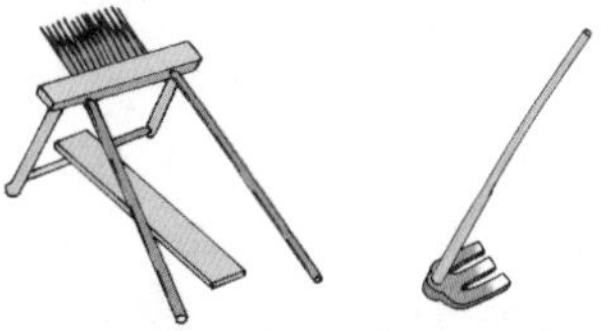

🅿千歯こき　🅿備中ぐわ

●**歌舞伎**…音楽やおどりを取り入れた演劇《えんげき》。都市には芝居《しばい》小屋が設けられ、人気を集めた。

●**人形浄瑠璃**…三味線《しゃみせん》を伴奏《ばんそう》に語り手が物語り、人形使いによって人形があやつられる劇。

●**江戸時代の三大改革《かいかく》**…幕府はさまざまな政治の改革を行った。**享保《きょうほう》の改革**、**寛政《かんせい》の改革**、**天保《てんぽう》の改革**を三大改革という。享保の改革は、８代将軍**徳川吉宗《とくがわよしむね》**が行い、裁判《さいばん》の基準である**公事方御定書《くじかたおさだめがき》**を定め、人々の意見を聞く**目安箱《めやすばこ》**を設置した。寛政の改革は、老中《ろうじゅう》の**松平定《まつだいらさだ》信《のぶ》**が行い、朱子学《しゅしがく》を重んじ、旗本《はたもと》や御家人《ごけにん》の借金を帳消しにした。天保の改革は、老中の**水野忠邦《みずのただくに》**が行い、物価上昇《ぶっかじょうしょう》をおさえるために株仲間の解散を行い、江戸や大阪周辺の農村を幕府領にしようとしたが、大名《だいみょう》や旗本の反対にあった。

チェックテスト

① 大阪は「天下の(　　)」と呼ばれました。
② 歌川広重の代表作は何ですか。
③ 杉田玄白らがオランダ語を翻訳して出版した医学書を何といいますか。
④『古事記伝』を書いたのはだれですか。

答え

① 台所
②「東海道五十三次」
③『解体新書』
④ 本居宣長

15 開国と江戸幕府の終わり

1 ゆれる幕府《ばくふ》の政治

❶**百姓《ひゃくしょう》と町人の抵抗《ていこう》**…村では年貢《ねんぐ》の引き下げを求めた**百姓一揆《いっき》**がおこり、都市では貧しい人々が米を売りおしむ商人の家をおそう**打ちこわし**をおこした。

❷**大塩平八郎《おおしおへいはちろう》の乱《らん》**…1837年、もと幕府の役人の**大塩平八郎**は、天保《てんぽう》の大ききんで苦しむ人々を救わない幕府に怒《いか》り、大阪《おおさか》で反乱をおこした。

2 ペリーの来航と開国

参考 1825年、幕府はオランダ・中国船以外に異国船打払令《いこくせんうちはらいれい》を出したが、アヘン戦争後これをゆるめた。

❶**黒船《くろふね》の来航**…1853年、**ペリー**が、軍艦《ぐんかん》4せきを率いて浦賀《うらが》に現れ、幕府に開国を求めた。
(ペリー→アメリカ合衆国の使節)
(浦賀→神奈川県)

❷**開　国**…1854年、幕府は**日米和親《わしん》条約**を結んで、下田《しもだ》と函館《はこだて》の2港を開いた。
(下田→静岡県　函館→北海道)

❸**不平等な条約**…1858年、幕府は**日米修好《しゅうこう》通商条約**を結び、アメリカ合衆国《がっしゅうこく》と貿易を始めたが、**領事《りょうじ》裁判権《さいばんけん》**を認《みと》めさせられ、**関税自主権《かんぜいじしゅけん》**はなかった。
(領事裁判権→治外法権ともいう)

3 江戸幕府の終わり

参考 朝廷をもりたて、外国人を打ちはらおうとする動きを尊王攘夷《そんのうじょうい》運動という。

参考 大政奉還のあと、新政府と旧幕府の戦い(戊辰《ぼしん》戦争)がおこったが、新政府が勝った。

❶**世直《よなお》し**…輸出が増え、物の値段《ねだん》が上がると、**世直し**を求める百姓一揆や打ちこわしが多くなった。

❷**薩長同盟《さっちょうどうめい》**…薩摩藩《さつまはん》の**西郷隆盛《さいごうたかもり》**・**大久保利通《おおくぼとしみち》**と長州《ちょうしゅう》藩の**木戸孝允《きどたかよし》**は、**坂本龍馬《さかもとりょうま》**の仲立ちもあり、幕府をたおして天皇《てんのう》中心の国をつくるために同盟《どうめい》を結んだ。

❸**大政奉還《たいせいほうかん》**…1867年、15代将軍徳川慶喜《しょうぐんとくがわよしのぶ》は幕府が政治を続けるのは無理と考え、土佐《とさ》藩のすすめで政権を朝廷《ちょうてい》へ返した。

最重要年代

1867年
江戸幕府が終わる ➔ 政権返す いやだろな
18　67

くわしい学習

●**黒船の来航**…幕府はペリーの強い態度と軍艦におどろき、開国するか判断に困《こま》った。そこで、朝廷に報告したり大名に意見を聞いたりしたため、**幕府のおとろえ**を示すことになった。

●**日米修好通商条約**…この条約で幕府は函館・神奈川《かながわ》(横浜《よこはま》)・長《なが》崎《さき》・新潟《にいがた》・兵庫《ひょうご》(神戸《こうべ》)の5港を開いて貿易を始めたが、次の2点で日本には不平等な条約であった。

①日本で罪をおかしたアメリカ人をアメリカ合衆国の領事が裁《さば》くという**領事裁判権**(**治外法権**)を認《みと》める。

②日本が輸出入品に自由に税金をかける権利(**関税自主権**)がない。

幕府の大老《たいろう》**井《い》伊《い》直弼《なおすけ》**は、この条約に反対していた大名らを処罰《しょばつ》した(**安政《あんせい》の大獄《たいごく》**)ため、反発した武士に桜田門《さくらだもん》外で殺害された。

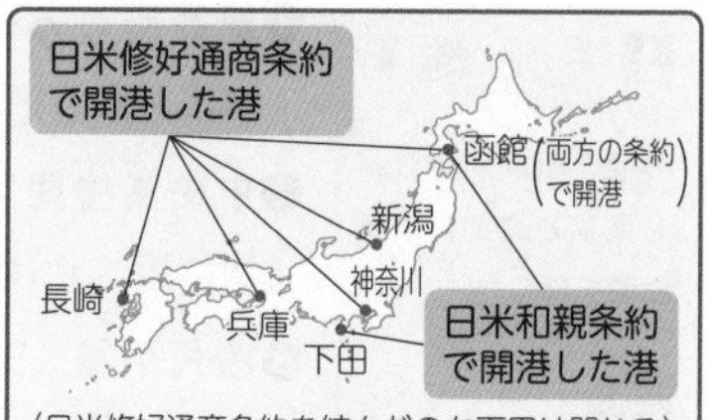

(日米修好通商条約を結んだのち下田は閉じる)

↑開港地

●**勝海舟《かつかいしゅう》**…幕府の役人。幕府が政権を朝廷に返したあと、新政府に不満をもつ幕府の家臣と新政府との間で戊辰戦争がおこった。勝は江戸にせめてきた新政府軍と話し合い、戦わず江戸城《えどじょう》を明けわたした。

●**坂本龍馬**…土佐藩出身の武士。国際的な視野《しや》をもち、反発していた薩摩藩と長州藩の手を結ばせ、幕府をたおす計画を進めたが、京都で暗殺された。

チェックテスト

① 都市の貧しい人々が米屋などをおそったことを、何といいますか。

② 軍艦を率いて日本に開国をせまったアメリカ人はだれですか。

③ 1858年、日米(　　)が結ばれました。

④ 1867年に大政奉還を行った15代将軍はだれですか。

答え

① 打ちこわし
② ペリー
③ 修好通商条約
④ 徳川慶喜

16 明治維新と文明開化

1 明治維新《めいじいしん》

参考 新政府は江戸《えど》を東京《とうきょう》と改め、東京に都を移した。

注意 百姓《ひゃくしょう》や町人とは別に厳《きび》しく差別されてきた人々も「解《かい》放令《ほうれい》」により身分は平民となった。しかし、差別は残ったままであったので、自らの力で差別をなくす運動を進めるようになった。

❶**新政府の方針《ほうしん》**…1868年、新政府は、**明治天皇《てんのう》**が神にちかう形で**五か条の御誓文《ごせいもん》**を発表した。

❷**中央集権《しゅうけん》国家**…新政府は領地と領民を大名から天皇に返させ(**版籍奉還《はんせきほうかん》**)、**廃藩置県《はいはんちけん》**を実施《じっし》した。
藩を廃止して府・県を置いた↲

❸**四民《しみん》平等**…天皇の一族を**皇族《こうぞく》**、公家《くげ》や大名を**華族《かぞく》**、武士を**士族《しぞく》**、そのほかを**平民《へいみん》**とした。

❹**富国強兵《ふこくきょうへい》と殖産興業《しょくさんこうぎょう》**

㋐**軍隊の整備**…1873年、新政府は**徴兵令《ちょうへいれい》**を出し、満20才になった男子を3年間軍隊に入れた。

㋑**経済《けいざい》の発展《はってん》**…新政府は**富岡製糸場《とみおかせいしじょう》**など官営工場を建て、産業をさかんにしようとした。
↳国が運営

㋒**財政の安定**…新政府は土地の値段《ねだん》を決め、それに対して税(**地租《ちそ》**)を現金で納《おさ》めさせた(**地租改正**)。
↳土地の値段の3%

最重要年代

1868年
五か条の御誓文 ➜ ひとつやろうや 五か条を
1 86 8

2 新政府への不満

❶**農民一揆《いっき》**…地租改正や徴兵令に対する農民の不満。

❷**士族の反乱《はんらん》**…武士の特権を失い、不満をもった士族は各地で反乱をおこした。中でも**西郷隆盛《さいごうたかもり》**を中心とした**西南《せいなん》戦争**は最大であった。
↳徴兵令による軍隊により敗れた

3 文明開化

❶**生　活**…鉄道・郵便《ゆうびん》・太陽暦《たいようれき》など。

❷**思　想**…福沢諭吉《ふくざわゆきち》が『**学問のすゝ《(す)》め**』を発表した。
人間の平等と自立を説いた↲

❸**教　育**…1872年、**学制**を定め、小学校を設けて6才以上の男女に義務教育を受けさせることにした。

くわしい学習

●五か条の御誓文（要点）

1. 政治はみんなの意見を尊重《そんちょう》。
2. 国民の協力で国勢を高める。
3. 国民の望みがかなう世の中。
4. よくないしきたりを改める。
5. 知識を世界から学ぶ。

●欧米諸国《おうべいしょこく》を視察《しさつ》…大久保利通《おおくぼとしみち》らは、1871年に使節団（下の写真）として欧米を訪問《ほうもん》した。

●廃藩置県…版籍奉還のあとも、大名がもとの領地を治める役人として残った。新政府は藩を廃止《はいし》して府県を置き、大名の代わりに府知事や県令を派遣《はけん》して治めさせた。

●富岡製糸場

●士族の反乱…幕府や藩がなくなり、米の支給の廃止で生活に困《こま》った士族は、政府に不満をいだき各地で反乱をおこした。鹿児島《かごしま》の不平士族は**西郷隆盛**をおしたてて新政府と戦った（**西南戦争**、下の絵）。

チェックテスト

① 新政府の方針は何で示されましたか。
② 新政府は、人々を皇族・華族・士族・（　　）に分けました。
③ 現金で納める税を何といいますか。
④ 西郷隆盛を中心とした反乱は何ですか。
⑤ 福沢諭吉が平等を説いた著作は何ですか。

答え

① 五か条の御誓文
② 平民
③ 地租
④ 西南戦争
⑤ 『学問のすゝめ』

17 憲法の発布と日清・日露戦争

1 大日本帝国《ていこく》憲法《けんぽう》と帝国議会

参考 国会の開設が決まると、板垣退助は自由党《じゆうとう》を、大隈重《おおくましげ》信《のぶ》は立憲改進党《りっけんかいしんとう》をつくり、議会政治に備えた。

❶**自由民権《みんけん》運動**…板垣退助《いたがきたいすけ》らは**自由民権運動**を進めた。政府ははじめ、この運動を弾圧したが、運動が全国的に広まったので、1881 年に国会開設の詔《みことのり》を出し、国会を 1890 年に開く約束をした。
↳ 1874 年、政府に議会開設を求める民撰議院設立の建白書を出した

❷**内閣《ないかく》制度**…政府の**伊藤博文《いとうひろぶみ》**は**内閣制度**をつくり、初代の**内閣総理大臣**になった。

❸**憲法発布《はっぷ》**…1889 年、ドイツの憲法を手本とした**大日本帝国憲法**が天皇《てんのう》の名で発布された。
↳皇帝の権力が強かった

❹**国会の開設**…1890 年に第 1 回**帝国議会**が開かれた。議会は**衆議院《しゅうぎいん》**と**貴族院《きぞくいん》**で構成された。一定の税金を納《おさ》めた満 25 才以上の男子に**選挙権**があたえられた。
↳当時の国民の 1.1%

最重要年代

1889 年
大日本帝国憲法発布 ➔ いちはやく 憲法発布
1 889

2 日清《にっしん》戦争と日露《にちろ》戦争

参考 与謝野晶子《よさのあきこ》は、日露戦争に出征《しゅっせい》した弟を思い、「君死にたまふ《(う)》ことなかれ」という詩を発表した。

❶**日清戦争**…1894 年、朝鮮《ちょうせん》をめぐる対立で日本は中国(清《しん》)と開戦した。勝利した日本は**下関《しものせき》条約**で巨額《きょがく》の賠償金《ばいしょうきん》と台湾《たいわん》・リャオトン(遼東《りょうとう》)半島などを得た。

❷**日露戦争**…日本は中国に勢力を広げてきたロシアと 1904 年に開戦した。**東郷平八郎《とうごうへいはちろう》**らの活躍《かつやく》により戦争に勝った日本は、**ポーツマス条約**で樺太《からふと》(サハリン)の南半分や南満州《まんしゅう》の鉄道の権利《けんり》を得た。
日本海でロシア艦隊を破った↲

3 韓国併合《かんこくへいごう》と条約の改正

❶**韓国併合**…1910 年、日本は韓国を植民地《しょくみんち》にした。

❷**条約の改正**…㋐**陸奥宗光《むつむねみつ》**→**領事裁判権《りょうじさいばんけん》(治外法権《ちがいほうけん》)**の撤廃《てっぱい》。㋑**小村寿太郎《こむらじゅたろう》**→**関税自主権《かんぜいじしゅけん》**を回復。
↳ 1894 年
↳ 1911 年

くわしい学習

●**大日本帝国憲法の特色**…主権は天皇にあり、軍隊の指揮《しき》や外国と条約を結ぶことも天皇の権限とされ、**国民の権利**は制限つきであった。

↑大日本帝国憲法の発布式
〔『憲法発布式』(和田英作《わだえいさく》) 聖徳《せいとく》記念絵画館蔵〕

●**衆議院と貴族院**…衆議院は選挙で選ばれた議員で、貴族院は皇族《こうぞく》や華族《かぞく》、天皇が任命する議員で構成された。衆議院議員選挙の選挙権は、**一定の税金**を納めた**満25才以上の男子**に限られた。

●**三国干渉《さんごくかんしょう》**…下関条約調印の6日後、中国への進出をねらうロシアは、フランス・ドイツとともに、日本に**リャオトン(遼東)半島**を清へ返すよう要求した(**三国干渉**)。日本はこれを認《みと》め、半島を返した。

●**韓国併合**…1910年、日本は韓国を併合して朝鮮とし、植民地にした。朝鮮の人々は抵抗《ていこう》を続け、1919年3月1日には独立運動(**三《サム》《さん》・一《イル》《いち》独立運動**)を展開《てんかい》した。

●**ノルマントン号事件**…1886年、イギリスの商船ノルマントン号が和歌山《わかやま》県沖でちんぼつしたとき、イギリス人船長は同国の船員を助けるのみで、日本人乗客は全員おぼれ死んだ。船長はイギリス側の裁判で軽い罰《ばつ》だけで済《す》み、これを機に国民の間にも不平等条約の改正を求める声が強まった。

チェックテスト

① 自由民権運動を主導し、自由党を結成したのはだれですか。
② 1889年に発布された憲法は何ですか。
③ 日露戦争の講和条約は何ですか。
④ 外国との不平等な条約で改正された点は、何と何ですか。

答え

① 板垣退助
② 大日本帝国憲法
③ ポーツマス条約
④ 領事裁判権の撤廃・関税自主権の回復

18 産業の発達と民主主義の高まり

1 産業の発達

❶**軽工業**…日清《にっしん》戦争のころから、**生糸**《きいと》や綿糸・綿織物などの軽工業が発達した。

❷**重工業**…**八幡製鉄所**《やはたせいてつじょ》を建て、重工業が発達した。
↳中国の鉄鉱石と九州の石炭を使用して生産

❸**公害問題**…栃木県で**足尾銅山の鉱毒事件**がおこり、衆議院《しゅうぎいん》議員の**田中正造**《たなかしょうぞう》は公害の解決に努力した。

2 民主主義の発達

❶**米騒動**《こめそうどう》…1918年に民衆《みんしゅう》が米の安売りを求めて米屋をおそう**米騒動**がおこった。
↳第一次世界大戦などで物の値上がりが続いていた

❷**普通選挙**《ふつう》…1925年には**満25才以上のすべての男子**が衆議院議員選挙の選挙権《けん》をもつことになった。

❸**民衆運動**…**平塚**《ひらつか》**らいてう**《(ちょう)》や**市川房枝**《いちかわふさえ》は女性の地位向上を目ざす運動を進め、労働者や農民は組合をつくって労働条件や小作人の地位の向上を求めた。
↳新婦人協会を設立

最重要年代

1925年
普通選挙法の制定 ➔ 喜んで、投票に **行**《い》**く25才**
1 9 25

参考 明治《めいじ》時代に入っても就職《しゅうしょく》や結《けつ》婚《こん》などで厳《きび》しい差別を受けてきた人々は、1922年に全国水平社《すいへいしゃ》をつくって差別をなくす運動を進めた。

3 近代の文化と科学の発《はっ》展《てん》

❶**文　学**…夏目漱石《なつめそうせき》の『吾輩《わがはい》は猫《ねこ》である』『坊《ぼ》っちゃん』、樋口一葉《ひぐちいちよう》の『たけくらべ』など。

❷**絵画・彫刻**《ちょうこく》…絵画では黒田清輝《くろだせいき》の「読書《どくしょ》」、彫刻では高村光雲《たかむらこううん》の「老猿《ろうえん》」など。

❸**音　楽**…滝廉太郎《たきれんたろう》の「荒城《こうじょう》の月《つき》」など。

❹**科　学**…**北里柴三郎**《きたさとしばさぶろう》が破傷風《はしょうふう》の治療《ちりょう》法を、**志賀潔**《しがきよし》が赤痢菌《せきりきん》を発見し、**野口英世**《のぐちひでよ》が黄熱病《おうねつびょう》の研究をした。

参考 新渡戸稲造《にとべいなぞう》は国際連盟《れんめい》の事務局次長を務めた。

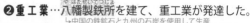

くわしい学習

●**八幡製鉄所**…日清戦争の賠償金《ばいしょうきん》の一部を用いてつくられた製鉄所。1901年に操業《そうぎょう》を開始し、北九州工業地帯《きたきゅうしゅうこうぎょうちたい》の基礎《きそ》となった。

↑八幡製鉄所

●**第一次世界大戦**…植民地をめぐるヨーロッパ諸国《しょこく》の争いがもとでおこった**第一次世界大戦**は、イギリス・フランス・ロシアなどの**連合国側**とドイツ・オーストリア・トルコなどの**同盟国側**《どうめいこく》との戦いで、連合国側が勝利をおさめた。大戦では**飛行機・戦車・毒ガス**などの新兵器が使われ、多くの死傷者《ししょうしゃ》が出たため、大戦後に世界平和を守る組織として**国際連盟**が設立された。

●**米騒動**…第一次世界大戦中、日本はアジア向けの輸出が大きくのびて好景気になり、物の値段《ねだん》が上がった。その後、**シベリア出兵**を見こんで商人が米を買いしめ、さらに米が値上がりし、1918年に富山《とやま》県の漁村で**米騒動**(下の絵)がおこったが軍隊の出動でおさまった。

●**関東大震災**《かんとうだいしんさい》…1923年に関東地方をおそったマグニチュード7.9の大地震。

チェックテスト

① 日清戦争の賠償金で、(　　)製鉄所がつくられました。
② 田中正造は、(　　)銅山の鉱毒に苦しむ農民を救うために努力しました。
③ 1918年、(　　)が全国に広がりました。
④ 1925年、衆議院議員選挙の選挙権は満何才以上のすべての男子になりましたか。

答え
① 八幡
② 足尾
③ 米騒動
④ 25才

19 日中戦争と第二次世界大戦

1 満州事変《まんしゅうじへん》と日中《にっちゅう》戦争

参考 国際連盟《れんめい》は満州国の独立を認《みと》めなかったため、1933年、日本は国際連盟を脱《だっ》退《たい》した。

❶**大きな不景気**…日本では、一部の政治家や軍人が資源《しげん》のある**満州**へ進出しようと主張した。
↳1930年代はじめ
中国の東北部↲
景気を回復するため↲

❷**満州事変**…1931年、日本軍は南満州鉄道を爆破《ばくは》し、これを中国軍のしわざだとして中国軍を攻撃《こうげき》し、満州を占領《せんりょう》した（**満州事変**）。翌年《よくねん》、**満州国**を建国した。

❸**日中戦争**…日本軍が、1937年にペキン（北京）近くで中国軍とぶつかったことをきっかけに、戦いが中国全土に広がった。

2 太平洋《たいへいよう》戦争

参考 第二次世界大戦では、世界の主な国々が2つ（枢軸《すうじく》国と連合国）に分かれて戦った。
〈枢軸国〉
ドイツ・イタリア・日本など。
〈連合国〉
アメリカ合衆国・イギリス・フランス・ソ連など。

❶**第二次世界大戦**…1939年、ドイツがイギリス・フランスと開戦し、**第二次世界大戦**が始まった。

❷**日独伊《にちどくい》三国同盟**…1940年、日本は石油などを求めて東南アジアに軍隊を送り、ドイツ・イタリアと軍事同盟を結んだ。
↳日中戦争に行きづまっていた

❸**太平洋戦争**…アメリカ合衆国《がっしゅうこく》が日本への石油の輸出を禁止するなどして、イギリスとともに日本の勢力拡大《かくだい》をおさえようとしたため、1941年、日本はアメリカ合衆国やイギリスと戦争を始めた。
↳真珠湾攻撃　↳マレー半島上陸

❹**戦争中のくらし**…日本では米の**配給制**や勤労《きんろう》動員などが行われた。都市の児童は農村へ**疎開**した。
中学生・女子学生を兵器工場で働かせる↲

❺**日本の降伏《こうふく》**…敗北を重ねた日本は、1945年に広《ひろ》島《しま》・長崎《ながさき》への**原子爆弾《げんしばくだん》（原爆《げんばく》）**投下やソ連の満州侵攻《しんこう》もあり、**ポツダム宣言《せんげん》**を受け入れて降伏《こうふく》した。

最重要年代

1941年
太平洋戦争が始まる ➜ 行《い》くよ一《ひと》 筋真珠湾《すじしんじゅわん》
1941

くわしい学習

●日本と中国の戦争

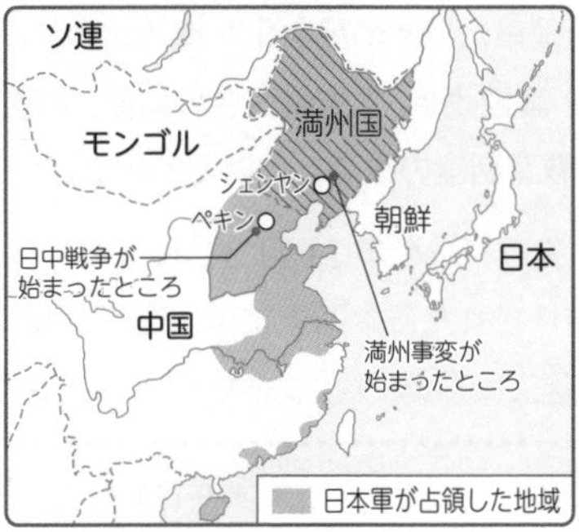

●**軍部の台頭**…満州事変以来、日本では軍部中心の政治を行おうとする動きがおこった。海軍の青年将《しょう》校《こう》などが犬養毅首相《いぬかいつよししゅしょう》を暗殺した五・一五事件(1932年)や陸軍の青年将校らが大臣などを殺害した二・二六事件(1936年)である。この後、軍部の発言力が強まった。

●**第二次世界大戦**…1939年9月、ポーランドに侵攻《しんこう》したドイツに対してイギリス・フランスが宣戦《せんせん》を布告し、第二次世界大戦が始まった。太平洋戦争の開始でアジア・太平洋にまで広がったこの大戦は、日本の降伏で連合国側が勝利した。

●**原子爆弾(原爆)**…アメリカ軍が投下し、1945年末までに**広島**で約14万人、**長崎**で約7万人が死亡《しぼう》。

↑原子爆弾を投下された広島

●**ポツダム宣言**…1945年7月、ドイツのポツダムでアメリカ合衆国・イギリス・ソ連の首脳《しゅのう》会談が行われ、その際日本に降伏を求めた宣言を**ポツダム宣言**という。日本に軍国主義をなくすことや民主化などを戦争終結の条件に示した。

チェックテスト

① 次のことがらを年代順に答えなさい。

ア 太平洋戦争　　イ 日中戦争

ウ 米騒動《こめそうどう》　　エ 満州事変

② 原子爆弾を投下されたのはどこですか。

③ 太平洋戦争は西暦《せいれき》何年に終わりましたか。

答え

① ウ→エ→イ→ア

② 広島(市)・長崎(市)

③ 1945年

20 新しい日本

1 戦後改革《かいかく》と日本国憲法《けんぽう》

❶**戦後改革**…連合国軍は日本の民主化を進めた。

㋐軍隊の解散、㋑**農地改革**、㋒**労働組合の結成**、㋓**選挙法の改正**、㋔**教育制度の改革**、㋕**財閥解体《ざいばつかいたい》**など。

地主の土地を買い上げ、小作人に安く売りわたす↵（農地改革）

↳満 20 才以上の男女に選挙権（選挙法の改正）

❷**日本国憲法の制定**…1946 年 11 月 3 日に公布、翌《よく》年《ねん》5 月 3 日に施行《しこう》された日本国憲法は、**国民主権**、**基本的人権の尊重《そんちょう》**、**平和主義**の 3 つを基本原則とした。

2 独立の回復と日本の発《はっ》展《てん》

> 参考 直接戦火《せんか》を交えないアメリカ合衆国陣営《じんえい》とソ連陣営の対立を冷たい戦争（冷戦）という。
>
> 1989 年にアメリカ合衆国のブッシュ大統領とソ連のゴルバチョフ共産党《きょうさんとう》書記長がマルタという国で話し合いを行い、冷戦の終結を宣言《せんげん》した。

> 参考 1950 年代の中ごろからの日本経済《けいざい》の急激《きゅうげき》な発展を高度経済成長という。

❶**冷たい戦争（冷戦）**…大戦後、**国際連合（国連）**がつくられたが、世界は、アメリカ合衆国《がっしゅうこく》を中心とする勢力とソ連を中心とする勢力に分かれて対立した。

世界の平和と安全を守る↰（国際連合）

❷**国際社会への復帰**…1951 年、日本は 48 か国と**サンフランシスコ平和条約**を結び、翌年、**独立を回復**した。1956 年には**日ソ共同宣言**によりソ連と国交が回復し、**国連**への加盟《かめい》が認《みと》められた。

❸**日米安全保障《ほしょう》条約**…日本はサンフランシスコ平和条約と同時に**日米安全保障条約**を結び、アメリカ軍の駐留《ちゅうりゅう》を認めた。

❹**日本の発展**…**新幹線**や**高速道路**が整備され、1964 年に**オリンピック**が東京《とうきょう》で開かれた。

↳アジアではじめて

❺**国際社会の中の日本**…1965 年に**日韓《にっかん》基本条約**、1972 年に**沖縄返還《おきなわへんかん》**、**日中《にっちゅう》共同声明**、1978 年に**日中平和友好条約**。

↳アメリカが占領

最重要年代

1951 年
サンフランシスコ平和条約 ➜ **とおくで強引** サンフランシスコ
1 9 51

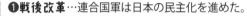

くわしい学習

●**朝鮮《ちょうせん》戦争**…朝鮮半島では、南部にアメリカ合衆国が支援《しえん》する**大韓民《だいかんみん》国《こく》**(**韓国**)、北部にソ連が支援する**朝鮮民主主義人民共和国《ちょうせんみんしゅしゅぎじんみんきょうわこく》**(**北朝鮮**)ができた。1950年、両国の間で戦争(**朝鮮戦争**)がおこり、日本はそのとき大量の物資の注文を受け、経済が回復した。

●**東京オリンピック・パラリンピック**(1964年)…戦後20年足らずで、日本は国際的な大会が開けるようになった(下の写真)。

●**経済の発展**…1950年代後半からの経済の発展で、日本では白黒テレビ・電気洗濯《せんたく》機・電気冷蔵庫《れいぞうこ》(**三種の神器《じんぎ》**)が広まった。その後、カラーテレビ・自動車(カー)・クーラーという**3C**が広まった。しかし、経済の発展のかげで、公害などの環境《かんきょう》問題も生まれてきた。

●**戦後の発展と近年のできごと**

年代	ことがら
1955	経済の急成長が始まる
56	国際連合(国連)に加盟
64	東海道新幹線が開通する
	東京オリンピック・パラリンピック
70	万博《ばんぱく》(大阪《おおさか》万国博覧会《はくらんかい》)
73	石油危機《きき》
78	成田《なりた》国際空港が開港
88	青函《せいかん》トンネルと瀬戸《せと》大橋が開通
95	阪神《はんしん》・淡路《あわじ》大震災《だいしんさい》がおこる
97	地球温暖《おんだん》化防止京都《きょうと》会議
2002	日韓共催《きょうさい》サッカーワールドカップ
11	東日本大震災がおこる
2021	東京オリンピック・パラリンピック

チェックテスト

① 戦後、地主の土地が小作人に安く売りわたされた改革を何といいますか。

② 戦後できた憲法は何といいますか。

③ 1951年、平和条約はどこで結ばれましたか。

④ 沖縄が日本に返還されたのは何年ですか。

答え

① 農地改革

② 日本国憲法

③ サンフランシスコ

④ 1972年

21 日本と関係の深い国々

1 中国《ちゅうごく》と韓国《かんこく》

参考 中国は「一人《ひとり》っ子政策《せいさく》」で人口の増加をおさえていたが、この政策は2016年に廃止《はいし》された。

❶**中華人民共和国《ちゅうかじんみんきょうわこく》(中国)**…人口約14億人で、世界一人口が多い。日本とは、1978年に日中《にっちゅう》平和友好条約を結んだ。現在、日本の最大の貿易相手国であり、機械類や衣類などを多く輸入している。

❷**大韓民国《だいかんみんこく》(韓国)**…日本とは古くから交流があり、仏教や儒教《じゅきょう》などを日本に伝えた。ハングルという文字や、つけもののキムチが有名。

2 アメリカ合《がっ》衆国《しゅうこく》とブラジル

❶**アメリカ合衆国**…多民族国家。機械化された大規模《だいきぼ》な農業(世界の食料庫)と世界最大の工業国として世界経済《けいざい》を引っぱっている。

↳企業的な農業

最重要ポイント

日本とアメリカ合衆国は経済や政治の面で結びつきが強く、重要な貿易相手国。

❷**ブラジル**…コーヒー豆の生産が世界一多く、鉄鉱石などの鉱産資源《しげん》も豊かである。明治《めいじ》時代より、多くの日本人がブラジルに移住し、現在、その子孫の日《にっ》系人《けいじん》が日本へ出かせぎに来ている。

↳2022年

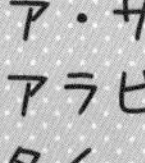

3 オーストラリア・サウジアラビア・タイ

参考 サウジアラビアは石油を世界一多く輸出している(2020年)。

❶**オーストラリア**…鉄鉱石や石炭などの鉱産資源や牛肉などの畜産物《ちくさんぶつ》が豊か。

↳日本にとっての最大の輸入相手国

❷**サウジアラビア**…イスラム教の教えに従《したが》い、ぶた肉や酒を飲食することが禁じられ、1日5回、聖地《せいち》メッカに向かって礼拝《れいはい》する。

↳ムハンマドが開いた

❸**タ　イ**…仏教の信仰《しんこう》が厚く、男の子は一生に一度、僧《そう》の修行《しゅぎょう》を行う。日本と比べて賃金《ちんぎん》が安いため、多くの日本企業《きぎょう》がタイへ進出している。

↳シャカが開いた

くわしい学習

●中華人民共和国

首都：ペキン

面積：約 960 万 km^2

人口：約 14 億 2,600 万人（2022 年）

中国は、沿岸《えんがん》部に外国企業を受け入れる**経済特区**を設けており、日本の企業が多く進出している。

●大韓民国

首都：ソウル

面積：約 10 万 km^2

人口：約 5,200 万人（2022 年）

韓国は、自動車工業や電子部品工業がさかんな工業国。2002 年には**日韓ワールドカップ**が開かれた。

●アメリカ合衆国

首都：ワシントン D.C.

面積：約 983 万 km^2

人口：約 3 億 3,800 万人（2022 年）

アメリカ合衆国へ、日本の**自動車**や精密機械の輸出が多い。日本人野球選手が大リーグで活躍《かつやく》している。

●サウジアラビア

首都：リヤド

面積：約 221 万 km^2

人口：約 3,600 万人（2022 年）

日本はサウジアラビアから**石油**を輸入。日本は、サウジアラビアに海水を真水にする工場をつくっている。

チェックテスト

① 世界一人口が多い国は(　　)です。

② メッカを聖地とする宗教《しゅうきょう》は何ですか。

③ コーヒー豆の生産量が世界一で、多くの日系人がいる国は(　　)です。

答え

① 中華人民共和国（中国）

② イスラム教

③ ブラジル

22 国際連合と世界平和

1 国連の成立としくみ

参考 安全保障理事会では重要事項《じこう》の議決について5常任理事国のうち1つの国でも反対すると決定できない。これを拒《きょ》否権《ひけん》という。

❶**国際連合(国連)の成立**…国連は1945年に世界の平和と安全を守るためにつくられ、はじめ51か国であった加盟《かめい》国は、現在(2023年11月末)では193か国になっている。

❷**国連のしくみ**…国連は、**総会**・**安全保障《ほしょう》理事会**・経済《けいざい》社会理事会・国際司法裁判所《さいばんしょ》・事務局・信託《しんたく》統治理事会の6つの主要機関で構成されている。
活動停止中↵

㋐**総　会**…総会は全加盟国が参加し、年1回開かれる。

㋑**安全保障理事会**…世界の平和と安全を守るための機関で、アメリカ合衆国《がっしゅうこく》・イギリス・フランス・ロシア・中国の**常任理事国**と、非常任理事国からなる。
↳任期2年

2 国連の働き

参考 世界保健機関(WHO)は感染症《かんせんしょう》のぼくめつや公衆衛生《こうしゅうえいせい》・保健衛生の向上に努めている。国連難民《なんみん》高等弁務官事務所(UNHCR)は難民の国際的な保護と救済《きゅうさい》を目ざしている。

❶**ユニセフ(国連児童基金)**…1946年につくられ、紛争《ふんそう》・災害により飢えや病気で苦しむ地域《ちいき》の子どもたちを救う活動をしている。本部はアメリカ合衆国のニューヨークにある。
↳活動資金の3分の1は募金

最重要ポイント

ユニセフは児童権利宣言と子どもの権利条約の実現を目ざしている。

❷**ユネスコ(国連教育科学文化機関)**…国連の専門《せんもん》機関の1つで、教育・科学・文化を通じて世界平和を築くしごとをしている。

❸**国連平和維持《いじ》活動(PKO)**…紛争地域の平和を維持・回復させるために、監視《かんし》団や**平和維持軍(PKF)**などを派遣《はけん》している。

くわしい学習

●**国連憲章《けんしょう》**…国連の目的やしくみなどを定めたもの。111条からなる。

- 世界の平和と安全を守り、国と国との争いを、平和的な方法で解決する。
- すべての国を平等にあつかい、国々が仲よくなるように考えていくこと。
- 経済・社会・文化などの問題を解決するために各国が協力しあうようにする。

●**子どもの権利条約**…子どもの権利条約は、1989年に国連の総会で採択《さいたく》された条約で、18才未満の子どもの権利を保障したもの。条約では、子どもの生きる権利や子どもが自由に自分の意見を述べる権利などを保障しており、条約を結んだ国に法律《ほうりつ》の整備などを求めている。

●**世界遺産《いさん》条約**…世界的に価値《かち》のある自然や建造物などを国際的に守るための条約で、1972年にユネスコの総会で採択された。

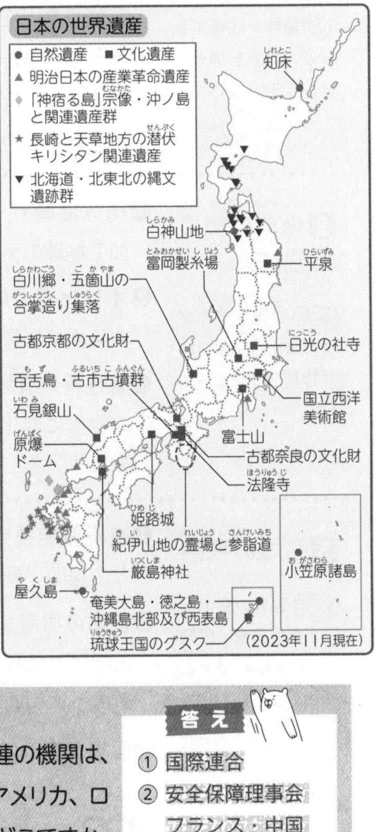

チェックテスト

① 国連の正式名は何ですか。

② 五大国が中心になっている国連の機関は、何ですか。その五大国とは、アメリカ、ロシア、イギリスのほか、どことどこですか。

③ 教育や文化で人々に平和を愛する心を育てていく国連の専門機関は何ですか。

答え

① 国際連合

② 安全保障理事会
フランス・中国

③ ユネスコ(国連教育科学文化機関)

23 世界平和と日本の役割

1 相次ぐ紛争《ふんそう》

参考 政治的な目的を実現するために暗殺や建物を破壊《はかい》するなどの行為《こうい》をテロリズム（テロ）という。

❶**紛争が続く世界**…第二次世界大戦後も、世界各地で紛争がおこっている。冷たい戦争（冷戦）の終結後は新たに、宗教《しゅうきょう》や民族のちがい、国境や領土をめぐる対立などを原因として**地域《ちいき》紛争**が発生するようになった。また、地域紛争により居住地でくらすことができなくなった**難民《なんみん》**が各地で発生し、多くの人々が食料不足や病気で苦しんでいる。

2 地球の環境《かんきょう》問題

参考 砂漠《さばく》化や熱帯林の破壊も深刻《しんこく》な地球環境問題になっている。

❶**地球温暖《おんだん》化**…二酸化炭素などの**温室効果ガス**の増加で地球の気温が上がっている。

↳洪水、干ばつなどの問題がおきている

❷**オゾン層《そう》の破壊**…太陽からの有害な紫外線《しがいせん》を吸収《きゅうしゅう》するオゾン層を、**フロン**が破壊した。

↱生産・消費の禁止で近年、フロン濃度が減少

❸**酸性雨**…**硫黄《いおう》酸化物**や**窒素《ちっそ》酸化物**が上空で強い酸性の物質に変化し、それが雨にとけて、木をからすなどしている。

↳自動車の排出ガスなどにふくまれる

3 日本の役割《やくわり》

参考 世界の国々は、いずれも国旗と国歌をもっており、まとまりのしるしとしている。おたがいの国旗と国歌を尊重《そんちょう》し合うことが世界共通のルールとなっている。

❶**政府開発援助《えんじょ》（ODA）**…発展途上国《はってんとじょうこく》に対する資金などの援助。**青年海外協力隊**の派遣《はけん》。

国境なき医師団やアムネスティー - インターナショナルなど↰

❷**民間の国際協力**…政府以外にも、**NGO（非政府組織）**と呼《よ》ばれる民間の団体が、国境をこえ、医療《いりょう》や福祉《ふくし》、環境などの問題に取り組んでいる。

❸**国際交流**…**オリンピック**などのスポーツの国際大会などを通じて、世界の人々との交流が行われている。

最重要ポイント

日本は発展途上国への資金協力や、NGOなどが国際協力を行っている。

くわしい学習

●第二次世界大戦後の主な戦争や紛争、地球環境問題

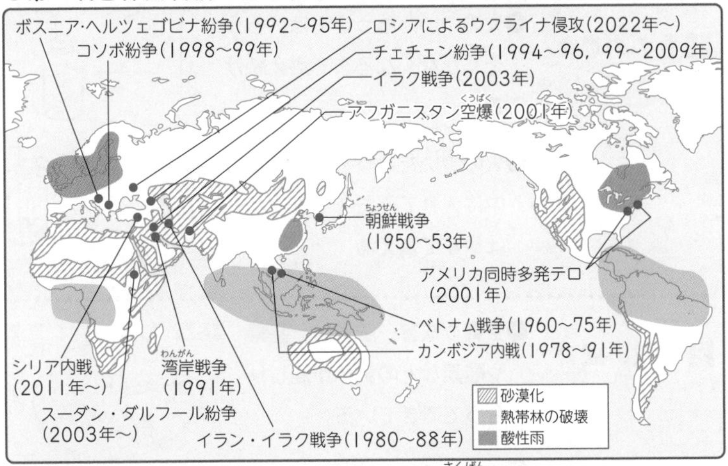

●環境問題への取り組み…1972年に「かけがえのない地球」をテーマに**国連人間環境会議**が開かれた。1992年には**地球サミット**が、2002年には**環境・開発サミット**が開催《かいさい》された。1997年の地球温暖化防止京都会議では**京都議定書**が採択《さいたく》された。2016年には2020年以降の温室効果ガス削減《さくげん》の新たなルールとして、**パリ協定**が発効《はっこう》した。

●青年海外協力隊…発展途上国の人々のくらしがよくなるように現地へおもむいて、農業や医療などの技術指導を行う人たち。

●持続可能な開発目標(SDGs)…2015年に国連で採択《さいたく》され、貧困や飢餓《きが》をなくすための取り組みが行われている。

チェックテスト

① 二酸化炭素の増加で心配されている地球環境問題は何ですか。

② フロンなどが（　　）層を破壊した。

③ 先進国が発展途上国に行う資金などの援助を何といいますか。

答え

① 地球温暖化
② オゾン
③ 政府開発援助（ODA）

理科

1 ものの燃え方と空気

1 ものの燃え方

❶火のついたろうそくは、ろうそくがなくなるまで**燃え続ける**。

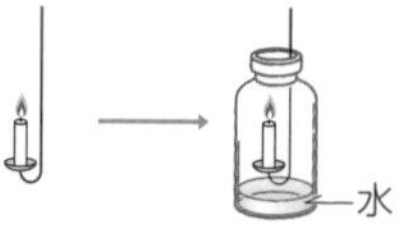

❷火のついたろうそくをびんの中に入れてふたをすると、火は**やがて消える**。
└新しい空気の出入りがないと、ろうそくは燃え続けない

2 空気の成分

❶**空気の成分**…空気は、**窒素《ちっそ》**や酸素などの気体が混じり合ってできている。

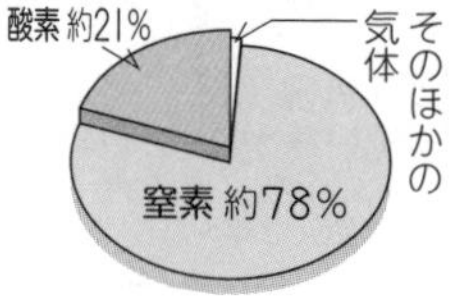

❷**おもな成分**…空気の約78%が**窒素**、約21%が**酸素**である。
ほかに二酸化炭素が約0.04%┘

3 ものを燃やすはたらきのある気体

注意 酸素はほかのものを燃やすはたらきはあるが、酸素自身は燃えない気体である。

❶**燃えたあとの空気**…燃やす前の空気とちがい、ろうそくを燃やすはたらきがなくなっている。

❷**ものを燃やすはたらき**

酸素には**ある**が、窒素には**ない**。

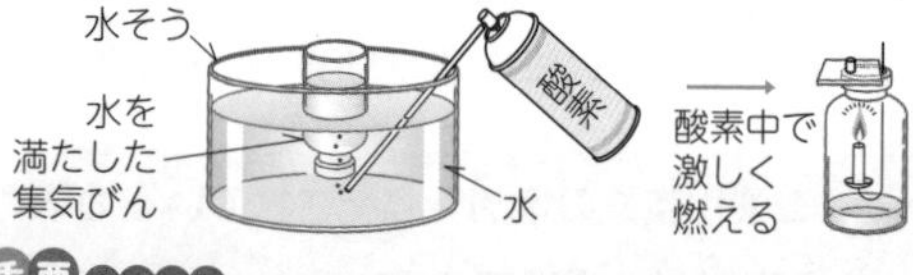

最重要ポイント

ものは酸素中では**激《はげ》しく燃える**が、空気中では**おだやかに燃える**。その理由は、空気中には、酸素が約**21%**しかふくまれていないからである。

くわしい学習

●酸素のつくり方と集め方

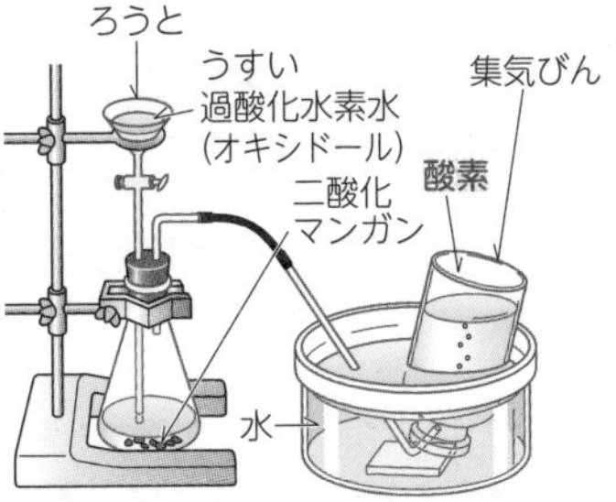

❶**二酸化マンガン**(つぶ状《じょう》)にうすい過酸化水素水(**オキシドール**)を少しずつ注ぎ、出てくる酸素を水を満たした集気びんの中に集める。

注意 初めに出てくる気体は、フラスコの中の空気をふくんでいるので捨《す》てる。

❷酸素を集気びんに集めるときには、**酸素は水にとけにくい**という性質を利用して、**水と置きかえて集める**(水上置換《ちかん》法)。

●木を熱する(かん留)

❶**空気中での木の燃え方**…空気中では、木はほのおを上げて燃える。木を燃やすと黒くなり、やがて真っ赤になって、あとに灰《はい》が残る。

❷**木をむし焼きにする(空気を入れないで熱する)。**

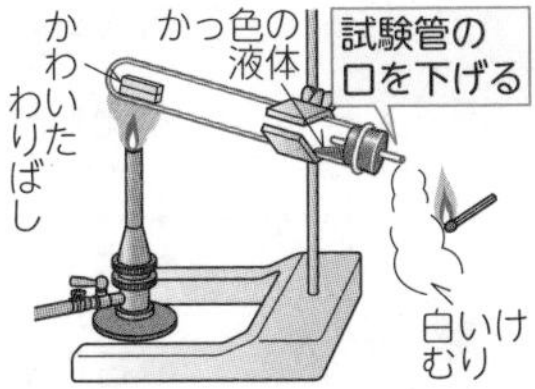

㋐**木《もく》ガス**…白いけむり(気体)。火をつけると燃える。

㋑**木タール**…かっ色の液体。

㋒**木さく液**…黄色い液体。

㋓**木　炭**…黒色の固体。熱しても赤く燃えるだけでほのおは出さない。

チェックテスト

① 実験では、酸素は、何と何からとり出しますか。

② 酸素中での火の燃え方は、空気中と比べてどうなりますか。

③ 空気のおもな成分は何と何ですか。

④ 酸素を水と置きかえて集めるのは、酸素にどのような性質があるためですか。

答え

① うすい過酸化水素水と二酸化マンガン

② 激しく燃える

③ 窒素と酸素

④ 水にとけにくい性質

2 燃えたあとの空気

1 燃えたあとの空気

注意 ろうそくの火が消えたあとの空気にも酸素はふくまれている。

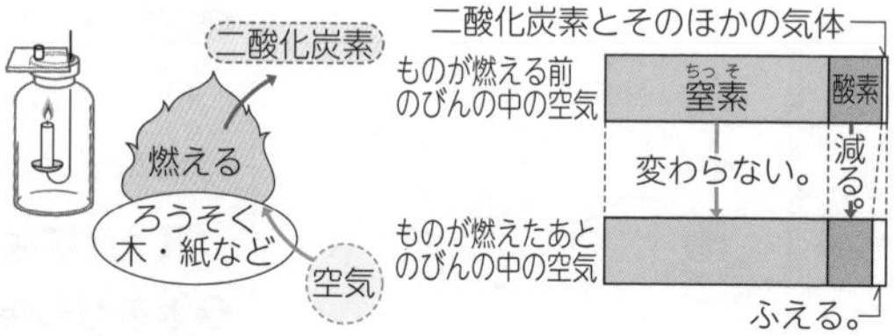

最重要ポイント

ろうそくや紙などが燃えるときは、空気中の**酸素**が使われ、**二酸化炭素**ができる。

2 二酸化炭素の性質

注意 二酸化炭素は水に少しとける。

❶石灰水《せっかいすい》は、二酸化炭素にふれると、白くにごる。

➡石灰水を入れたびんの中でろうそくを燃やしたあと、びんをふると**石灰水**は白くにごる。

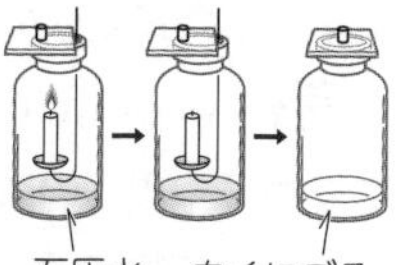

❷**二酸化炭素**には、ものを燃やすはたらきはない。

3 ものを燃やし続ける

❶ろうそくの火が消えたあとのびんに酸素を入れる。
ものを燃やすはたらきがある↲
このびんの中に火のついたろうそくを入れると、ろうそくは再び燃える。

❷びんの中の空気が**入れかわるようにする**と、ろうそくは燃え続ける。
↳ものが燃えるには新しい空気が必要である

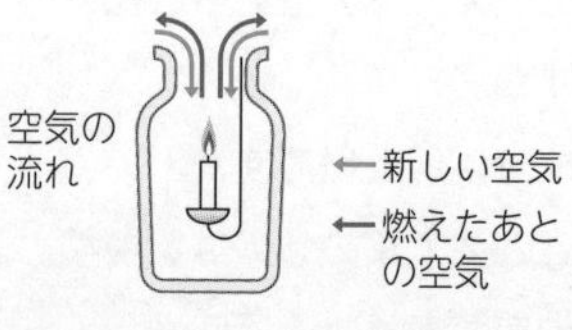

⬆集気びんのふたをはずした場合

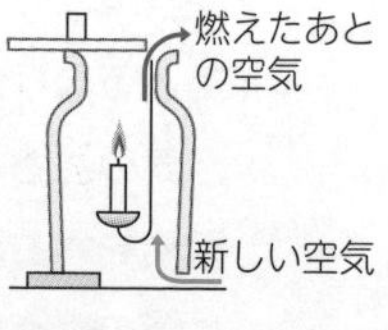

⬆底を切った集気びんの場合

くわしい学習

●二酸化炭素のつくり方

酸素の集め方と同じように水上置換《ちかん》法(図1)で集めることができるが、図2のように、空気中でそのまま集めることもできる(下方置換法)。

●二酸化炭素の性質

❶ビーカー内のろうそくの火は消える。

❷❶の実験から、二酸化炭素にはものを燃やすはたらきがないこと、空気より重い気体であることがわかる。

●スチールウール(鉄)を燃やす

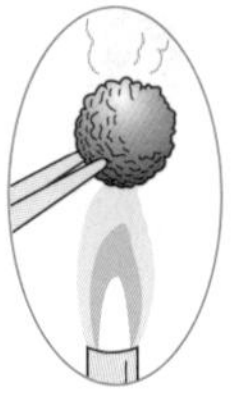

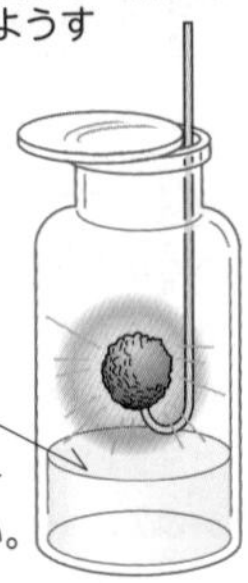

燃えたあと、びんをふっても石灰水は白くにごらない。

スチールウール(鉄)も、ろうそくや木などと同じように空気中で燃えて、もとの金属とはちがうものができる。そのとき、空気中の酸素が使われるが、二酸化炭素はできない。

また、酸素中では、火花を散らして激《はげ》しく燃えて、黒いかたまり(**酸化鉄**)になる。

チェックテスト

① ろうそくを空気中で燃やすと、何ができますか。

② 紙を空気中で燃やすと、空気中の何が使われますか。

③ 二酸化炭素には、ものを燃やすはたらきがありますか。

④ 石灰水に二酸化炭素を通すと、石灰水はどうなりますか。

答え

① 二酸化炭素
② 酸素
③ ない
④ 白くにごる

3 呼吸と血液

1 呼吸《こきゅう》のはたらき

参考 肺の中には小さなふくろ(肺胞《はいほう》)がたくさんあり、このふくろを細い血管がとりまいている。このふくろで、酸素と二酸化炭素の交換《こうかん》をしている。

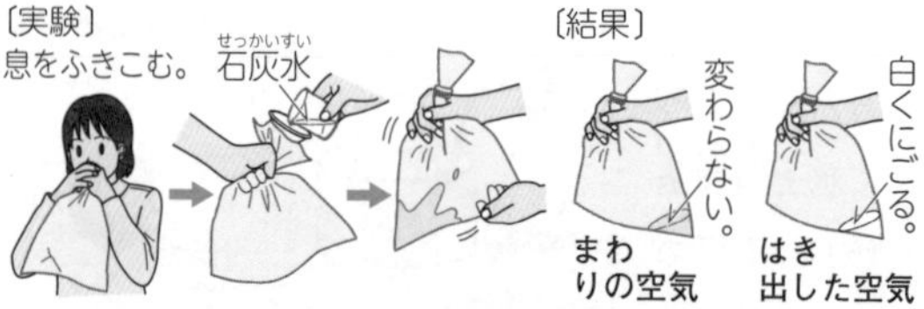

↑はき出した空気を石灰水で調べる

はき出した空気には、二酸化炭素が多くふくまれている。
（└石灰水を白くにごらせる）

最重要ポイント

人は**肺《はい》**に空気をとりこみ、空気中の**酸素**をからだの中にとり入れ、**二酸化炭素**を出している。

2 心臓《しんぞう》のはたらき

❶心臓は、ポンプのように縮《ちぢ》んだり、もどったりして、血液を全身に送り出している。
（└右心室、左心室、右心房、左心房の4つの部屋に分かれている）

❷**脈《みゃく》　拍《はく》**…心臓の動き(**拍動**)によって送り出された血液の流れの強弱が感じとれる。

3 血液のはたらき

注意 心臓から送り出された血液は、全身にいきわたり、心臓にもどってくる。

❶心臓から送り出された**血液**は、全身をめぐる間に肺でとり入れた**酸素**と、小腸《しょうちょう》で吸収《きゅうしゅう》した養分をからだ全体に運んでいる。

❷血液は、からだの各部で不要になった**二酸化炭素**を受けとり、**肺**にもどって、酸素と二酸化炭素を交換している。

❸血液で運ばれる酸素や養分によって命が支えられている。

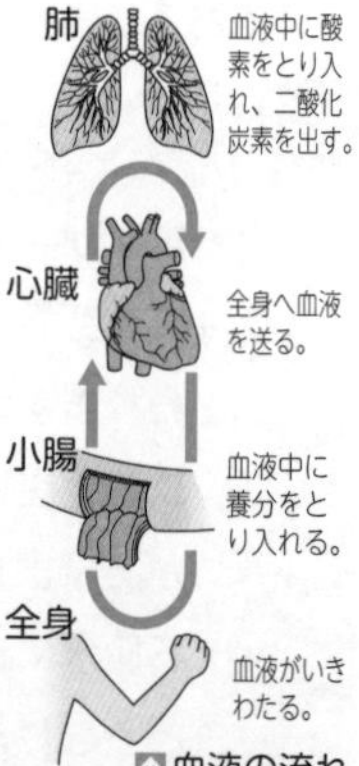

↑血液の流れ

くわしい学習

●肺のつくり…肺は、多くの肺胞でできている。

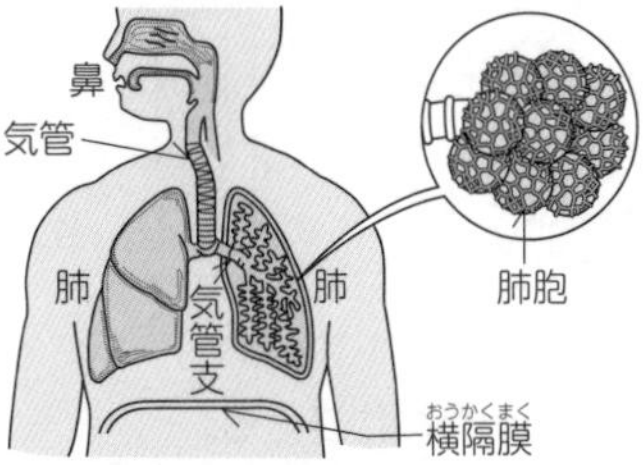

●心臓のつくり

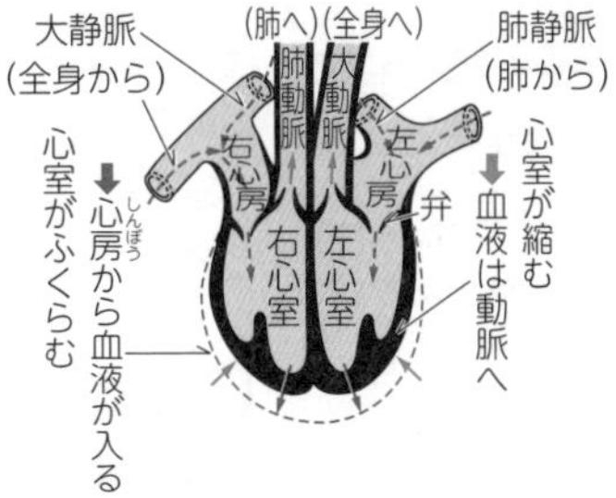

●動物の呼吸…ウサギや鳥なども肺で呼吸する。海で生活するクジラやイルカも肺で呼吸するため、海面に鼻を出し、空気をとり入れる。

水中で生活する魚は、えらで水中の酸素を体内にとり入れ、体内の二酸化炭素を水中に出して、呼吸をしている。

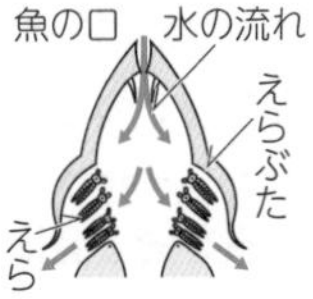

●人以外の動物の血液の流れ

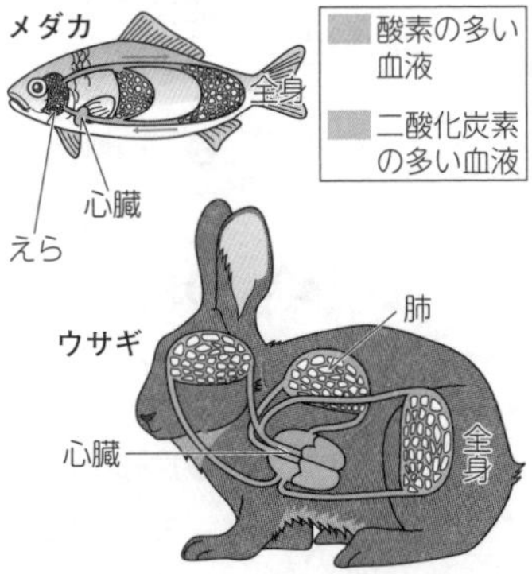

チェックテスト

① 吸《す》いこむ空気と比べて、はき出した空気には何が多くふくまれていますか。

② ポリエチレンのふくろに息をふきこみ、そこに石灰水を入れてふると、どうなりますか。

③ 心臓はどのようなはたらきをしますか。

④ 酸素や養分を全身に運ぶはたらきをしているものは何ですか。

答え

① 二酸化炭素
② 白くにごる
③ 血液を全身に送り出すはたらき
④ 血液

4 食物の消化と吸収

1 だ液のはたらき

参考 でんぷんはヨウ素液に反応して青紫色《あおむらさきいろ》になる。

〔だ液のはたらきを調べる〕
でんぷん液をつくる。

〔結果〕
うすいヨウ素液をたらす。

最重要ポイント

だ液は、**でんぷん**を**別のもの**に変える。

2 食物の通り道

❶食物は、口・胃《い》・腸《ちょう》と運ばれる間に体内に吸収《きゅうしゅう》されやすいものに変えられる。このはたらきを**消化**という。

❷口→食道→胃→小腸→大腸→肛門《こうもん》までの食物の通り道を**消化管**という。

❸動物の消化管のつくり…どの動物の消化管も、口から肛門まで、１本の管でつながっている。

3 食物の消化と吸収のしくみ

参考 消化液が最もよくはたらく温度は、35℃～40℃くらいで、これは、ほぼ人の体温と同じである。

❶食物は、口・胃・腸を通る間に、だ液・胃液・小腸の表面にある液などで消化される。これらの液を**消化液**という。

❷水分や消化された養分は**小腸**で吸収され、血液によって全身に運ばれる。

❸**小腸のつくり**…小腸の内側にはたくさんのとっきがあり、その中の細い血管(毛細血管)へ養分が吸収される。
└柔毛(じゅうもう)という
ブドウ糖、アミノ酸┘

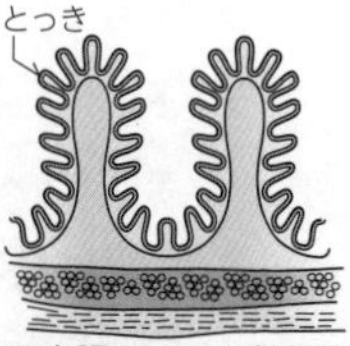

↑小腸のつくり(断面)

❹大腸では、おもに水分が吸収され、残ったものは便《べん》となって体外へ出される。

くわしい学習

●消化のしくみ

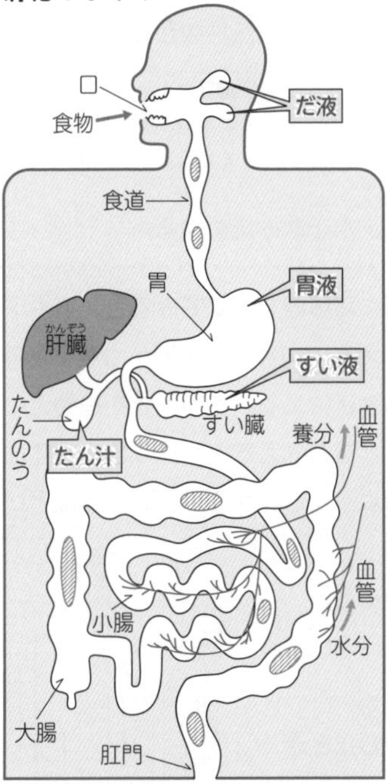

すい液はすい臓《ぞう》から、たん汁《じゅう》はたんのうから出る消化液である。

●養分の吸収と運搬《うんぱん》

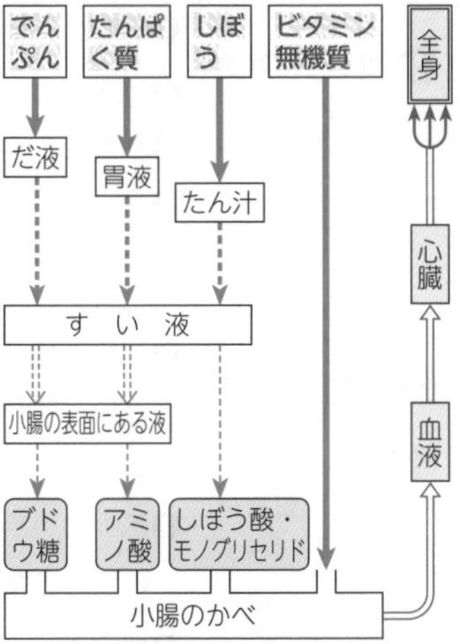

からだの各部に運ばれた養分は、酸素と結びついて熱を出し、体内のさまざまな活動のためのエネルギーとして使われる。1gについて、でんぷん・たんぱく質はそれぞれ4.1キロカロリー、しぼうは9.3キロカロリーの熱を出す。

チェックテスト

① だ液はどんなはたらきをしますか。

② ①を調べるときの薬品は何ですか。

③ 口から肛門までの食物の通り道を何といいますか。

④ 消化された養分はどこで吸収されますか。

⑤ 大腸ではおもに何を吸収しますか。

答え

① でんぷんを別のものに変える
② ヨウ素液
③ 消化管
④ 小腸
⑤ 水分

5 運動と呼吸・脈拍

1 激《はげ》しい運動の直後

❶心臓《しんぞう》の拍動《はくどう》が激しくなり、脈拍数《みゃくはくすう》が多くなる。

❷体温が上がる。
└からだが熱くなる

❸あせをかく。

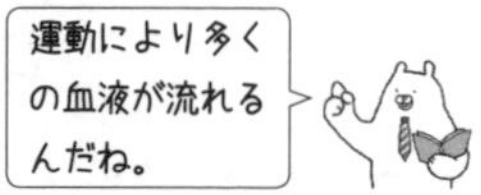

❹呼吸数《こきゅうすう》が多くなる。
└息づかいが激しくなる

❺のどがかわいて、水を飲みたくなる。

2 運動と脈拍

注意 激しい運動をすると、脈拍数は、たいへん多くなる。

❶心臓の拍動…胸《むね》に聴診《ちょうしん》器《き》をあててみると、ドキドキという音が聞こえる。この音は、心臓が血液を全身へ送り出すときの動きによる。この動きを**拍動**という。

❷脈　拍…手首などをおさえると、送り出される血液の流れの強弱のようすがわかる。これを**脈拍**という。
└ほかにあし首や首

❸脈拍数

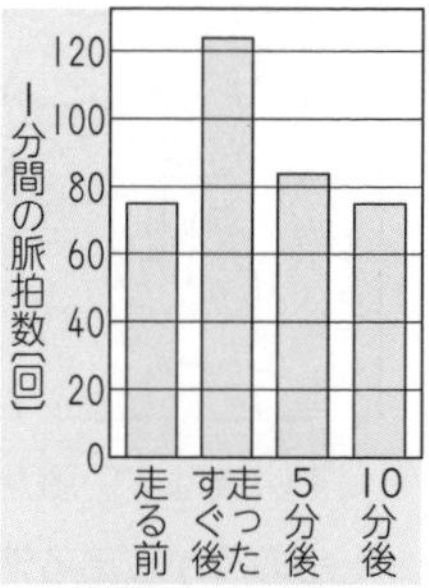

運動と脈拍数

㋐**静かにしているとき**
1分間に70～80回ぐらい。

㋑**激しい運動をしたとき**
1分間に110～140回ぐらい。

㋒**脈拍数がふえるとき**

・激しい運動をしたとき。
・病気のときやおどろいたときにもふえることがある。

最重要ポイント

呼吸数・**脈拍数**は運動をすると多くなるが、運動をやめてしばらくすると、運動する前の呼吸数・脈拍数にもどる。

くわしい学習

●**呼吸数を調べる**…息を吸《す》ったりはいたりすることを**呼吸**という。吸ってはくことを１回とし、１分間の回数を数える。

●**脈拍数を調べる**…脈拍数は、下の図のような所ではかり、ふつう１分間の回数で表す。

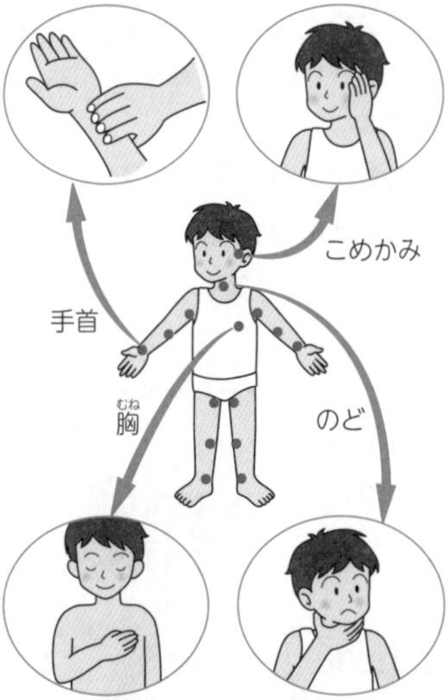

●**動物の呼吸**

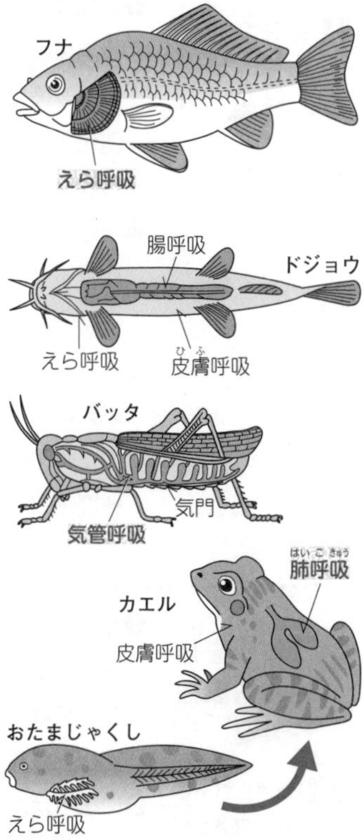

チェックテスト

激しい運動をするとどのようになりますか。

① (　　)をかきます。

② (　　)がかわき、水を飲みたくなります。

③ 脈拍数が(　　)なります。

④ 呼吸数が(　　)なります。

⑤ 体温が(　　)ます。

答え

① あせ
② のど
③ 多く
④ 多く
⑤ 上がり

6 人のからだのつくり

1 養分をたくわえる臓器《ぞうき》～肝臓《かんぞう》

参考 人のからだの中で最大の臓器は肝臓で、大人《おとな》で1.0～1.5 kgの重さがある。

❶食物は、口・胃《い》・腸《ちょう》を通る間に、だ液・胃液・小腸の表面にある液などで消化され、**小腸**の血管から**血液**に吸収《きゅうしゅう》される。
└消化液

❷吸収された養分は、血液によって**肝臓**に運ばれ、一時的にたくわえられる。

❸たくわえられた養分は、必要に応じて再び血液によって全身に運ばれ、成長のため、命を支えるために使われる。

➡**肝臓**は、脳《のう》とともに体内で最も重い臓器の1つである。

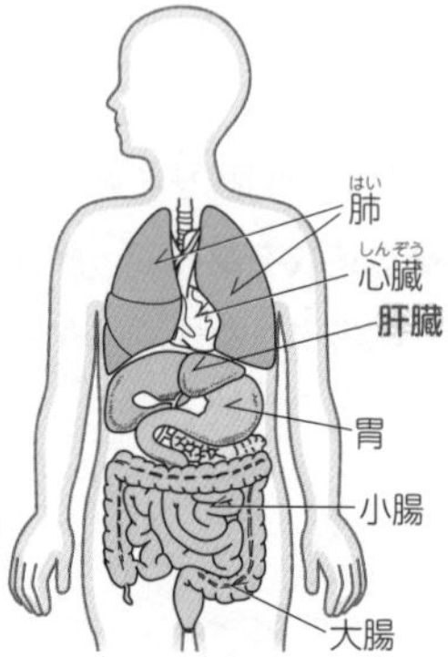

2 不要物を排《はい》出《しゅつ》する臓器～腎臓《じんぞう》

注意 血液中の不要なものは、皮膚《ひふ》からもあせとして排出される。あせの成分はにょうとよく似ているが、にょうよりはずっとうすい。

❶腎臓では、血液から余分な水分や不要なものがこしとられ、**にょう**となって出される。

❷**にょう**は、**ぼうこう**に集められ、たまると体外に排出される。

➡**腎臓**は、背中《せなか》側のこしの高さの所に、左右1対《つい》ある。

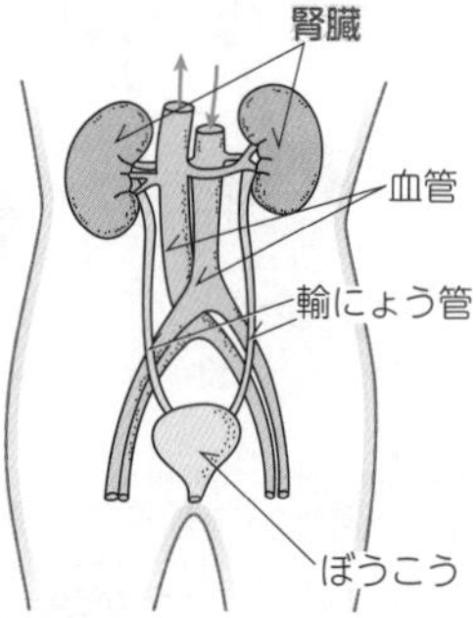

最重要ポイント

からだの各部で不要になったものは、血液によって**腎臓**に運ばれる。

くわしい学習

●肺と呼吸《こきゅう》

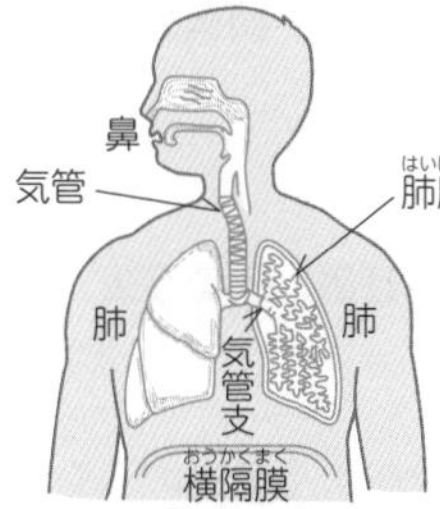

⇧肺のつくり

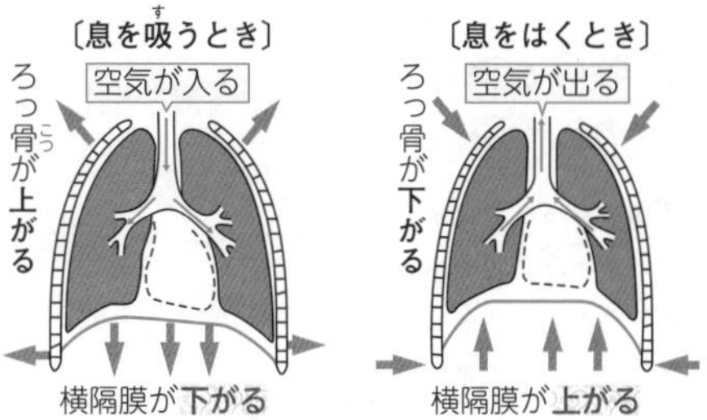

⇧呼吸のしくみ

●心臓と血液のじゅんかん

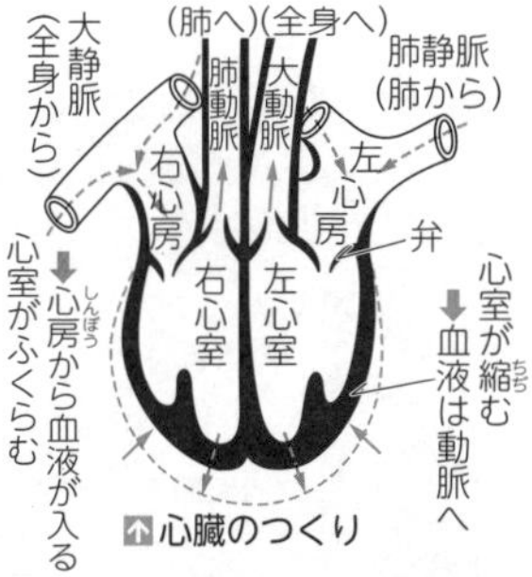

⇧心臓のつくり

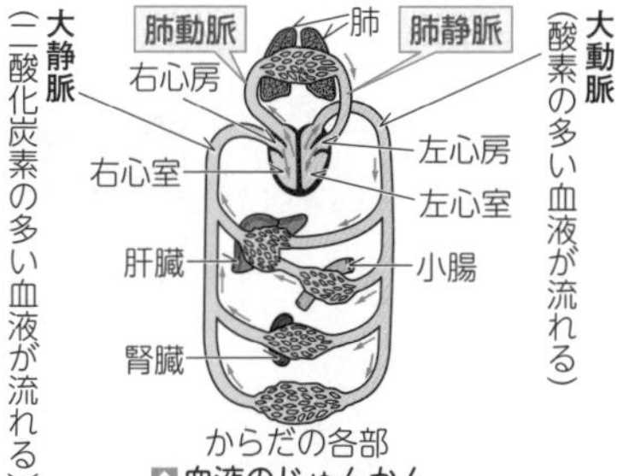

⇧血液のじゅんかん

チェックテスト

① 小腸から吸収された養分は、どこに運ばれ、たくわえられますか。

② 小腸から吸収された養分は、何によって運ばれますか。

③ 余分な水分や不要になったものは、どこでこしとられますか。

④ ③で、余分な水分や不要になったものは何になりますか。

⑤ ④は、どこに集められますか。

答え

① 肝臓
② 血液
③ 腎臓
④ にょう
⑤ ぼうこう

7 人と動物のからだのちがい

1 呼《こ》吸《きゅう》と消化のしくみ

参考 水中でくらす魚などには、肺のかわりにえらがある。えらによって水中の酸素をとり入れ、二酸化炭素を出す。

❶呼　吸…人や動物は、呼吸によって**酸素**をとり入れ、**二酸化炭素**を出している。

最重要ポイント

動物によって、**肺《はい》呼吸**、**えら呼吸**、**皮《ひ》膚《ふ》呼吸**、**気管**で呼吸するものがある。

❷消　化…人も動物も食物を食べ、その中にふくまれている**養分**をとり入れて生きている。

歯の形や消化器官は、動物によってちがいがある。
└胃や腸など

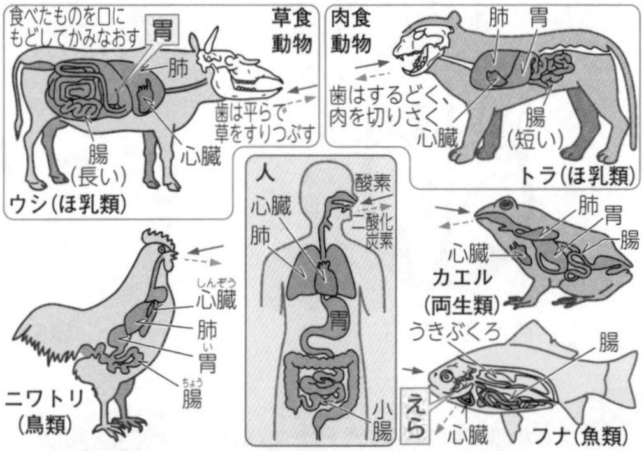

2 人と動物の骨《こっ》格《かく》

注意 動物は、その生活のちがいによってからだのつくりやしくみがちがう。

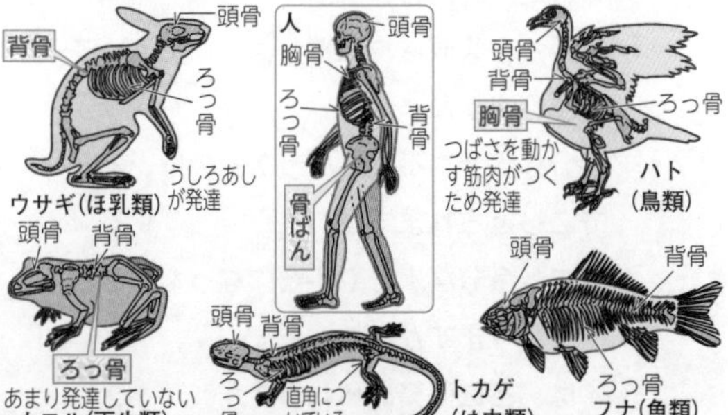

くわしい学習

理科

●人とサルのちがい

人とサルは似たところがたいへん多い。しかし、からだのつくりやしくみの細かい部分については、ちがいが見られる。

	人	サル
骨ばん	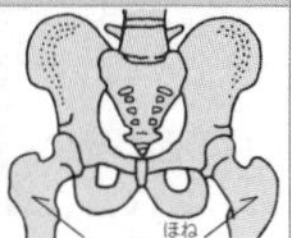 足の骨《ほね》 内臓を支えるために横に大きく広がる	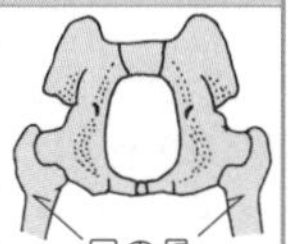 足の骨 人よりせまい
手	 手	 前あし
足	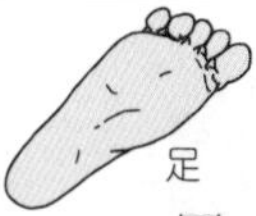 足 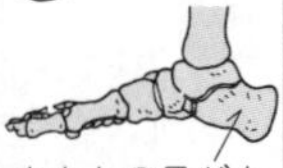 かかとの骨が大きくなっている	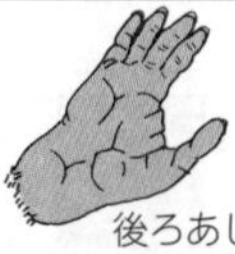 後ろあし 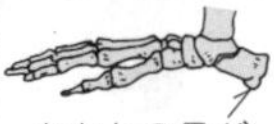 かかとの骨が人より小さい

●魚の呼吸

魚は、えらで呼吸している。えらで水中にとけている酸素をからだにとり入れて、水中に二酸化炭素を出している。

❶魚の呼吸のしかた

①えらぶたを閉《と》じ、口をあけて水を吸《す》いこむ。

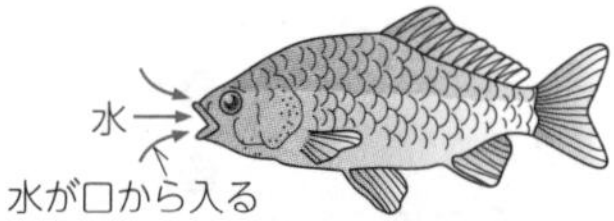

②口を閉じ、えらぶたをあけてそのすきまから水をはき出す。

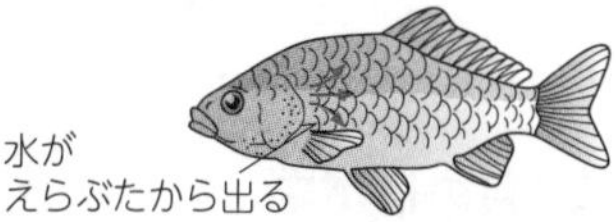

❷えらのつくり

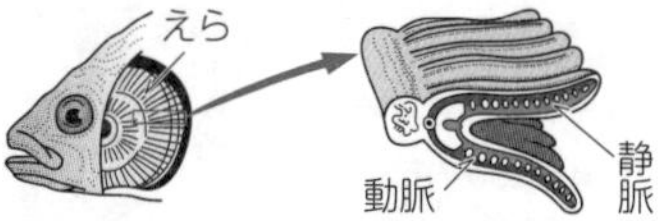

チェックテスト

① トラ(肉食動物)の歯とウシ(草食動物)の歯はそれぞれどのようなはたらきのちがいがありますか。

② 人の骨《こつ》ばんとサルの骨ばんは、どんなところがちがいますか。

③ 魚類は、どの部分で呼吸しますか。

答え

① (トラ)切りさく
(ウシ)すりつぶす

② 人は横に広く、サルは人よりせまい

③ えら

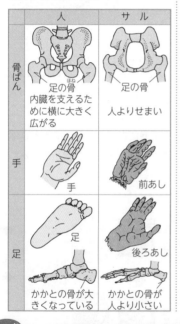

8 太陽と月

1 月の見え方と太陽

注意 太陽と月の1日の動きは、東からのぼって、南の空を通り、西にしずむ。

月のかがやいている側は、太陽のほうを向いている。

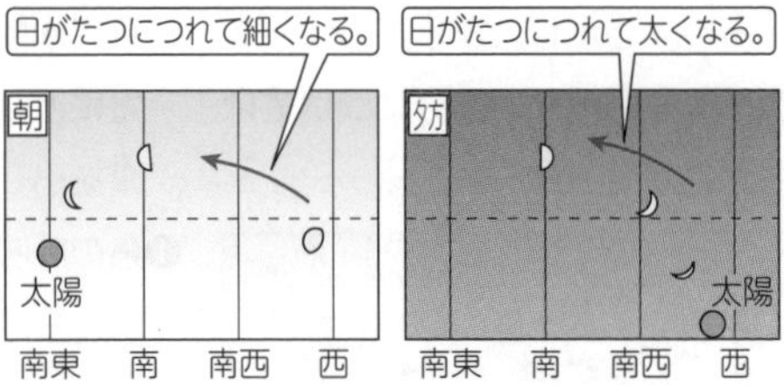

↑同じ時刻に観察したときの月の形の変化

2 月や太陽のようす

❶太陽は**球形**をしており、**自ら強い光**を出している。

このような天体を恒星(こうせい)という

❷月は地球と同じように**球形**をしている。

❸月の表面は岩石でできており、**クレーター**とよばれる丸いくぼ地や海とよばれる平らな場所がある。

❹月は、太陽の光を反射《はんしゃ》してかがやいている。

3 月の形が変わる理由

注意 右の図は、それぞれの月を地球から見たときの形で表している。

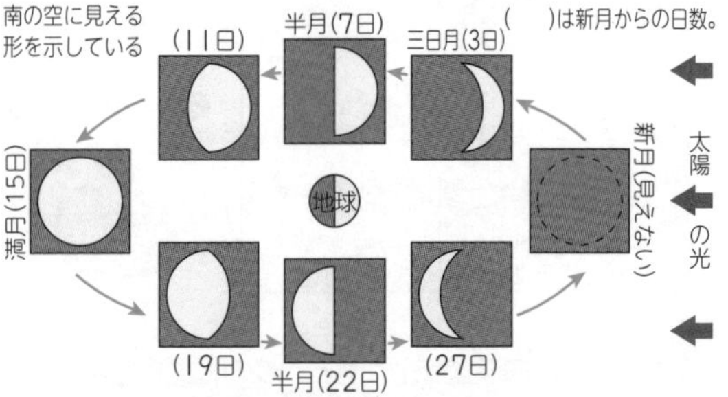

↑地球からの月の見え方

最重要ポイント

月の形が日によって変わって見えるのは、太陽と月との**位置関係**が変化し、太陽の光を**反射**している部分の**見え方**が変わるからである。

くわしい学習

●月の満《み》ち欠《か》けのようす

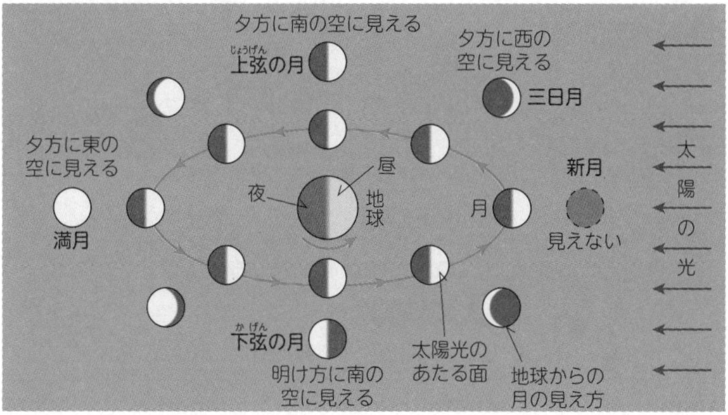

●太陽と月の形と表面のようす

	形	表面のようす	光り方	その他
太陽	球形	・黒点がある。 ・水素中心のガスの集まり。	自ら光を出している。	・いつもまるい形。 ・光と熱を出す。 ・地球の直径の約109倍。
月	球形	・クレーターや海とよばれる部分がある。 ・表面は、岩石と砂《すな》。	太陽の光を反射してかがやいている。	・形はまるいが、見える形が変わる。 ・地球の直径の約$\frac{1}{4}$。

チェックテスト

① 月や太陽はどのような形をしていますか。

② 朝、南の空に見える月の形は何ですか。

③ 夕方、南の空にかがやいて見える月の形は何ですか。

④ 太陽と月の１日の動きは、似ていますか。

答え

① 球 形

② 半月（下弦の月）

③ 半月（上弦の月）

④ 似ている

9 植物のでんぷんづくり

1 植物と日光の関係

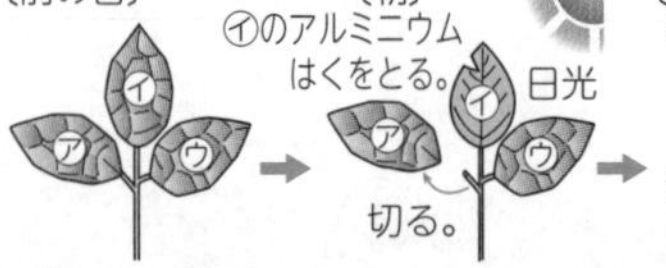

3枚《まい》のジャガイモの葉にアルミニウムはくでおおいをする。└日光をあてない

朝、アにでんぷんがあるか調べる。
イ、ウは午前中日光をあてた後、調べる。

↑葉に日光があたると、でんぷんがつくられるか

最重要ポイント

植物の葉に日光があたると、**でんぷん**ができる。

2 でんぷんを調べる方法

注意 エタノールが入った容器は湯であたためる。エタノールのそばで火を使ってはいけない。

参考 日光を受けて葉でつくられたでんぷんは、植物が育つのに必要な養分として使われたり、いも、実、種子の中にたくわえられたりする。

❶葉の色をぬいて調べる。

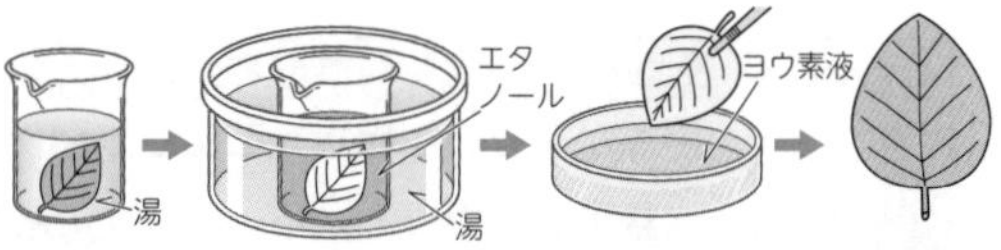

葉を湯に入れてやわらかくする。

エタノールに入れ、葉の色をぬく。

水で洗った葉を**ヨウ素液**に入れる。

でんぷんがあると**青紫色**に染まる。

❷たたき染《そ》めで調べる。

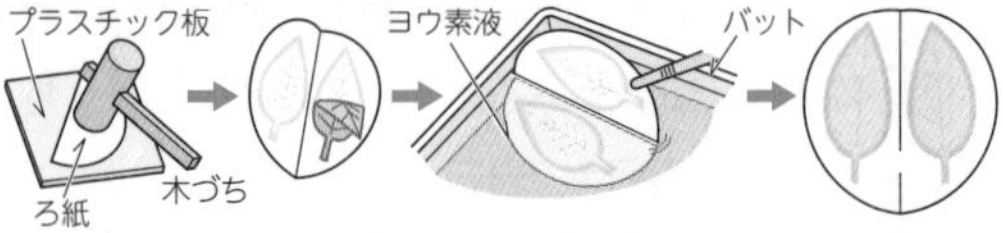

葉をろ紙ではさみ木づちでたたく。

葉をはがす。

ろ紙を**ヨウ素液**に入れる。

でんぷんがあると**青紫色**に染まる。

❸しぼった液で調べる。

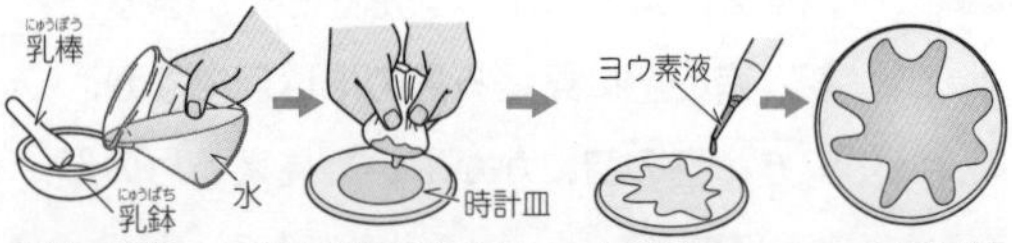

葉(4～5枚)をすりつぶし、水を加える。

すりつぶしたものをしぼり出し、上ずみ液を吸いとり、底にしずんだものをかわかす。

かわいたら、時計皿に**ヨウ素液**をたらす。

でんぷんがあると**青紫色**に染まる。

くわしい学習

●日光と植物がつくるでんぷん

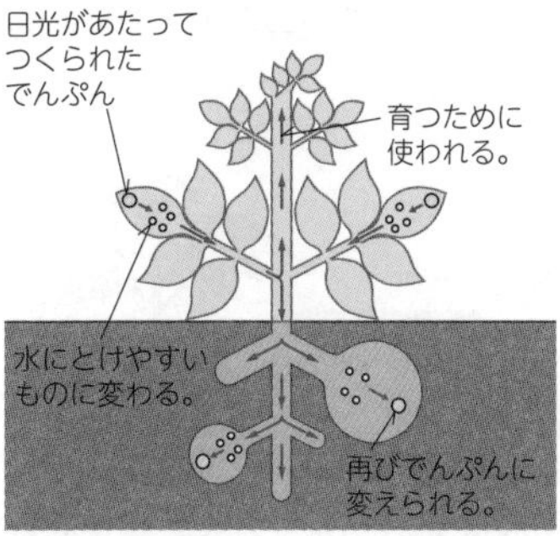

❶植物と日光の関係の実験で㋐の葉にはでんぷんがふくまれていない。これは、㋐の葉でつくられたでんぷんが夜のうちに運ばれていったからである。

❷葉でつくられたでんぷんは、水にとけやすいものに変えられ、くきを通って、植物のからだ全体に運ばれていく。そして、それは植物が育つために使われたり、いもや実、種子の中にたくわえられたりする。

●日光がよくあたるためのしくみ

❶**葉の広がり**…葉は日光がよくあたるように、重ならないようなつき方をしている。

❷**くきののび方**…こみ合ってはえている草木は、外側にのびて、どの葉にも日光があたるようにしている。

●植物の呼《こ》吸《きゅう》と光合成

呼　吸	光合成
①からだのどの部分でも行う。	①緑色の部分だけで行う。
②酸素をとり入れ、二酸化炭素を出す。	②二酸化炭素をとり入れ、酸素を出す。
③昼夜の区別なく行う。	③日光があたるときだけ行う。
④養分と酸素でエネルギーをえる。	④でんぷんをつくる。

チェックテスト

① 植物の葉に日光があたると、何がつくられますか。

② ①がつくられたことを調べる薬品は何ですか。

③ ①は②の薬品にどのように反応しますか。

答え

① でんぷん
② ヨウ素液
③ 青紫色に染まる

10 水の通り道

1 根のはたらき

注意 根の先のほうには、根毛《こんもう》という細い毛のようなものがあり、土のつぶとつぶの間に入りこんで、水や水にとけた肥料分をとり入れている。

❶植物は、土がかわくとしおれ、土に水をあたえると、再び生き生きとする。

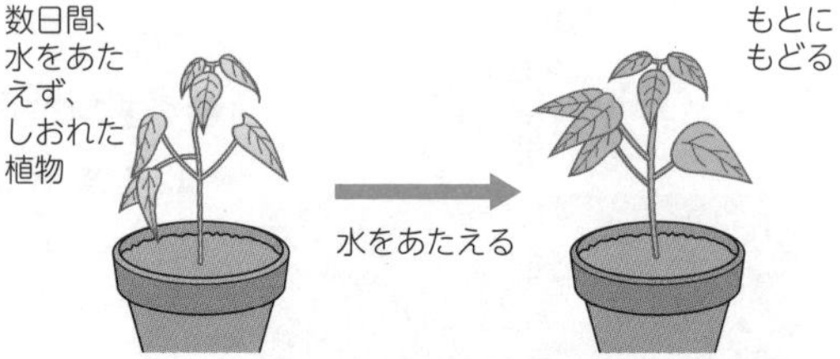

❷植物は、生きるために根から水や水にとけた肥料分をとり入れている。

2 植物の中の水の通り道

参考 根毛からとり入れられた水は、植物のからだの中にある水を通すための管を通って、根→くき→葉へと送られる。

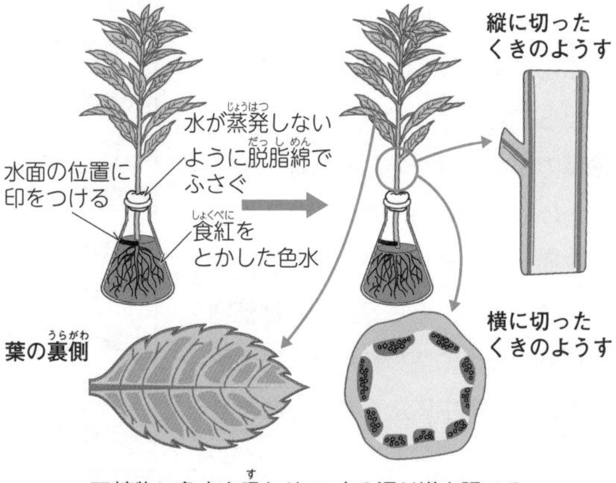

↑植物に色水を吸《す》わせて、水の通り道を調べる

➡色水は、根からくきや葉の中の細い管└道管を通って、植物のからだのすみずみまでいきわたっている。

最重要ポイント

根からとり入れられた水は、**細い管**を通って、植物のからだ全体に運ばれる。

くわしい学習

●**根の形**…主根《しゅこん》・側根《そっこん》(タンポポなどの双子葉類《そうしようるい》)と**ひげ根**(エノコログサなどの単子葉類)がある。

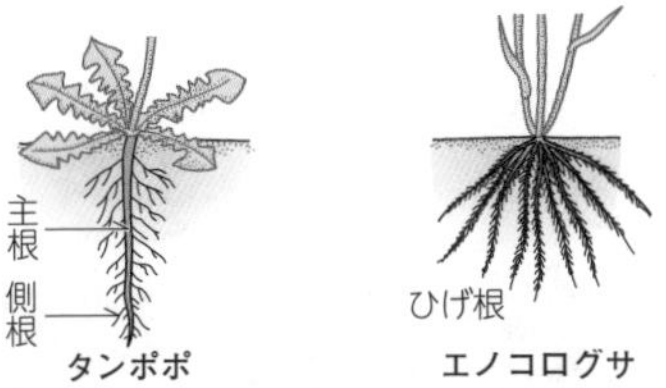

●**根　毛**…根がのびると古い根毛はなくなり、新しい根毛がわかい根の先にできる。

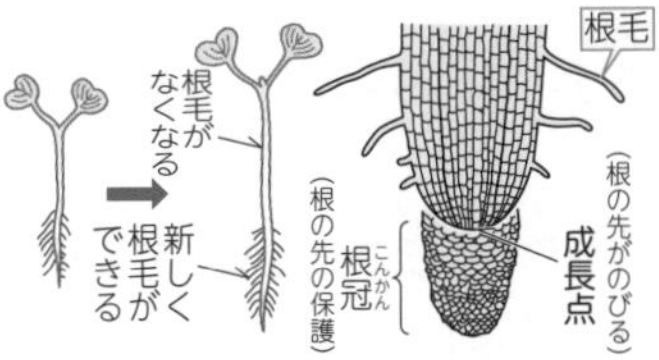

●**根のはたらき**…水や水にとけた肥料分をとり入れるほか、地上部を支えたり、**養分**をたくわえている。

●**くきのつくり**

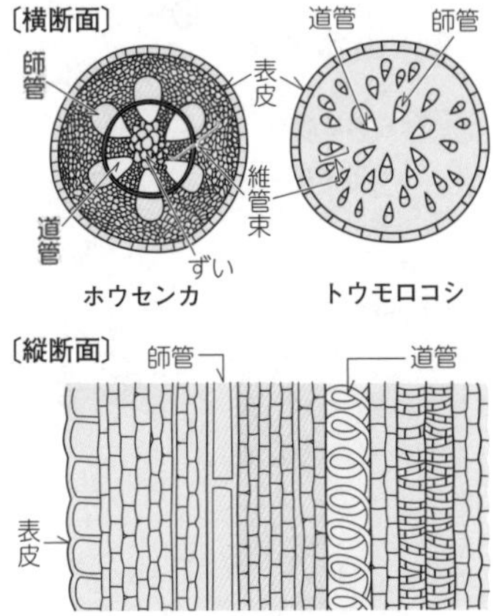

●**道《どう》　管《かん》**…根から吸い上げた水や肥料分を送るための通り道。

●**師《し》　管《かん》**…葉でつくられた養分をからだ全体に送るための通り道。

●**維管束《いかんそく》**…道管と師管をふくむ束のようになった部分。

チェックテスト

① 植物は、水や水にとけた肥料分をからだのどこからとり入れますか。

② 植物に、食紅をとかした水を吸わせると、からだはどうなりますか。

③ 根からとり入れた水が通る道はどのようになっていますか。

④ 植物の中の水の通り道は、からだのどこにありますか。

答え

① 根(根毛)
② からだ全体が赤く染まる
③ 細い管(になっている)
④ からだ全体にある(からだのすみずみまである)

11 葉のつくりと水のゆくえ

1 水のゆくえ

❶根から吸《す》い上げられた水は、くきの中の細い管を通り、葉にいきつく。

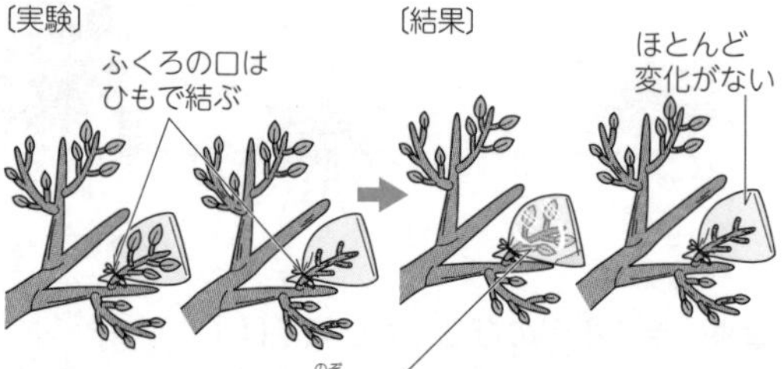
葉のついた枝
葉をとり除《のぞ》いた枝
ふくろの内側がくもり、水がたまっている。

↑水が葉から出ていくかを調べる

❷葉にいきついた水は、**水蒸気**《すいじょうき》となって葉から出ていく。

❸植物のからだの中から水が水蒸気となって出ていくことを**蒸散**《じょうさん》という。

注意 右の実験で、ふくろの内側がくもって水滴《すいてき》ができたのは、葉の気孔《きこう》から、水が水蒸気となって出ていき、それが冷えて水滴となり、ふくろについたからである。

2 葉のつくり

↓葉から水蒸気が出ていく穴《あな》の観察

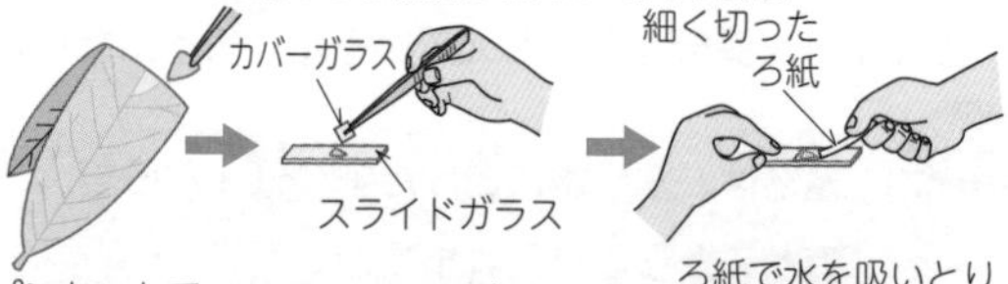
ピンセットで葉の裏側《うらがわ》の皮をはがす。
皮をスライドガラスにのせ、水を1滴落とし、カバーガラスをかける。
ろ紙で水を吸いとり顕微鏡《けんびきょう》で観察する。

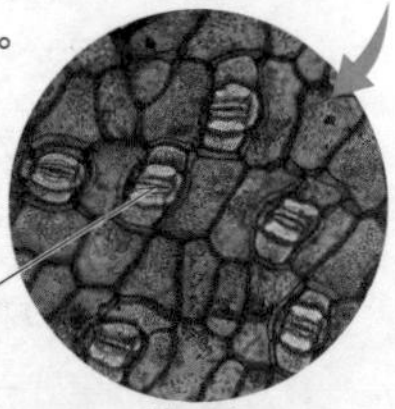

葉の裏

最重要ポイント

植物の葉の**裏側**には、**水蒸気**が出ていく穴（気孔）がある。

参考 葉の表面には気孔という小さな穴があり、ここから水が出ていく。また、ふつう、気孔は葉の裏側に多く、葉の表側より蒸散がさかんである。

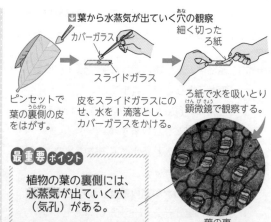

くわしい学習

●葉のつくり

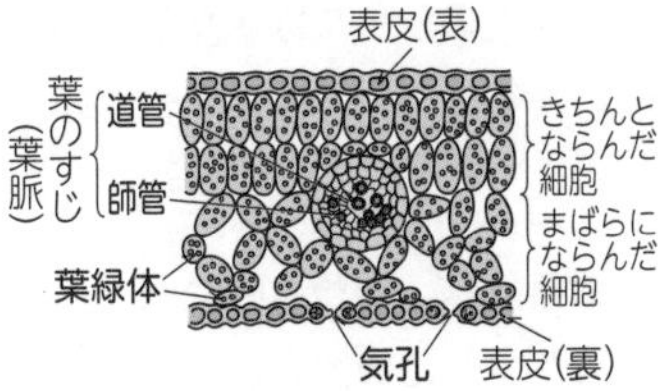

注意 細胞《さいぼう》とは、すべての生き物のからだをつくっている小さな部屋のようなものをいう。

●気孔（ツユクサの葉の裏）

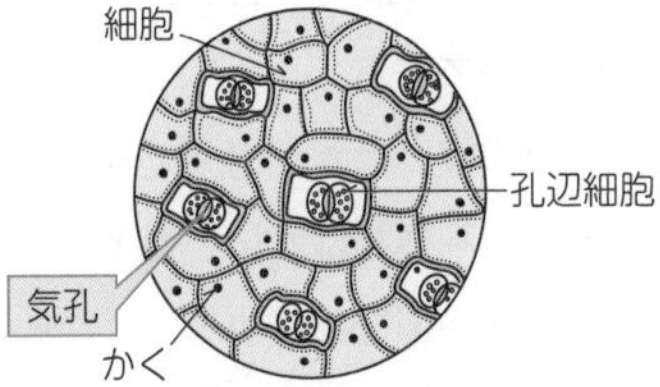

●気孔の開閉《かいへい》…気孔は、向き合った２つの三日月形の細胞（孔辺細胞《こうへんさいぼう》）で囲まれたすき間である。このすきまを開いたり、閉《と》じたりすることによって、からだから出ていく水の量を調節している。また、気孔は、呼吸《こきゅう》するときの気体も出入りしている。

●排水《はいすい》作用（水を外に出す）

葉にある葉脈の先には、水孔《すいこう》という穴がある。水孔は、いつも開いている。植物はここから水を出す。

●光合成（でんぷんをつくるはたらき）…植物は根から吸い上げた水と気孔からとり入れた二酸化炭素を原料として、葉の中にある緑色の葉緑体（↳クロロプラストともいう）で、日光のエネルギーの助けによって酸素とでんぷんをつくる。

チェックテスト

① 植物の根から吸い上げられた水は、からだのどこにいきつきますか。

② 植物の葉から、水はどのようなすがたで出ていきますか。

③ 植物のからだから、水が②となって出ていくことを何といいますか。

④ ③のはたらきは、葉の表側と裏側とでは、ふつう、どちらがさかんですか。

答え

① 葉
② 水蒸気（気体）
③ 蒸散
④ 葉の裏側

12 生き物と水・空気

1 生き物と水

参考 海水など地表の水の一部は、太陽の熱で蒸発《じょうはつ》し、大気中の水蒸気になる。その一部は雲をつくり、雨や雪となって地表にもどる。陸地の水は、川の水、地下水、氷河などになり、海や湖に流れていく。

❶**植物のからだと水**…植物のからだは水が多くふくまれ、多いものはからだ全体の約 90%が水である。

❷**植物の成長と水**

㋐水や水にとけた肥料分は、根から吸《す》い上げられて、くきを通ってからだ全体に運ばれる。

㋑光合成をするためには水が必要である。

❸**動物のからだと水**…人は、からだ全体の約 60%が水である。

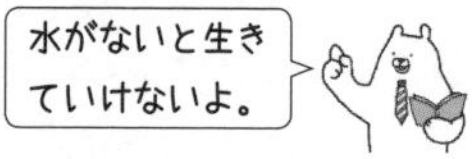

❹**動物の生活と水**

㋐血液のほとんどが水分である。

㋑食物の消化や養分の吸収《きゅうしゅう》には水が必要である。

㋒からだの中にたまった不要物は水にとけて、あせやにょうとなって体外へ運び出される。

2 生き物と空気

注意 動物と植物は、空気を通してたがいに関わっている。

❶**呼《こ》 吸《きゅう》**…生き物は、空気中の酸素をからだの中へとり入れ、二酸化炭素を体外に出している。

❷**空気中の酸素はなくならない**…植物が酸素をつくる。

㋐**植物の呼吸**…酸素をとり入れ、二酸化炭素を出す。

㋑**植物の光合成**…植物は呼吸をしながら光合成をしている。植物は、呼吸で使う酸素の量よりも、昼間の光合成によって出す酸素の量のほうが多く、全体として酸素をつくり出していることになる。

空気中の二酸化炭素をとり入れる

最重要ポイント

植物の光合成によって空気中の酸素がなくならず、**自然界の調和**がとれている。

くわしい学習

理科

●じゅんかんする水

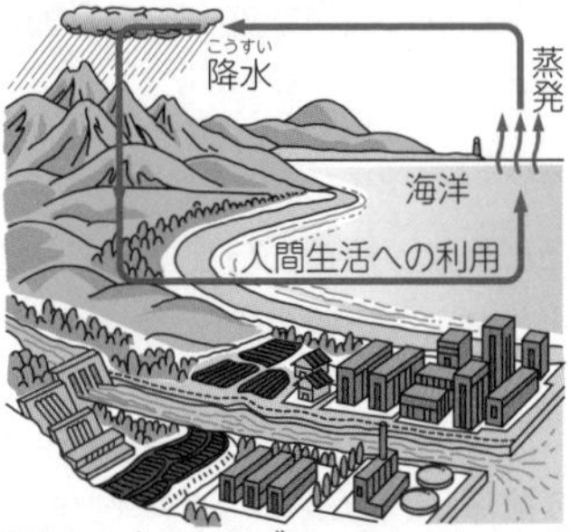

地球上の水はたえずじゅんかんしている

地表や海の水は、太陽の熱を受けて蒸発し、上空で雲となって雨や雪を降《ふ》らせる。再び地表にもどった水は、地中にしみこんだり、地表を流れて川となったりして海に注がれる。地球上の水は、このことをくり返し、じゅんかんしている。この中で、人も動物も植物も、水を使って生活し、生きている。

●酸素と植物

❶酸素をつくり出す植物…日光を受けて酸素をつくり出すことのできる植物は、緑色をした植物だけである。
└葉緑体をもっている

❷酸素をつくり出すことのできない生き物…キノコやカビなどは酸素をつくり出すことができない。

❸植物の呼吸と光合成…呼吸でとり入れる酸素の量よりも、昼間の光合成で出す酸素の量のほうが多い。

❹空気中に酸素がなくならない理由

植物がたえず酸素をつくり出しているためである。

●空気中の酸素の量と二酸化炭素の量

酸素は空気中におよそ21%、二酸化炭素はおよそ0.04%ふくまれている。

チェックテスト

① 生き物が呼吸するとき、とり入れる気体は何ですか。

② 植物に日光があたると、でんぷんをつくります。このときとり入れる気体は何ですか。

③ 人のからだは、約何%の水でできていますか。

④ 空気中へ酸素を補《おぎな》うものは何ですか。

答え

① 酸素
② 二酸化炭素
③ 約60%
④ 植物

13 自然の中の人間

1 生き物と食べ物との関わり

参考 人や動物の食べ物のもとをたどると、植物にたどりつく。

❶動物の食べ物…草食動物は植物を食べ、**肉食動物**はほかの動物を食べる。

最重要ポイント

動物の食べ物をたどると、**植物**にたどりつく。生き物はみな、食べる食べられるの関係(**食物連鎖**《しょくもつれんさ》)でつながっている。

❷人と植物や動物の関係(給食のメニューの例から)

2 かけがえのない地球

参考 人間の数がふえ、便利な世の中になるほど、ごみや二酸化炭素などがふえていく。そしてこれらがふえることによって、地球の環境《かんきょう》はますます悪化していく。

❶地球を破壊《はかい》する現象

㋐**森林の減少**…森林が減って酸素の量が減り、二酸化炭素が増加すると、森林にすむ生き物も死滅《しめつ》し、地球の**砂漠化**《さばくか》が進む。

㋑**地球温暖化**《おんだんか》…冷暖房《れいだんぼう》や工場、自動車の排気《はいき》ガスなどから出された大量の気体が、地球の大気の温度を上げ、気候の変化を起こしている。
└二酸化炭素やフロンガスなど

❷わたしたちの地球…海にも陸にも多くの動植物が生活し、たがいに関わり合いながら生き続けている。人だけのつごうで自然を変えたり、自然をよごしたりしないようにすることがたいせつである。

くわしい学習

●食べ物による動物の分類

❶草食動物…ウシ・シカ・ウサギ・バッタ・チョウなど。

❷肉食動物…ライオン・タカ・ヒョウ・ヘビ・マグロ・カマキリ・トンボなど。

❸雑食動物…クマ・イノシシ・ネズミ・スズメなど。

❹「食べる・食べられる」の関係

下の図のようにしてつながっている。

●自然環境を破壊するもの

❶森林の伐採《ばっさい》…酸素の量が減り、その一方で二酸化炭素がふえ、気温が上がる。

❷大気のおせん…石油や石炭を大量に燃やすことにより、二酸化炭素や二酸化硫黄《いおう》が増加し、地球の温暖化や酸性雨など、異常《いじょう》気象がもたらされている。

❸オゾン層《そう》の破壊…成層圏《せいそうけん》の下部のほうにはオゾン層があり、太陽光にふくまれている有害な紫外線《しがいせん》のほとんどを吸収《きゅうしゅう》し、生き物をまもっている。生活の中で使われてきたフロンガスなどが原因で、オゾン層が破壊されている。

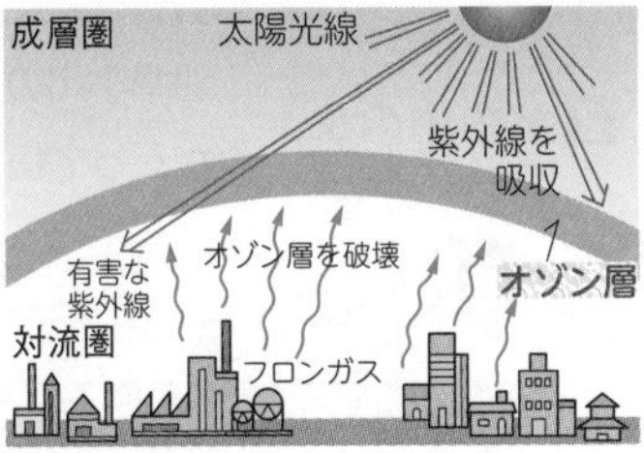

チェックテスト

① 人の食べているもののもとをたどると、何にたどりつきますか。

② 森林が少なくなると、空気中の何がふえますか。

答え

① 植物

② 二酸化炭素

14 水の中の小さな生き物

1 池や小川にすむ小さな生き物

参考 水中の小さな生き物を、まとめてプランクトンという。

❶動きまわる生き物　　❷緑色をしている生き物

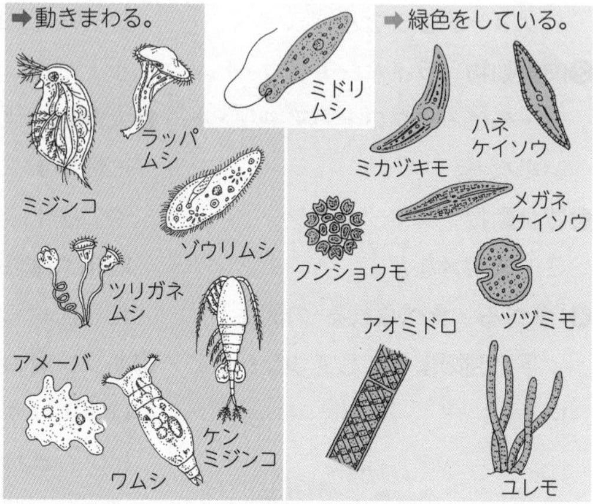

最重要ポイント

自然の池や川の中には、多くの小さな生き物がいる。これらの生き物は、メダカの食べ物にもなる。

2 水の中の生き物の関係

池や小川の生き物は、食べる・食べられるの関係でつながっている。

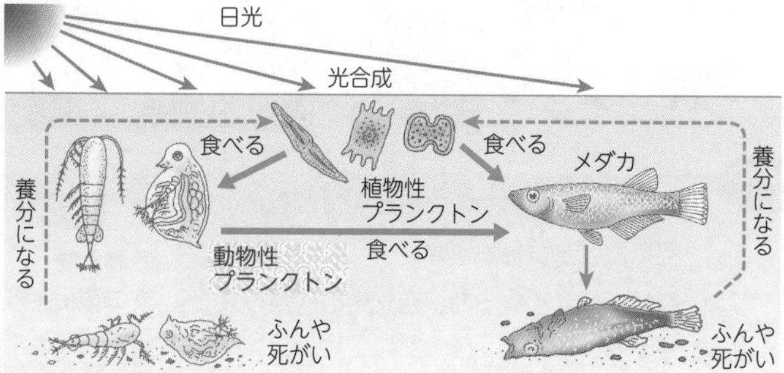

くわしい学習

●顕微鏡《けんびきょう》の各部の名まえ

顕微鏡を使うと、目では見えにくい小さなものを観察できる。

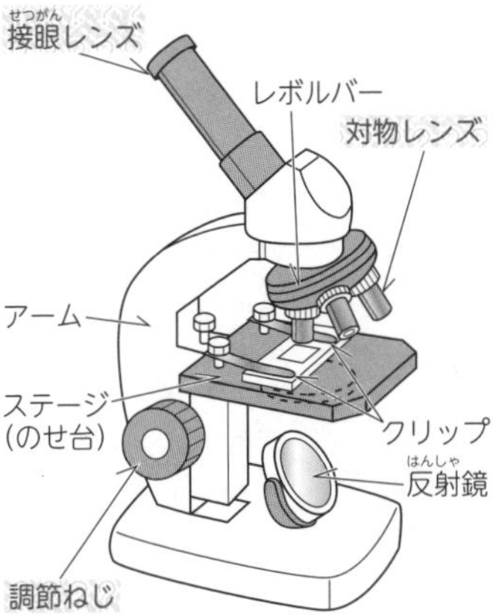

●顕微鏡の使い方

❶いちばん低い倍率《ばいりつ》にする。接眼レンズをのぞきながら反射鏡を調節して、適当《てきとう》な明るさにする。

❷プレパラートをステージに置き、クリップでとめる。

❸横から見ながら調節ねじを回して、対物レンズとプレパラートをすれすれまで近づける。

❹接眼レンズをのぞきながら、調節ねじを回し、対物レンズとプレパラートの間をはなしていき、はっきり見える所でとめる。

❺さらに大きくして見たいときは、対物レンズを高い倍率にする。

●プレパラートのつくり方

❶見るものをスライドガラスにのせ、必要なときは、水を１滴《てき》落とす。

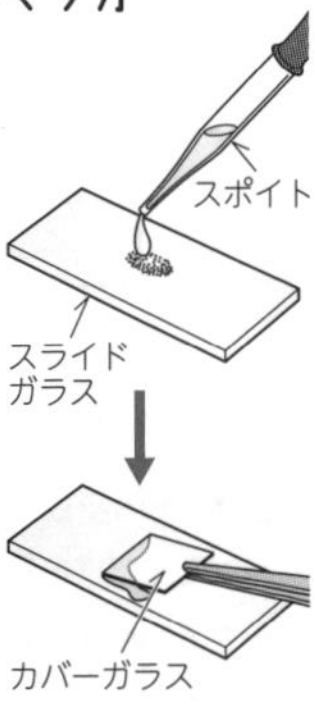

❷あわが入らないようにカバーガラスをかけ、まわりの水をろ紙で吸いとる。

チェックテスト ①～④の生き物の名まえは何ですか。

① ② ③ ④

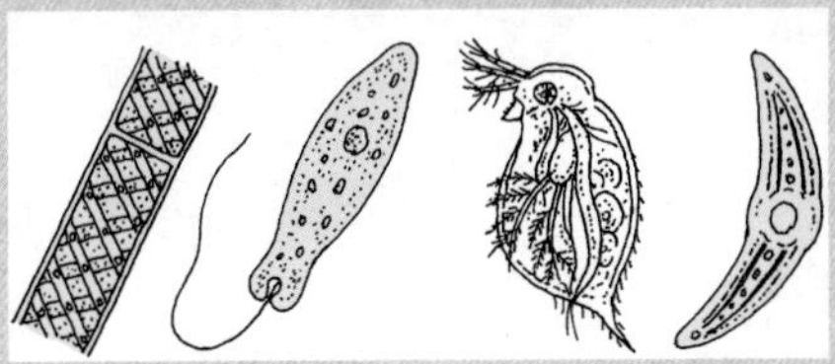

答え

① アオミドロ
② ミドリムシ
③ ミジンコ
④ ミカヅキモ

15 大地をつくっているもの

1 大地をつくっているもの

参考 れき・砂・どろはつぶの大きさで区別する。
れき：直径 2mm 以上
砂：2mm～0.06mm
どろ：0.06mm 以下

❶**大地をつくっているもの**…れき、砂《すな》、どろ、火山灰《かざんばい》（つぶの直径が 2 mm 以下）など。

❷**がけや切り通しのようす**…大地のようすを観察すると、**しま模様《もよう》**になっている所がある。

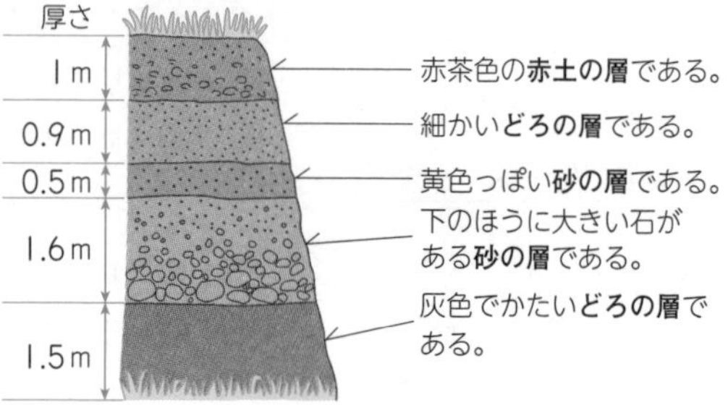

厚さ
1m
0.9m
0.5m
1.6m
1.5m
赤茶色の**赤土の層**である。
細かい**どろの層**である。
黄色っぽい**砂の層**である。
下のほうに大きい石がある**砂の層**である。
灰色でかたい**どろの層**である。

↑しま模様のようす

2 地《ち》　層《そう》

参考 火山灰は、火山の噴火《ふんか》で噴出した直径 2mm 以下のつぶである。

❶**地　層**…れき、砂、どろなどが層になって広がっているものを**地層**という。

最重要ポイント

地層がしま模様に見えるのは、それぞれの層をつくっているつぶの**色**や**大きさ**がちがうからである。

3 地層の広がり

注意 地層は横にもおくにも広がっている。

❶**地層の広がり**…地層はがけなどで見える一部だけでなく、広い範《はん》囲《い》に広がっている。

❷地層には、**化石**が残っていることがある。

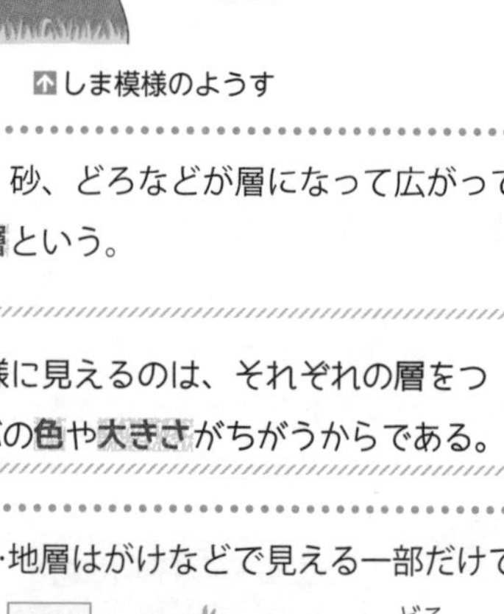

地層は横にもおくにも広く続いたものである
どろの層
砂の層
れきの層などが重なっている

↑地層の模型

くわしい学習

●地層の観察

❶地層全体の観察のポイント

㋐層がいくつ見られるか。

㋑層の色や厚さを調べる。

㋒層は、横にどうかたむき、どのように広がっているか。

❷地層にふくまれているつぶのようすを観察する。

㋐ふくまれているつぶの形、大きさ、色を調べる。

㋑それぞれの層をけずって、サンプル(見本)を持ち帰る。

●ボーリングによる地層の調査

❶建物を建てるときなどに、その土地のいくつかの場所から、鉄パイプを地下へ打ちこんで土をほりとり、地面の下のようすを調べる。これを**ボーリング**という。この方法は、近くにしま模様が見られる場所がないときに有効である。

❷ボーリングによってほり出された土は、**ボーリング試料**という。

❸ボーリング試料から地下のようすを知ることができる。

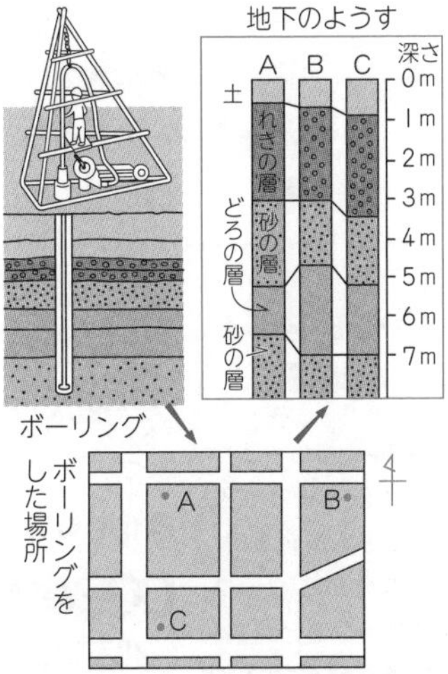

チェックテスト

① 土地は(　　)、(　　)、(　　)、火山灰などからできています。

② 地層を観察するとき、どのような場所が適していますか。

③ がけや切り通しなどで見られるしま模様を何といいますか。

④ ③がしま模様に見えるのは、それぞれの層をつくる何がちがうからですか。

答え

① れき、砂、どろ(順不同)

② がけや切り通し

③ 地　層

④ つぶの色や大きさ

16 地層のでき方

1 流水のはたらきでできた地層《ちそう》

❶川の水は、上流の砂《すな》、れきなどをけずりとって下流
↳しん食という
に流す。それが海底や湖底に積もって層になる。地層をつくるれきや砂などは角がとれて、まるいものが多く、つぶの形や大きさがそろっている。

❷地層はだいたい**水平**に、次々と上にたまる。したがって、下の層ほど**古い**層である。

❸地層の中には、おし固められて岩石になっているものもある。例　れき岩、砂岩《さがん》、でい岩

❹地層の中には、化石が見られることがある。

2 化石をふくむ地層

参考 地層のできた年代を推測《すいそく》できる化石を示準《しじゅん》化石（サンヨウチュウ・フズリナなど）といい、環境《かんきょう》を推測できる化石を示相《しそう》化石（シジミ・サンゴなど）という。

❶**化　石**…地層の中には、地層ができたときにうもれてしまった植物や動物の死がい、すみかのあとなどが見つかることがある。このようなものを**化石**という。

❷**化石の種類**…貝や魚、サンゴ、木の葉などがある。

最重要ポイント

化石によってわかること

・地層のできた年代を知ることができる。

・その時代の生き物や気候、土地のようすがわかる。

・生き物の**進化**を知ることができる。

3 火山のはたらきでできた地層

❶**地層のでき方**…火山の噴火《ふんか》によってふき上げられた多量の火山灰《かざんばい》などが地表に積もって層をつくる。

❷**地層をつくっているもの**…火山の噴火によってできた層の小石は、どれも角ばっている。また、表面に**小さな穴《あな》**がたくさん見られる。

くわしい学習

●流水のはたらきと地層のでき方

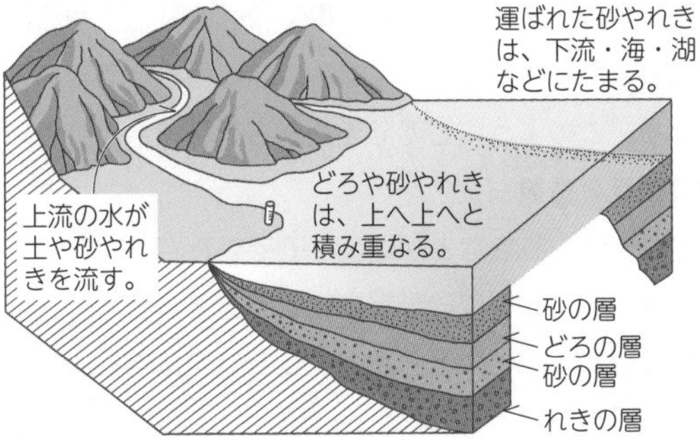

運ばれた砂やれきは、下流・海・湖などにたまる。
どろや砂やれきは、上へ上へと積み重なる。
上流の水が土や砂やれきを流す。
砂の層
どろの層
砂の層
れきの層

●化石のでき方

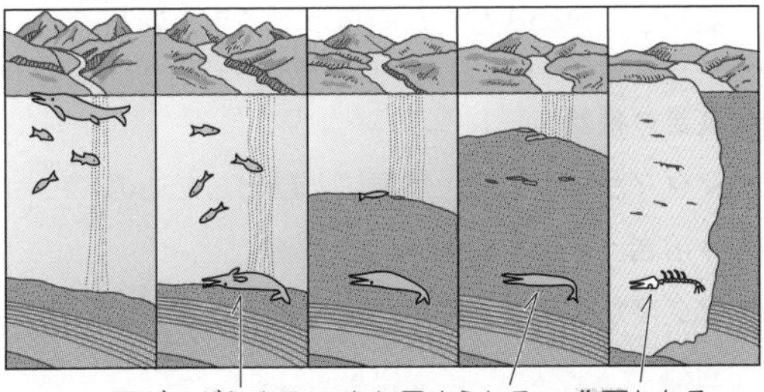
死がいがうまる➡おし固められる➡**化石**となる

●岩石のつぶと成分

❶**でい岩**…0.06mm以下の直径の**どろ**が固まってできた岩石。

❷**砂　岩**…0.06～2mmの直径の**砂**が固まってできた岩石。

❸**れき岩**…2mm以上の直径のれきが、砂などで固められてできた岩石。

❹**火山灰の岩石**（凝《ぎょう》灰岩《かいがん》）…**火山灰**などが固まってできた岩石。

チェックテスト

① 地層は、どこでできますか。

② 地層は、どのような広がり方をしていますか。

③ 火山灰は、どのようなときに積もりますか。

④ 地層の上の層と下の層とでは、いっぱんにどちらのほうが古い時代にできた層であると考えられますか。

⑤ どんなものが化石になりますか。

⑥ 化石でどんなことがわかりますか。

答え

① 海底や湖底
② 横にもおくにも広がっている
③ 火山の噴火のとき
④ 下の層
⑤ 生き物やすみか
⑥ 地層のできた年代や気候など

17 堆積岩と火成岩

1 堆《たい》積《せき》岩《がん》

参考 つぶの直径が2mm以上のものをれき、2mm～0.06mmのものを砂、0.06mm以下のものをどろという。

❶堆積岩のでき方…地層《ちそう》は、厚く積もるほど上からの重みが下にかかり、下にあるつぶは固まって岩石となる。このようにしてできた岩石を**堆積岩**という。

❷堆積岩の種類

㋐**れき岩**…れきなどが固まってできた岩石。

㋑**砂《さ》　岩《がん》**…おもに砂《すな》が固まってできた岩石。

㋒**でい岩**…おもにどろが固まってできた岩石。

㋓**石灰岩《せっかいがん》**…生き物(貝がら、骨《ほね》など)の石灰分や水にとけた石灰分が固まってできた岩石。

㋔**凝灰岩《ぎょうかいがん》**…**火山灰**などが固まってできた岩石。

2 火成岩

参考 噴火とは、地下のガスやマグマが、地表にふき出すことをいう。

マグマとは、地球の内部の深いところにある、非常に高温でどろどろしたものをいう。岩石のもとになる。

❶火成岩の種類

㋐マグマが噴火《ふんか》して、地表にとび出したもの

➡溶岩《ようがん》、火山れき

㋑マグマが地表近くで急激《きゅうげき》に冷えて固まってできた岩石(┌火山岩という)

➡安山岩《あんざんがん》、げん武岩、流《りゅう》もん岩

㋒マグマが地下の深いところでゆっくり冷えて固まってできた岩石➡花《か》こう岩、はんれい岩(└深成岩という)

最重要ポイント

火成岩は、地球の内部の深いところにあるどろどろにとけた**マグマ**が、火山の噴火で地表に出たり地下で冷えて固まってできる。

❷火成岩の特徴《とくちょう》

㋐ガラスのように光る結晶状《けっしょうじょう》の**鉱物**が見られる。

㋑火成岩の中には、化石は見られない。

くわしい学習

●堆積岩や火成岩のつぶの比較《ひかく》

	岩石名	つぶの大きさや形	特徴
堆積岩	砂岩	小さくほぼ同じ大きさでまるい。	砂が集まっている。
堆積岩	れき岩	2 mm 以上で、いろいろな大きさのまるい石がある。	いろいろな色の石が入っている。
火成岩	安山岩	全体的に小さく、大きさがそろっていなくて角ばっている。	ガラスのように光るものや白いもの、黒いものがある。花こう岩より黒い。
火成岩	花こう岩	全体的に大きく、角ばっており、いろいろな形がある。	ガラスのように光るものや白いもの、黒いものがある。全体的に白っぽい。

●地層の変化

水平に堆積した地層に力が加わり、いろいろな形になる。

水平な地層

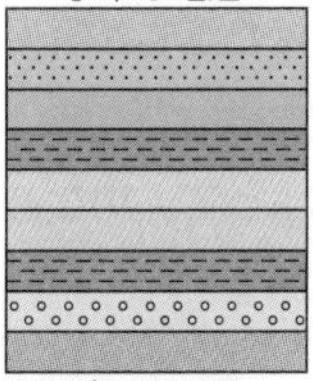

くいちがった地層
（断層）

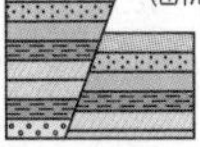

折れ曲がった地層
（しゅう曲）

●火山のようす…溶岩や火山ガスは、地下のどろどろのマグマが噴出したもの。

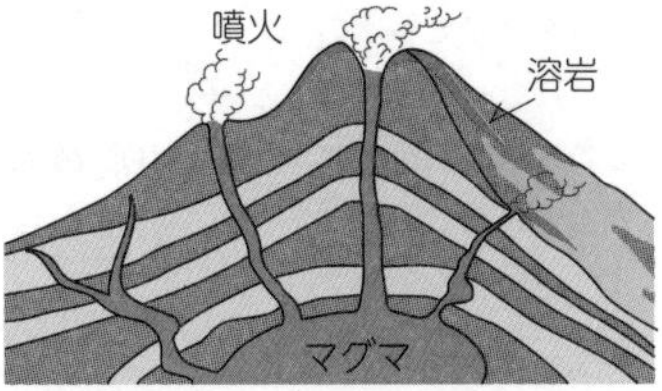

チェックテスト

① 地層がおし固められてできた岩石を何といいますか。

② 高温のマグマが地表や地下で固まってできた岩石を何といいますか。

③ 火成岩の特徴として、どんなものがありますか。

答え

① 堆積岩
② 火成岩
③ つぶは角ばっており、結晶状の鉱物が見られる

18 火山による大地の変化

1 火山のしくみ

参考 溶岩や火山灰などの噴出物の色は、いっぱんにマグマのねばり気が弱いものほど黒っぽく、強いものほど白っぽくなることが多い。

❶火山内部のようす

地下にある岩石などがとけた高温の**マグマ**があり、噴火《ふんか》のときに、地表に**溶岩**《ようがん》を流し出し、**火山灰**《かざんばい》、**火山ガス**などが噴出する。

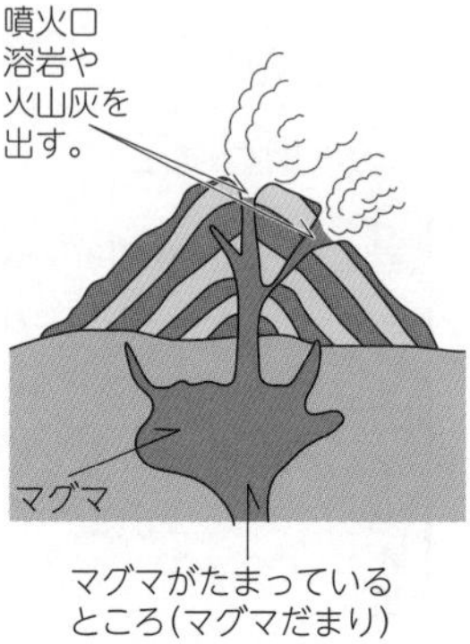

❷溶岩などがふき出すところを**噴火口**(**火口**)という。

2 火山活動

参考 土石流は、水分を多くふくんだ土や砂《すな》などがどろ水のようになって流れ出したもの。大雨のときなどに起こりやすく、たいへん危険《きけん》である。

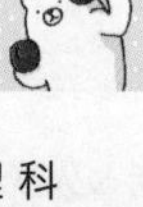

❶溶岩流

どろどろにとけた溶岩が噴火口から流れ出し、火山付近の土地をおおいつくす。

また、溶岩によって、川などがせきとめられて湖ができることもある。

❷火山灰の噴出

火山が噴火すると、火山灰が広い範囲《はんい》に降《ふ》り積もることがある。火山灰は、雨水などの水分をふくみやすいので、**土石流**《どせきりゅう》を起こしやすい。

地層をつくることもある↲

最重要ポイント

土地の隆起《りゅうき》**(もり上がり)**

・海底で火山が噴火すると、マグマが噴出して**新しい島**ができることがある。

・マグマの力により、地面がおし上げられて、平地だったところが**山**になることがある。

くわしい学習

火山活動によってできた山や島

❶昭和新山《しょうわしんざん》(北海道)…1943年から1945年にかけて、有珠山《うすざん》近くの畑だったところが、噴火活動によりもり上がってできた。

❷西之島新島《にしのしましんとう》(東京都小笠原諸島《おがさわらしょとう》)

1973年に海底火山が噴火し、海面上まで成長して島となった。

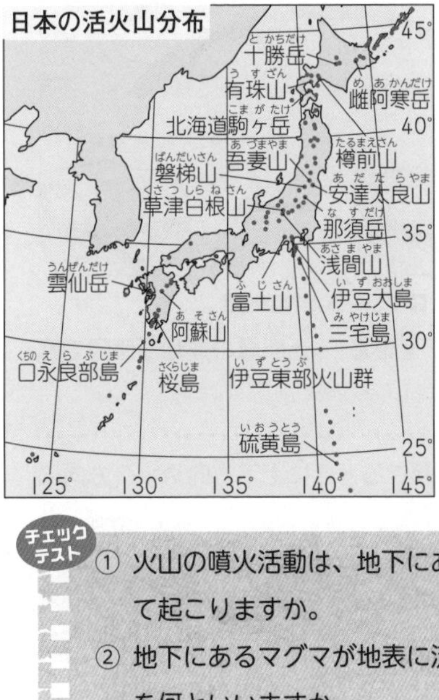

マグマのねばり気と火山の形

マグマのねばり気のちがいによって、火山の形がちがってくる。

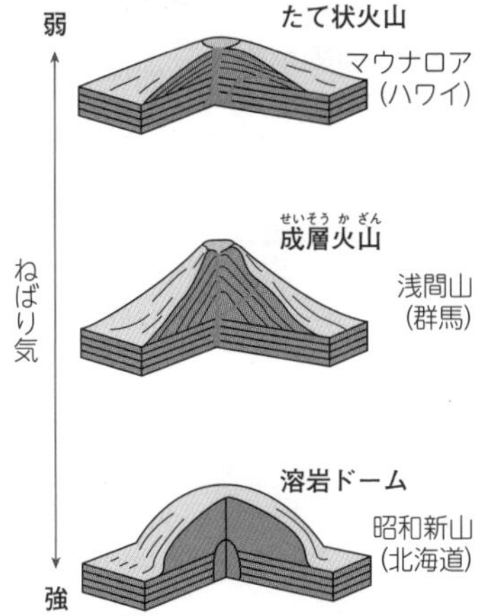

火《か》さい流《りゅう》…火山ガスと火山灰などが1つのかたまりとなって火口から一気に流れおりる現象。

例　1991年の長崎県雲仙普賢岳《うんぜんふげんだけ》の噴火

チェックテスト

① 火山の噴火活動は、地下にある何によって起こりますか。

② 地下にあるマグマが地表に流れ出たものを何といいますか。

③ 火山灰は、火山の近くにだけ降りますか。

④ 海底の火山が噴火することで、何ができることがありますか。

答え

① マグマ
② 溶　岩
③ 広い範囲に降る
④ 新しい島

19 地震による大地の変化

1 地震《じしん》のしくみ

参考 活断層は、断層の中でも、数十万年前以降にくり返し活動し、これからも活動しそうな断層のこと。

❶プレート境界型地震…プレートがぶつかったり、引きずりこまれたりすることが原因で起こる地震。

最重要ポイント

地球の表面は、厚さ約 100 km ほどの板状の岩石の層からなる**プレート**というものにおおわれている。

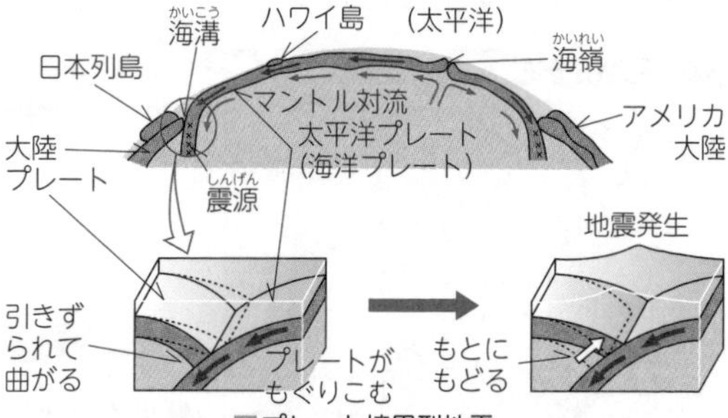

プレート境界型地震

❷内陸《ないりく》型地震(直下型《ちょっかがた》地震)…活断層《かつだんそう》の運動が原因で起こる地震。

2 大地の変化

参考 地震によるゆれや土地の変化で、建物や道路が壊《こわ》されたり、けが人が出たり、さまざまなひ害が生じる。海底で地震が起こると津波《つなみ》を生じることもある。

❶断　層…地震が起こるときに上下方向や水平方向にできる地層のずれ。

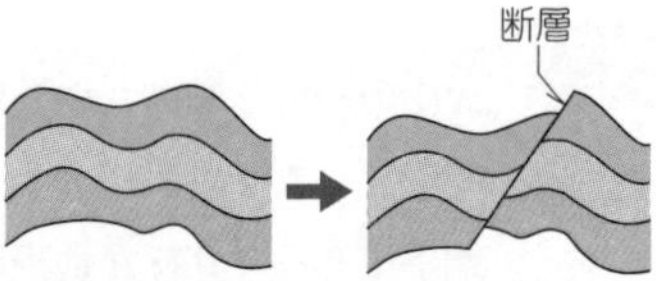

❷地割《じわ》れ…地面にひびがはいったり、地面が割れたりすること。

❸地《じ》すべり(土砂《どしゃ》くずれ)…山の斜面《しゃめん》やがけがくずれ、多量の土砂が落ちること。

❹液状化現象…水をふくんだ地層が弱くなる現象。
地下水や砂がふき出すこともある

くわしい学習

●**震　源**…地震の発生した場所を震源という。

●**震　央**…震源の真上の地表の場所を震央という。

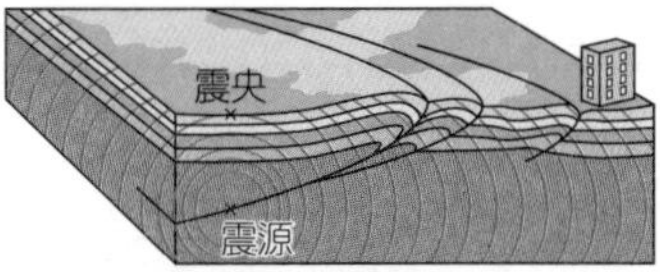

⇧震源と震央

●**震源からのきょり**…最初にカタカタと小さなゆれを感じてから次に大きなゆれが始まるまでの時間が長いほど、震源からのきょりは遠い。

●**マグニチュード(M)**…地震の規模《きぼ》の大きさを表す値《あたい》。

兵庫県南部地震(1995 年)…M7.3

東北地方太平洋沖地震(2011 年)…M9.0

熊本地震(2016 年)…M7.3

●**震　度**…地震のゆれの程度を0〜7の10 段階《だんかい》(震度階級)で表したもの。

震度	ゆれのようす
0	人はゆれを感じない。
1	屋内にいる一部の人がわずかなゆれを感じる。
2	電灯などのつり下げたものがわずかに動く。
3	たなにある食器類が音をたてることがある。
4	置き物がたおれることがある。
5 弱	たなの食器類、本が落ちることがある。
5 強	ブロックのへいなどがくずれることがある。
6 弱	かべや窓ガラスが壊れ、立っていられない。
6 強	建物がたおれたり、壊れたりする。
7	たい震性の高い建物も壊れたりする。

チェックテスト

① プレート境界型地震を起こす最大の原因は、何の活動によるものですか。

② 内陸型(直下型)地震を起こす原因は、何の活動によるものですか。

③ 地震が起こるときにできる地層のずれを何といいますか。

答え

① プレート

② 活断層

③ 断　層

20 てんびんのつりあい

1 太さのいちような棒《ぼう》のつりあい

　太さのいちような棒を水平につりあわせるには、棒の真ん中を支える。棒を支えている点を、**支点《してん》**という。

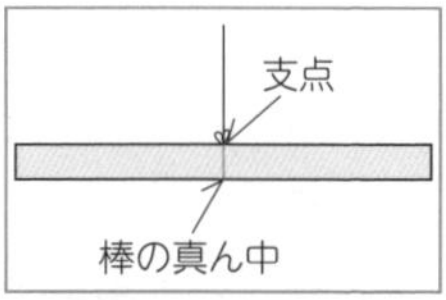

2 左右の太さがちがう棒のつりあい

　左右の太さがちがう棒の場合、棒の真ん中より太いほうによった所を支えたとき、つりあう。支点は真ん中より太いほうによった所にある。

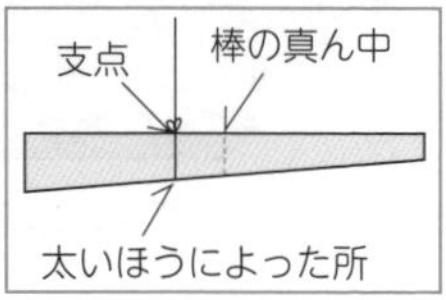

3 てんびんのつりあい

❶太さのいちような棒のつりあい…水平になっている棒の左右に、支点から**のきょりが同じ**所に同じ重さのおもりをつるすと、棒は水平になる。このとき、てんびんは**つりあっている**という。

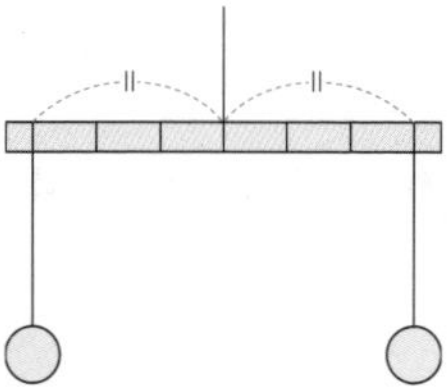

❷左右の太さがちがうときの棒のつりあい…支点から同じきょりの所に、重さが同じおもりをつるすと、つりあう。

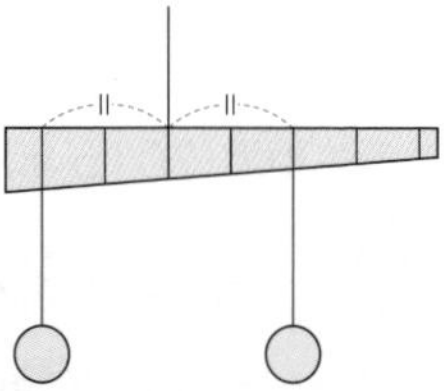

最重要ポイント

支点から同じきょりの所にものをつるしたときは、2つのものが同じ重さであれば、てんびんはつりあう。

郵便はがき

お手数ですが
切手をおはり
ください。

5 5 0 - 0 0 1 3

大阪市西区新町3-3-6

受験研究社

愛読者係 行

● ご住所 □□□-□□□□

TEL（ ）

● お名前

※任意
（男・女）

● 在学校 □保育園・幼稚園 □中学校 □専門学校・大学
□小学校 □高等学校 □その他（ ）

学年
（歳）

● お買い上げ
書店名（所在地）

書店（ 市区町村）

★すてきな賞品をプレゼント！

お送りいただきました愛読者カードは、毎年12月末にしめきり，
抽選のうえ100名様にすてきな賞品をお贈りいたします。

★LINEでダブルチャンス！

公式LINEを友達追加頂きアンケートにご回答頂くと，
上記プレゼントに加え，夏と冬の特別抽選会で記念品を
プレゼントいたします！

※当選者の発表は賞品の発送をもってかえさせていただきます。 https://lin.ee/cWvAhtW

株式会社 増進堂
受験研究社

愛読者カード

本書をお買い上げいただきましてありがとうございます。あなたのご意見・ご希望を参考に，今後もより良い本を出版していきたいと思います。ご協力をお願いします。

1. この本の書名（本のなまえ）　　　お買い上げ

年　　月

2. どうしてこの本をお買いになりましたか。

☐書店で見て　☐先生のすすめ　☐友人・先輩のすすめ　☐家族のすすめで
☐塾のすすめ　☐WEB・SNSを見て　☐その他(　　　　　　　　)

3. 当社の本ははじめてですか。

☐はじめて　☐2冊目　☐3冊目以上

4. この本の良い点，改めてほしい点など，ご意見・ご希望をお書きください。

5. 今後どのような参考書・問題集の発行をご希望されますか。あなたのアイデアをお書きください。

6. 塾や予備校，通信教育を利用されていますか。

塾・予備校名 [　　　　　　　　　　]
通信教育名 [　　　　　　　　　　]

企画の参考，新刊等のご案内に利用させていただきます。　2023.11

くわしい学習

●てんびんのつりあい

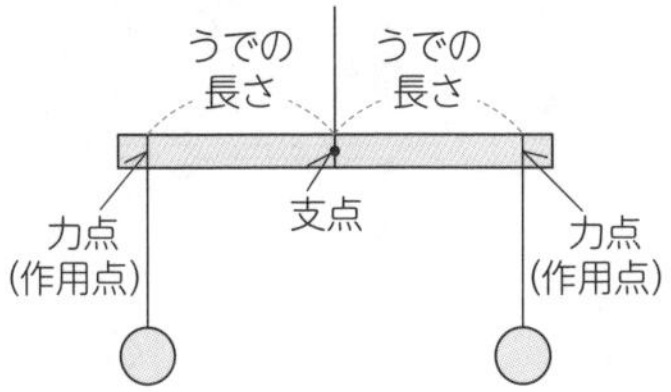

❶**つりあい**…左右に同じ重さのおもりを、支点から同じきょりの所につるしたときに、棒は水平になってつりあう。

❷**糸の長さやおもりの位置とつりあい**…左右のおもりをつける糸の長さや、皿にのせるおもりの位置を変えても、てんびんのつりあいは変わらない。

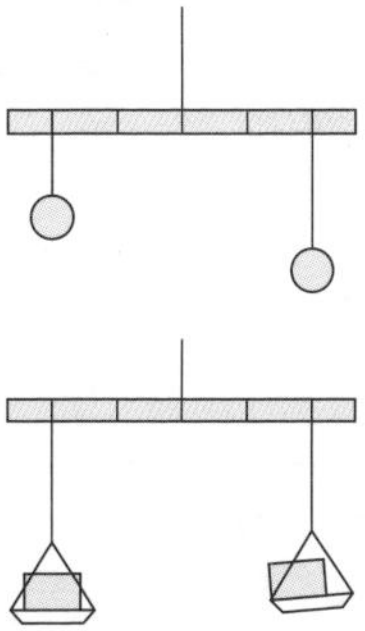

●上皿《うわざら》てんびんの使い方

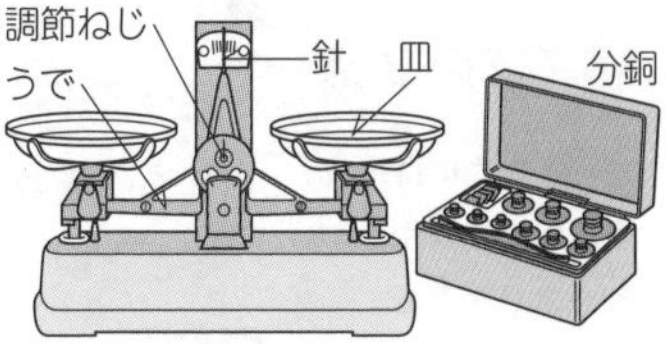

❶平らな安定した場所に置く。

❷針《はり》が目《め》盛《も》りの中心にくるように調節ねじを回して調節する。

❸薬包紙を十字に折り、皿にのせる。

❹左の皿に重さをはかりたいものをのせる（左ききの人は、左右を逆にする）。

❺右の皿に分銅《ふんどう》をのせる。

❻針が右にかたむいたら、のせた分銅の次に軽い分銅ととりかえる。

❼針が左にかたむいたら、のせた分銅の次に軽い分銅を追加する。

❽つりあったら、分銅の重さを合計する。

チェックテスト

① 太さのいちような棒では、どこを支えるとつりあいますか。

② てんびんをつりあわせるためには、何と何を調節すればよいですか。

③ ②を変えず、おもりを皿にのせる位置でてんびんのつりあいは変わりますか。

答え

① 真ん中

② うでの長さとおもりの重さ

③ 変わらない

21 てこと３つの点

1 てこの３点

注意 てこには、支点、力点、作用点の３つの点がある。

❶て　こ…じょうぶな棒《ぼう》を使って、小さな力で大きなものを動かすしくみを**てこ**という。

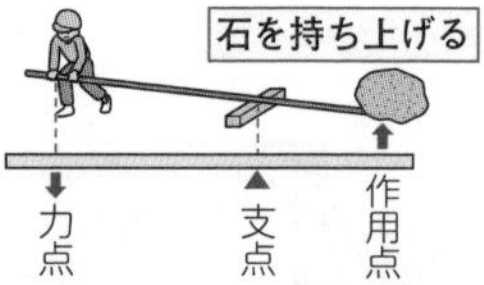

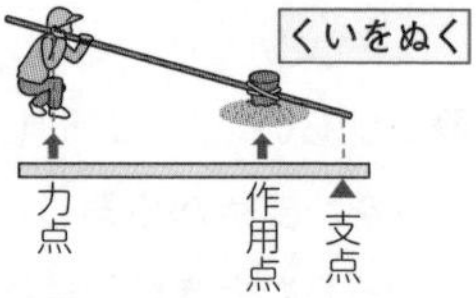

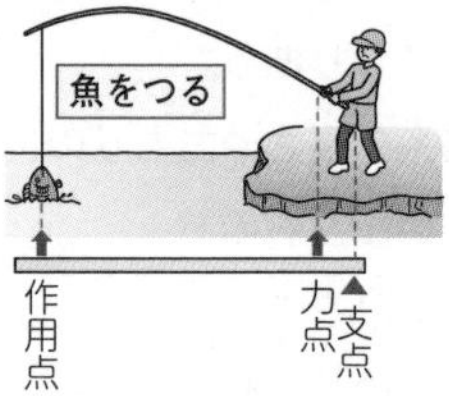

最重要ポイント

支点、力点、作用点をてこの３点という。

- 支　点…棒を支えている所。
- 力　点…棒に力を加える所。
- 作用点…棒がものにふれて、力をはたらかせている所。

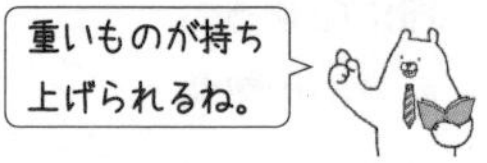

2 てこの３点の位置

注意 小さい力でものを動かすには、支点から力点までのきょりを長くする。

❶支点が**力点**に近くなるほど、手ごたえは大きくなる。
└動かない点

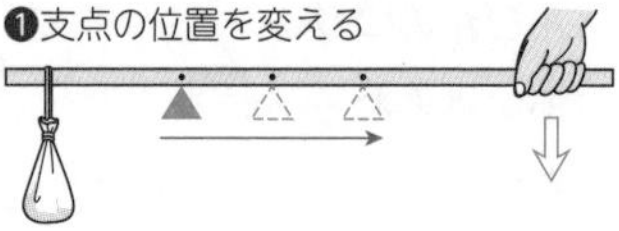

❶支点の位置を変える

❷力点が**支点**に近くなるほど、手ごたえは大きくなる。

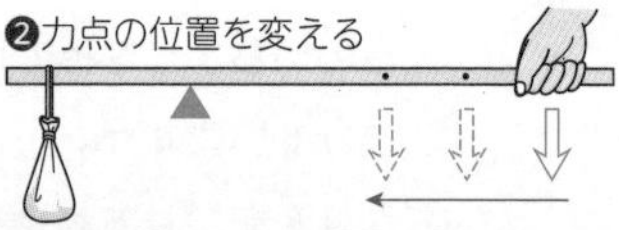

❷力点の位置を変える

❸作用点が**支点**に近くなるほど、手ごたえは小さくなる。

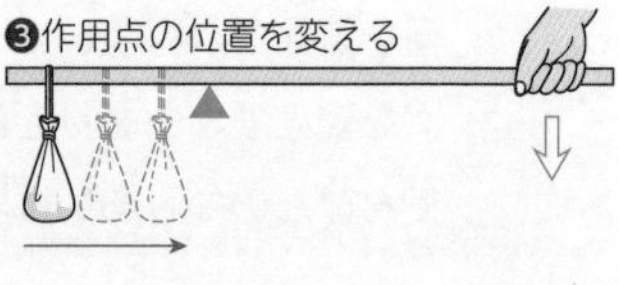

❸作用点の位置を変える

くわしい学習

●てこの種類（3つの点の位置）

❶作用点ー支点ー力点

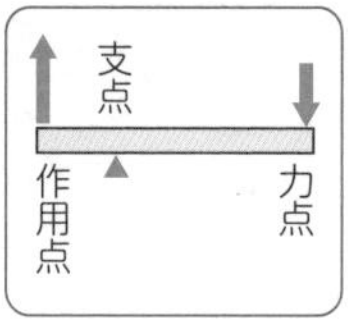

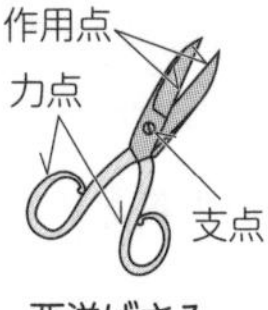

西洋ばさみ

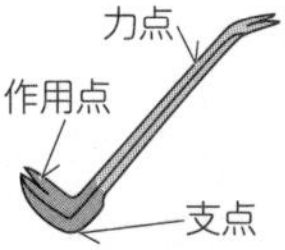

バール

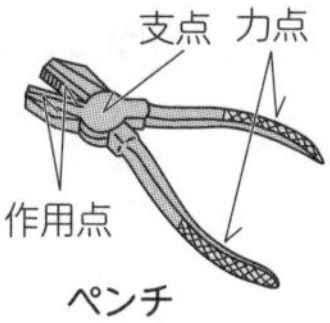

ペンチ

❷支点ー作用点ー力点

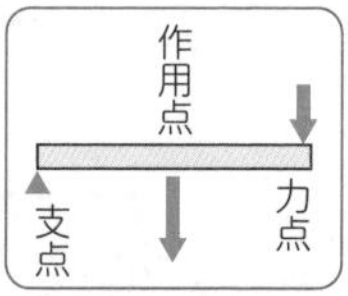

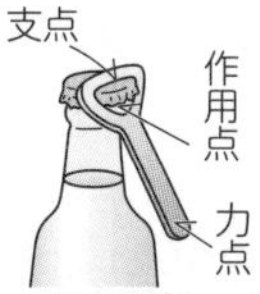

せんぬき

ステープラー

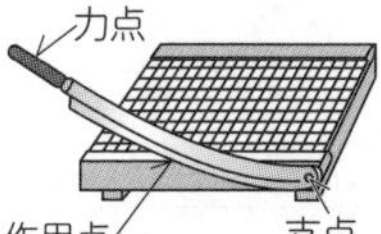

カッター

❸支点ー力点ー作用点

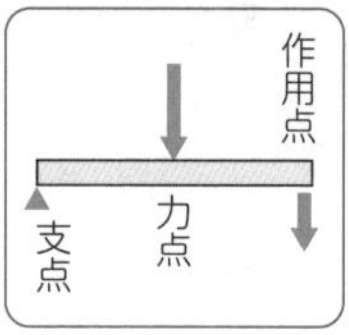

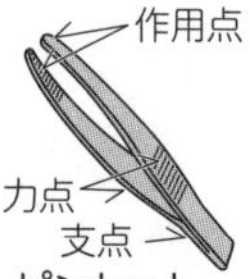

ピンセット

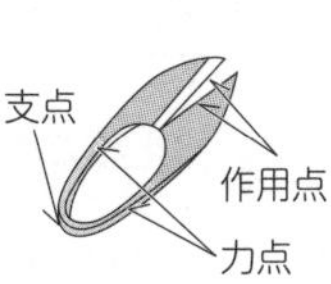

糸切りばさみ

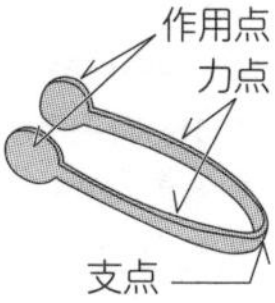

パンばさみ

●輪《りん》じくの利用

水道のじゃ口

ドアのとって

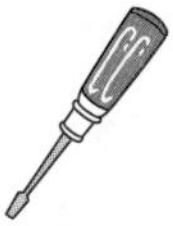
ドライバー

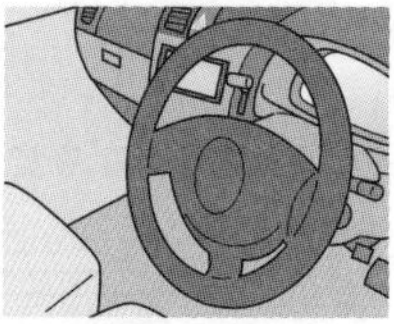
自動車のハンドル

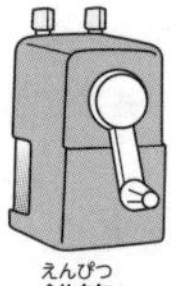
鉛筆《えんぴつ》けずり

チェックテスト

① 棒を使って、小さな力で大きなものを動かすしくみを何といいますか。

② てこの3点というのは、何ですか。

③ 小さい力でものを動かすには、支点から力点までのきょりをどうしますか。

答え

① てこ
② 支点、力点、作用点（順不同）
③ 長くする

22 てこのはたらき

1 てこのかたむきと力

注意 力の大きさは、ものの重さ(gやkg)を使って表す。例えば、ばねばかりを手で引いて、150gを示せば、手で引いた力は、150gの大きさとなる。

❶てこにはたらく力…支点が中にあるてこには、支点を中心として、右側へかたむけるはたらきと、左側へかたむけるはたらきがある。

❷てこにはたらく力の大きさとてこの動き

最重要ポイント

てこをかたむけるはたらきの大きさは、
加える力の大きさ×支点からのきょり

右側と左側のかたむけるはたらきの大きさが同じ
大きさがちがうときは、大きいほうにかたむく↲
であれば、向きが反対なので、てこは動かない。このような状態にあるとき、てこが**つりあった**という。

2 てこのつりあい

注意 支点がどこにあっても、つりあいの式は変わらない。

参考 てこの左右のうでに、おもりがいくつも下がっているときは、それぞれのおもりについてのてこをかたむけるはたらきを合計すればよい。

てこがつりあう場合、次の関係式がなりたつ。これを**てこの原理**という。

力点の力の大きさ〔g〕 × 支点と力点との間のきょり〔cm〕 = 作用点の力の大きさ〔g〕 × 支点と作用点との間のきょり〔cm〕

❶支点が中にある場合

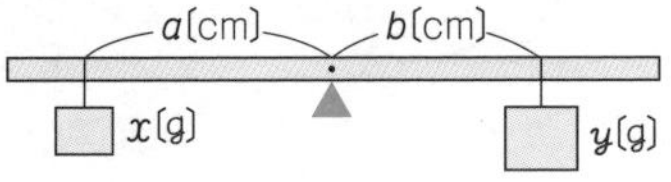

$x \times a = y \times b$

❷支点が外にある場合

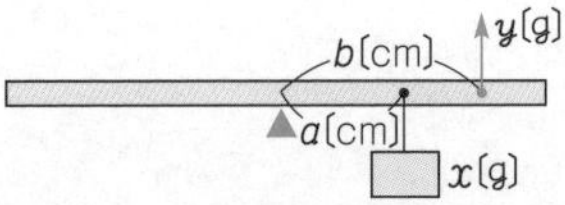

$x \times a = y \times b$

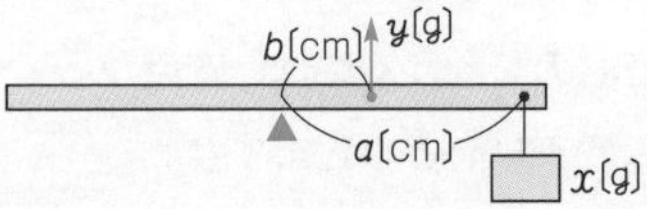

$x \times a = y \times b$

くわしい学習

2つの力がつりあう場合

❶
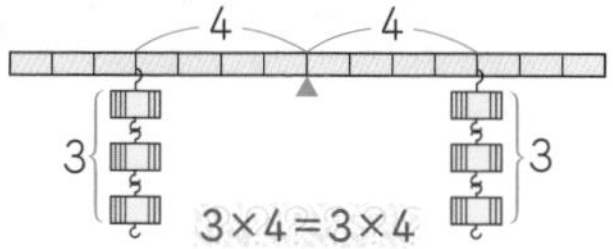

$3\times4=3\times4$

❷
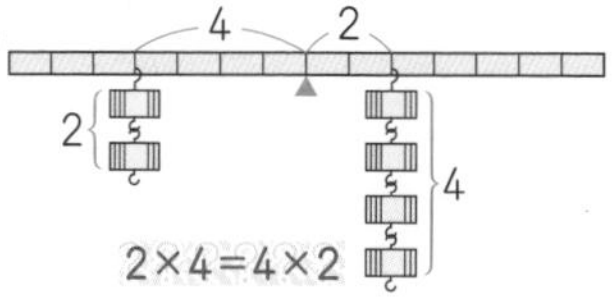

$2\times4=4\times2$

❸
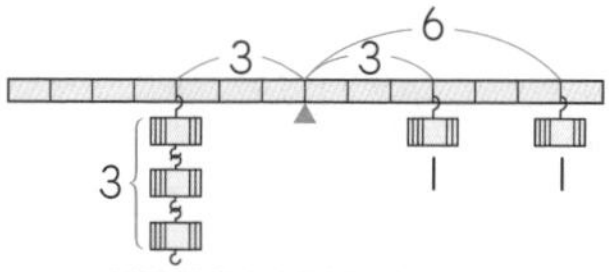

$3\times3=(1\times3)+(1\times6)$

❹
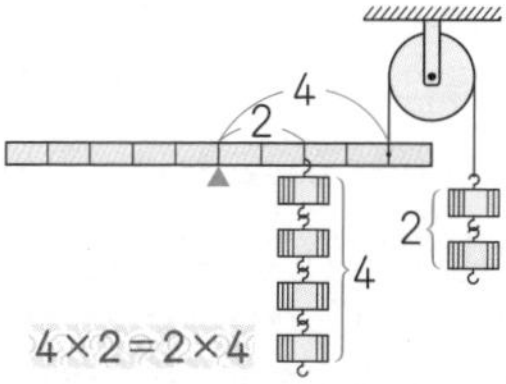

$4\times2=2\times4$

てこの問題の解き方

❶支点が中にあるてこ

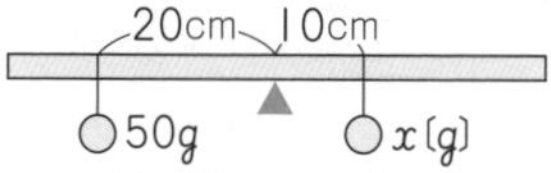

$50\times20=x\times10$
$1000=10\times x$
$x=1000\div10$
答100g

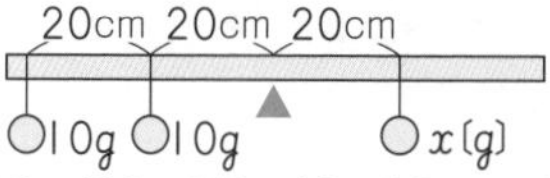

$10\times(20+20)+10\times20=x\times20$
$400+200=20\times x$
$x=600\div20$
答30g

❷支点が外にあるてこ

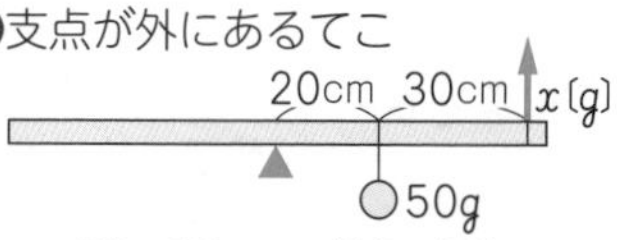

$50\times20=x\times(20+30)$
$1000=50\times x$
$x=1000\div50$
答20g

チェックテスト

① てこをかたむけるはたらきの大きさは、どのような式で表せますか。

② てこがつりあっているときの関係式を完成しなさい。

(力点の力の大きさ)×(支点と力点との間のきょり)

=(㋐　　　)×(㋑　　　)

答え

① 加える力の大きさ×支点からのきょり

② ㋐作用点の力の大きさ
㋑支点から作用点との間のきょり

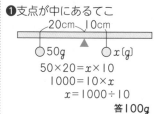

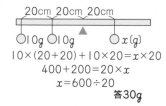

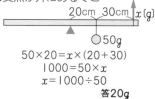

23 金属を変化させる水溶液

1 塩酸の性質

❶塩酸は、塩化水素という気体が水にとけた無色透明《とうめい》の水溶液《すいようえき》である。

❷鼻をつく強いにおいがする。

2 塩酸と金属の変化

参考 水素の重さは空気の約$\frac{1}{15}$で、気体の中では最も軽い。

❶鉄、アルミニウム、あえんなどは、あわ(水素)を出してとけて、ほかのものに変わる。

❷金、銀、銅などをうすい塩酸の中へ入れても、変化しない。

❸**変化のようす**…うすい塩酸の中へアルミニウムを入れると、表面から水素のあわが出始める。

┌アルミニウムがなくなると、あわが出なくなる

3 変化してできるもの

注意 水溶液も金属も別のものになる。

❶**気　体**…水素が出る。水素は無色、無しゅうの気体で、気体の中で最も軽く、よく燃える性質がある。

❷**固　体**…塩酸にアルミニウムをとかした液を熱して、蒸発《じょうはつ》させると、白い粉が残る。これは、アルミニウムとはまったく別の新しいものである。

塩化アルミニウム┘

4 水酸化ナトリウム水溶液と金属の変化

❶**アルミニウムを入れたとき**…あわ(水素)を出してとける。➡とけた液を蒸発させると、もとのアルミニウムとちがう別のものが残る。

❷鉄と銅を水酸化ナトリウム水溶液の中に入れても、変化しない。

最重要ポイント

金属を水溶液に入れると、水溶液の種類によって変化するものがある。このとき、金属も水溶液も変化して別のものになる。

理科

くわしい学習

●水溶液に対する金属

	うすい塩　酸	うすい水酸化ナトリウム水溶液
鉄	とける	とけない
銅	とけない	とけない
アルミニウム	とける	とける

●金属と水溶液の変化

❶塩酸 ＋ アルミニウム ⟶ 塩化アルミニウム ＋ 水素

❷塩酸 ＋ 鉄 ⟶塩化鉄 ＋ 水素

❸水酸化ナトリウム水溶液 ＋ アルミニウム ⟶ テトラヒドロキシドアルミン酸ナトリウム ＋ 水素

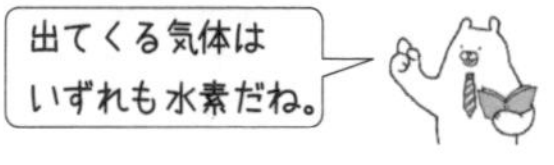

●水素の集め方と燃え方

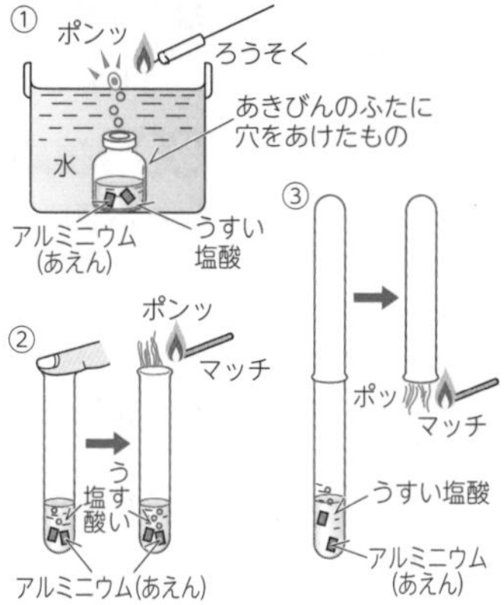

●水素の性質

❶色もにおいもない気体。

❷水にとけにくい。

❸気体の中で最も軽い。

❹ポッと音を出して燃える性質がある。

❺空気と混じった気体に火をつけると、爆発《ばくはつ》する。

チェックテスト

① うすい塩酸にアルミニウムを入れるとどうなりますか。

② そのとき出てきたあわは何ですか。

③ アルミニウムが塩酸にとけたあとの水溶液を熱すると、どうなりますか。

④ それはアルミニウムと同じものですか。それともちがう別のものですか。

答え

① あわを出してとける

② 水素

③ あとに白いつぶが残る

④ アルミニウムとちがう別のもの

24 水溶液にとけているもの

1 いろいろな水溶液《すいようえき》

❶**水溶液**…ものが水にとけている液のことを**水溶液**という。

最重要ポイント

水溶液には、気体、液体、固体がとけているものがある。

2 固体がとけている水溶液

❶**蒸発《じょうはつ》させる**…水にとけているもの(固体)が出てくる。

㋐食塩水、ホウ酸水…食塩、ホウ酸が出てくる。

㋑石灰水《せっかいすい》…**水酸化カルシウム**が出てくる。
↱消石灰

3 液体がとけている水溶液

❶**蒸発させる**…水は蒸発して、あとに何も残らない。

❷**とけていた液体**…空気中に蒸発していく。

❸**す**…**サク酸**という液体を水にとかしてうすめたもの。

❹**エタノール水溶液**…こいエタノールを水にとかしたもの。

4 気体がとけている水溶液

注意 気体がとけている水溶液を蒸発させても、あとに何も残らない。

❶**蒸発させる**……水は蒸発して、あとに何も残らない。

❷**とけていた気体**…水蒸気《すいじょうき》とともに空気中へ出ていく。
↳温度が低いほど水によくとける

❸**塩　酸**…**塩化水素**という気体が水にとけたもの。鼻をつく強いにおいがする。

❹**アンモニア水**…**アンモニア**という気体が水にとけたもの。鼻をつく強いにおいがする。

❺**炭酸水**…**二酸化炭素**という気体が水にとけたもの。無色でにおいもない。

くわしい学習

●**二酸化炭素は水にとけるか**(実験)

❶二酸化炭素を集める。

❷ペットボトルをふる。

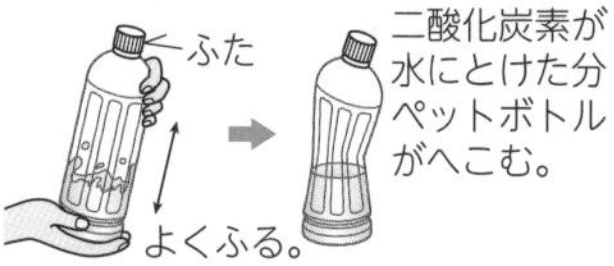

❸ペットボトルの液を石灰水に入れる。

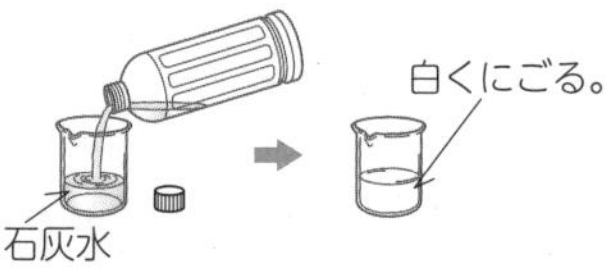

➡炭酸水は、二酸化炭素がとけた水溶液であり、炭酸水から出るあわは二酸化炭素である。二酸化炭素は水にとけて、その水溶液は、石灰水に入れると白くにごる。

●**炭酸飲料**…サイダー、ラムネ、コーラなどは、せんをぬくと、あわが出る。この出てくるあわが二酸化炭素である。サイダー、ラムネ、コーラなどは、炭酸水に砂糖《さとう》やこう料を混ぜてつくった飲み物で、炭酸飲料といわれている。炭酸飲料をつくるときには、水に圧力をかけて多量の二酸化炭素をとかしこむ。

●**水溶液の蒸発実験**…蒸発させることで、液体や気体のとけた水溶液か、固体のとけた水溶液かを見分けることができる。

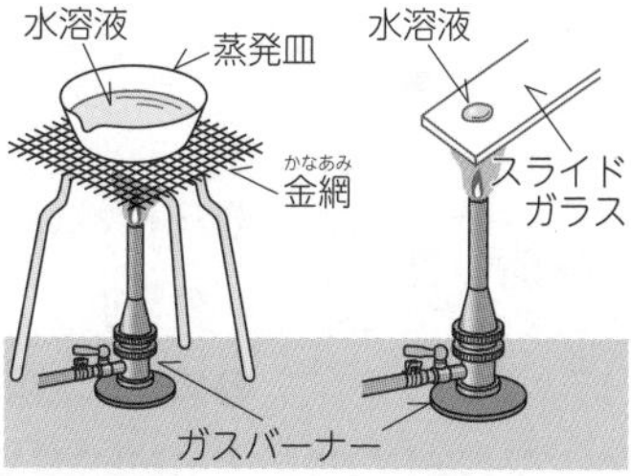

チェック テスト

① 二酸化炭素のとけた水溶液を何といいますか。

② 塩酸を蒸発させると何が残りますか。

③ すを蒸発させると何が残りますか。

④ 石灰水を蒸発させると何が残りますか。

答え

① 炭酸水
② 何も残らない
③ 何も残らない
④ 水酸化カルシウム

25 水溶液のなかま分け

1 水溶液《すいようえき》のなかま分け

参考 指示薬にはこのほかにメチルオレンジなどがある。
・中性、アルカリ性の水溶液
　→黄色
・酸性の水溶液
　→赤色

指示薬を用いて水溶液を分類することができる。

❶リトマス紙の色の変化

最重要ポイント

・酸　性→青色のリトマス紙が**赤色**に変化する。
・アルカリ性→赤色のリトマス紙が**青色**に変化する。
・中　性→どちらも色は変わらない。

❷その他の指示薬

㋐BTB液
└ブロモチモールブルー

㋑フェノールフタレイン液

2 酸　性

❶リトマス紙の色の変化

❷酸性の水溶液…塩酸、す、ホウ酸水、炭酸水など。

3 アルカリ性

❶リトマス紙の色の変化

❷アルカリ性の水溶液…石灰水《せっかいすい》、アンモニア水など。

4 中　性

❶リトマス紙の色の変化…赤色と青色のリトマス紙のどちらも色は変わらない。

❷中性の水溶液…食塩水、エタノール水溶液など。

くわしい学習

●酸性・アルカリ性・中性の水溶液

酸性	炭酸水、ホウ酸水、す、塩酸、リュウ酸、ショウ酸、レモンの汁《しる》、ダイコンの汁
アルカリ性	石灰水、アンモニア水、水酸化ナトリウム水溶液、あく、石けん水
中性	食塩水、砂糖水《さとうみず》、エタノール水溶液、水

●指示薬になる植物…赤いバラの花、ムラサキキャベツの葉、アサガオの花、赤シソの葉など。

●こい液のうすめ方

こい液をうすめるには、水の中へこい液を少しずつ、静かに入れるようにする。けっしてこい液の中へ水を入れてはいけない。

●塩酸と水酸化ナトリウム水溶液を混ぜ合わせる実験

うすい塩酸にうすい水酸化ナトリウム水溶液を少しずつ加えていくと、水溶液の酸性は、だんだん弱くなっていく。やがて、中性となり、さらに加えていくとアルカリ性となり、だんだんアルカリ性が強くなっていく。

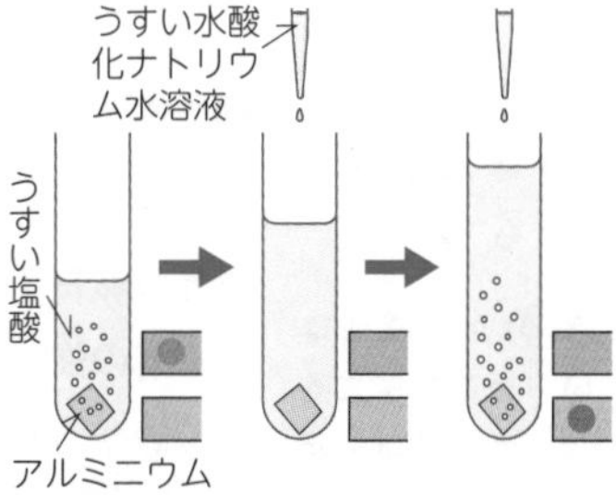

酸性とアルカリ性の性質を打ち消す変化を中和という。

チェックテスト

① 酸性の水溶液は、リトマス紙の色をどのように変えますか。

② アルカリ性の水溶液は、リトマス紙の色をどのように変えますか。

③ 次の水溶液は何性ですか。

㋐石灰水　㋑炭酸水
㋒塩　酸　㋓エタノール水溶液
㋔す　㋕食塩水

答え

① 青色を赤色に変える

② 赤色を青色に変える

③ ㋐アルカリ性
㋑酸性　㋒酸性
㋓中性　㋔酸性
㋕中性

26 電気の利用 (1)

1 電気をつくる ①

❶モーターのじくを回転させると、電気をつくることができる。電気をつくることを**発電**という。

❷手回し発電機にはハンドルを回すことで、かん電池のように**電流**を流すはたらきがある。

最重要ポイント

手回し発電機をはやく回すと**大きな**電流が流れる。また、手回し発電機の回す方向を変えると電流の**向き**が変わる。

参考 水力発電は水の流れ落ちる力を利用し、火力発電は、高温・高圧の水蒸《すいじょう》気《き》の力を利用して電気をつくっている。

2 電気をつくる ②

❶**光電池**(太陽電池)に光をあてると電気をつくることができる。

❷**光のあたり方と光電池の電流の大きさ**

㋐**光の強弱**…あたる**光の強さが強い**ほど、大きい電流が流れる。光電池にモーターをつなぐと、光が強くあたっている光電池のモーターがはやく回る。

↳大きい電流が流れる

また、光のあたる**角度が直角**に近くなるほど、光が強くあたるので、電流も大きくなる。

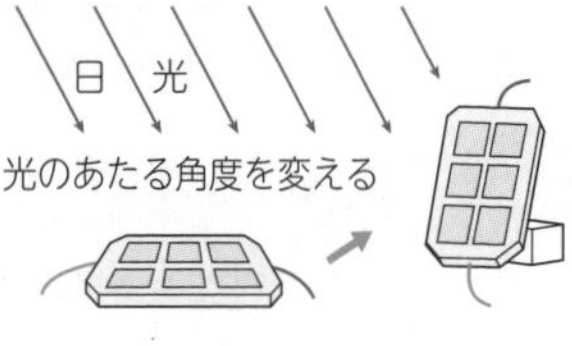

㋑**光のあたる面積**…**面積が広い**ほど、電流が大きくなる。

最重要ポイント

光電池にあたる光を強くすると、流れる電流が**大きく**なる。

参考 かん電池は暗い所でも使えるが、光電池は、暗い所では使えない。

光電池は、光があたっていれば、電気はなくなることはないが、かん電池の電気は、使っているとやがてなくなってしまう。

くわしい学習

●手回し発電機を回す速さや向きを変えたときのようす

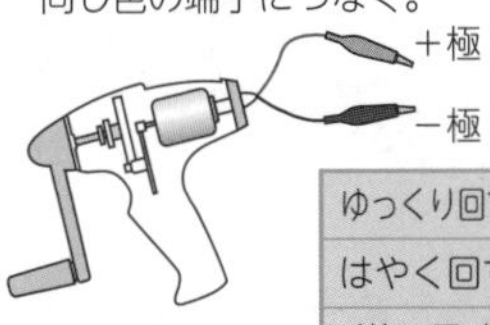
同じ色の端子《たんし》につなぐ。

手回し発電機

	モーター 	豆電球 	発光ダイオード 	 電子オルゴール
ゆっくり回す	モーターが回る	あかりがつく	あかりがつく	音が鳴る
はやく回す	はやく回る	明るくつく	明るくつく	大きな音が鳴る
逆に回す	逆向きに回る	あかりがつく	つかない	鳴らない

●光電池（太陽電池）の歴史…世界で最初にシリコン光電池をつくったのは、アメリカのベル・テレホン研究所である。おもに宇宙《うちゅう》開発用に研究された。1958年、地球を観測するためのアメリカの人工衛星バンガード1号の通信電源《つうしんでんげん》として使われ、その後、通信衛星や気象衛星の電源としても用いられるようになった。最近では、価格も安くなり、身近にある多くのものに用いられている。

●空気をよごさないエネルギーと光電池の利用…光電池（太陽電池）は、日光があたるだけで電気をつくることができるので、空気をよごすことはない。そのため、きれいなエネルギーとして、光電池の利用が研究されている。

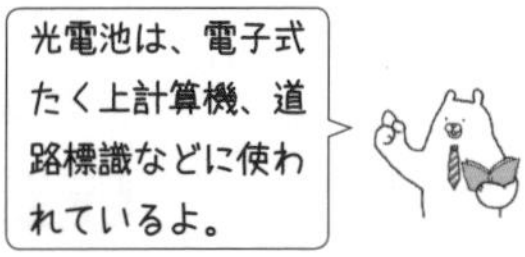

チェックテスト

① 電気をつくることを何といいますか。

② 手回し発電機をはやく回すと、電流の大きさはどうなりますか。

③ 手回し発電機の回す向きを逆向きにすると、電流の向きはどうなりますか。

④ 光電池にあたる光が強いとき、電流の大きさはどうなりますか。

答え

① 発電
② 大きくなる。
③ 逆になる。
④ 大きくなる。

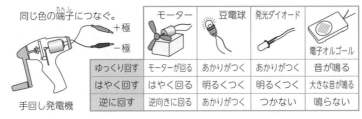

27 電気の利用（2）

1 電気をためる

参考 電気を大切に使うことができる発光ダイオードは、信号機、電光けい示板、街路灯などさまざまなところで利用されている。

❶手回し発電機や光電池などで発電した電気は、コンデンサーを使ってためることができる。電気をためることを**蓄電《ちくでん》（充電《じゅうでん》）**という。

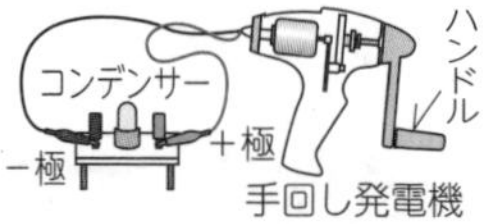

❷手回し発電機を同じ回数だけ回して、電気をコンデンサーにため、豆電球と発光ダイオードにつなぐと、豆電球より発光ダイオードのほうが、**長い時間明かりがつく**。

❸**発光ダイオード**…＋極と−極の区別があり、非常に小さく軽い。豆電球に比べて、少ない電気の量で長い時間使うことができる。

発生する熱の量が少ない。

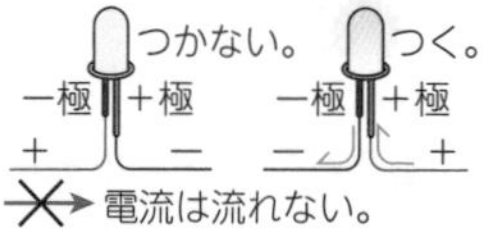

最重要ポイント

発光ダイオードは、豆電球より少ない電気で長い時間明かりをつけることができる。

2 電気の利用

身のまわりの電気製品は、電気のエネルギーを光、音、熱、運動などに変えて利用している。

❶**電灯**…電気→光

❷**電子オルゴール**…電気→音

❸**モーター**…電気→運動

❹**ドライヤー**…電気→熱、運動

電気はいろいろなものに利用されているね。

くわしい学習

●充電池

充電池は、コンデンサーよりも多くの電気をためることができる。充電池は、けい帯電話や電気自動車などさまざまなところで利用されている。

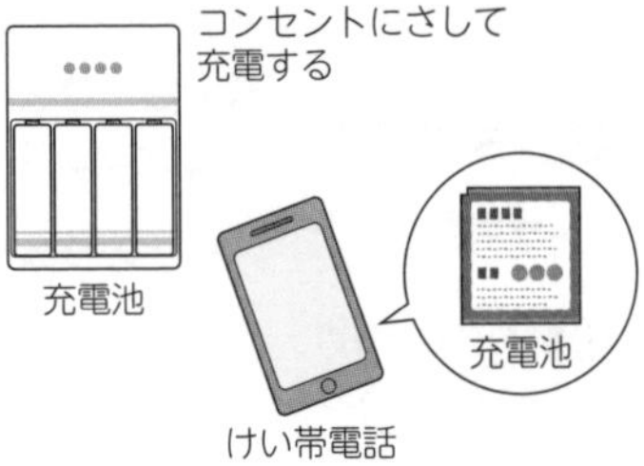

●電気の利用

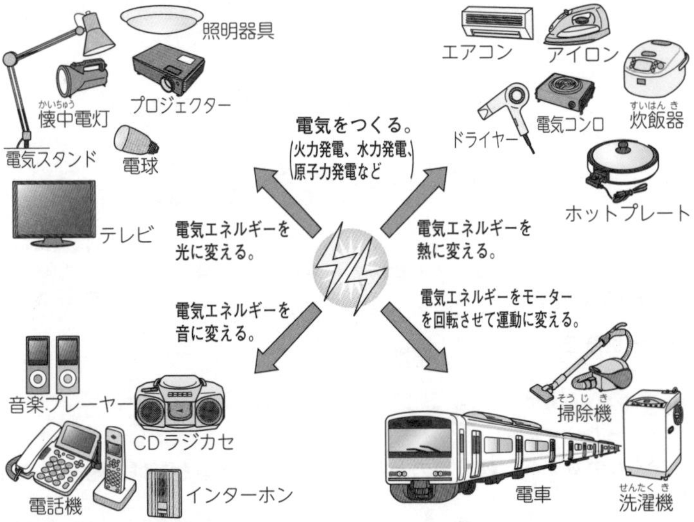

チェックテスト

① 電気をためることを何といいますか。

② (　　)は電気をためることができます。

③ 電気は、(　　)、(　　)、(　　)、運動に変えることができます。

④ 洗濯機は、電気を何に変えて利用していますか。

答え

① 蓄電(充電)
② コンデンサー(充電池)
③ 光、音、熱(順不同)
④ 運動

1 分数のかけ算・わり算(1)

1 分数×整数

➡例題 1

注意 約分は計算のとちゅうでしたほうが、計算が楽になる。

❶分数に整数をかける計算は、分母はそのままにして、分子にその整数をかける。

$\frac{\blacktriangle}{\bullet}\times\blacksquare=\frac{\blacktriangle\times\blacksquare}{\bullet}$

例 $\frac{4}{9}\times2=\frac{4\times2}{9}=\frac{8}{9}$

└計算を分子にまとめてかく。

最重要ポイント

計算のとちゅうで約分できるときは、約分しておく。

❷仮《か》分数《ぶんすう》の計算も同じように計算する。

└分子が分母より大きい分数

例 $\frac{11}{8}\times4=\frac{11\times\overset{1}{\cancel{4}}}{\underset{2}{\cancel{8}}}=\frac{11}{2}\left(5\frac{1}{2}\right)$

2 分数÷整数

➡例題 2

注意 分数を整数でわるときは、分数の分母に整数をかける。

❶分数を整数でわる計算は、分子はそのままにして、分母にその整数をかける。

$\frac{\blacktriangle}{\bullet}\div\blacksquare=\frac{\blacktriangle}{\bullet\times\blacksquare}$

例 $\frac{3}{5}\div2=\frac{3}{5\times2}=\frac{3}{10}$

❷計算のとちゅうで約分できるときは、約分しておく。

例 $\frac{3}{4}\div6=\frac{\overset{1}{\cancel{3}}}{4\times\underset{2}{\cancel{6}}}=\frac{1}{8}$

3 帯分数のある計算

➡例題 3

❶帯分数は、仮分数にしてから計算する。

例 $1\frac{2}{3}\times4=\frac{5}{3}\times4=\frac{5\times4}{3}=\frac{20}{3}\left(6\frac{2}{3}\right)$

例 $2\frac{1}{6}\div3=\frac{13}{6}\div3=\frac{13}{6\times3}=\frac{13}{18}$

例題と答え

例題1 分数×整数

次のかけ算をしなさい。

① $\frac{3}{7}\times2$　② $\frac{5}{6}\times15$　③ $\frac{4}{9}\times6$

答え ① $\frac{6}{7}$　② $\frac{25}{2}\left(12\frac{1}{2}\right)$　③ $\frac{8}{3}\left(2\frac{2}{3}\right)$

例題2 分数÷整数

次のわり算をしなさい。

① $\frac{2}{3}\div5$　② $\frac{6}{5}\div8$

③ $\frac{4}{9}\div12$　④ $\frac{12}{11}\div18$

答え ① $\frac{2}{15}$　② $\frac{3}{20}$　③ $\frac{1}{27}$　④ $\frac{2}{33}$

例題3 帯分数のある計算

次の計算をしなさい。

① $1\frac{5}{6}\times9$　② $1\frac{7}{9}\div8$

答え ① $\frac{33}{2}\left(16\frac{1}{2}\right)$　② $\frac{2}{9}$

考え方

1. ☞1

分数に整数をかけるときは、分母はそのままにして、分子にその整数をかける。

2. ☞2

分数を整数でわるときは、分子はそのままにして、分母にその整数をかける。

3. ☞3

帯分数を仮分数にしてから計算する。

① $1\frac{5}{6}\rightarrow\frac{11}{6}$

チェックテスト

4 mの重さが $3\frac{1}{3}$ kgの鉄の棒《ぼう》があります。

① 1mの重さは何kgですか。

② この鉄の棒が10mあるとき、重さは何kgですか。

答え

① $\frac{5}{6}$ kg　② $\frac{25}{3}\left(8\frac{1}{3}\right)$ kg

考え方 ① $3\frac{1}{3}\div4=\frac{\overset{5}{\cancel{10}}}{3\times\underset{2}{\cancel{4}}}$

$=\frac{5}{6}$

2 分数のかけ算・わり算(2)

1 分数×分数

➡例題 1

❶分数に分数をかける計算は、分母どうしの積を**分母**に、分子どうしの積を**分子**にする。

最重要ポイント

$$\frac{b}{a}\times\frac{d}{c}=\frac{b\times d}{a\times c}$$

❷計算のとちゅうで**約分**できるときは、約分する。

例 $\frac{5}{6}\times\frac{3}{4}=\frac{5\times3}{6\times4}=\frac{5}{8}$

└できるときは、とちゅうで約分する

❸**整数**は、分母が 1 の分数と考えて計算する。

例 $6\times\frac{2}{9}=\frac{6}{1}\times\frac{2}{9}=\frac{6\times2}{1\times9}=\frac{4}{3}\left(1\frac{1}{3}\right)$

❹仮分数《かぶんすう》の計算も同じように計算する。

例 $\frac{8}{5}\times\frac{5}{6}=\frac{8\times5}{5\times6}=\frac{4}{3}\left(1\frac{1}{3}\right)$

2 帯分数のかけ算

➡例題 2

❶帯分数は、**仮分数**になおして真分数のかけ算と同じように計算する。

❷計算のとちゅうで約分できるときは、**約分**してから計算する。

例 $3\frac{1}{8}\times2\frac{2}{5}=\frac{25}{8}\times\frac{12}{5}=\frac{25\times12}{8\times5}=\frac{15}{2}\left(7\frac{1}{2}\right)$

3 3つ以上の分数のかけ算

➡例題 3

❶ 3つ以上の分数をかけるときでも、**分母**どうしの**積**を分母とし、**分子**どうしの**積**を分子にする。

❷計算のとちゅうで**約分**できるときは、とちゅうでまとめて約分する。

例 $\frac{5}{7}\times\frac{3}{8}\times\frac{14}{15}=\frac{5\times3\times14}{7\times8\times15}=\frac{1}{4}$

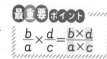

例題と答え

例題1 分数×分数

次のかけ算をしなさい。

① $\frac{5}{9}\times\frac{3}{10}$　② $6\times\frac{3}{4}$　③ $\frac{7}{12}\times\frac{16}{21}$

答え ① $\frac{1}{6}$　② $\frac{9}{2}\left(4\frac{1}{2}\right)$　③ $\frac{\overset{1}{\cancel{7}}\times\overset{4}{\cancel{16}}}{\underset{3}{\cancel{12}}\times\underset{3}{\cancel{21}}}=\frac{4}{9}$

例題2 帯分数のかけ算

次のかけ算をしなさい。

① $2\frac{2}{3}\times3\frac{3}{8}$　② $4\frac{1}{16}\times1\frac{7}{13}$

答え ① $\frac{8}{3}\times\frac{27}{8}=\frac{\overset{1}{\cancel{8}}\times\overset{9}{\cancel{27}}}{\underset{1}{\cancel{3}}\times\underset{1}{\cancel{8}}}=9$

② $\frac{65}{16}\times\frac{20}{13}=\frac{\overset{5}{\cancel{65}}\times\overset{5}{\cancel{20}}}{\underset{4}{\cancel{16}}\times\underset{1}{\cancel{13}}}=\frac{25}{4}\left(6\frac{1}{4}\right)$

例題3 3つの分数のかけ算

次のかけ算をしなさい。

① $\frac{2}{3}\times\frac{7}{6}\times\frac{3}{4}$　② $1\frac{4}{5}\times2\frac{2}{9}\times\frac{7}{6}$

答え ① $\frac{\overset{1}{\cancel{2}}\times7\times\overset{1}{\cancel{3}}}{\underset{1}{\cancel{3}}\times\underset{3}{\cancel{6}}\times4}=\frac{7}{12}$

② $\frac{9}{5}\times\frac{20}{9}\times\frac{7}{6}=\frac{\overset{1}{\cancel{9}}\times\overset{2}{\overset{\cancel{4}}{\cancel{20}}}\times7}{\underset{1}{\cancel{5}}\times\underset{1}{\cancel{9}}\times\underset{3}{\cancel{6}}}=\frac{14}{3}\left(4\frac{2}{3}\right)$

考え方

1. ☞1

分母は分母どうし、分子は分子どうしの積をつくる。

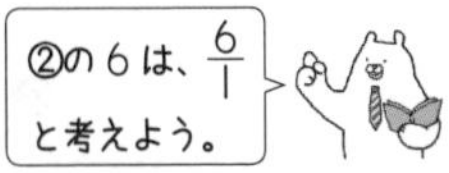

2. ☞2

帯分数は、仮分数になおして計算する。とちゅうでの約分を忘《わす》れないように。

3. ☞3

②帯分数は、仮分数になおして計算する。
とちゅうでまとめて約分する。

チェックテスト

次のかけ算をしなさい。

① $\frac{4}{15}\times\frac{3}{8}$

② $3\frac{3}{5}\times\frac{5}{9}$

③ $\frac{3}{10}\times4\times\frac{5}{8}$

答え

① $\frac{1}{10}$　② 2　③ $\frac{3}{4}$

考え方 ③4は、$\frac{4}{1}$と考える。

3 分数のかけ算・わり算(3)

1 逆　数

➡例題 1

❶$\frac{3}{2}$と$\frac{2}{3}$のように、2 つの数の積が 1 になるとき、一方の数を他方の数の**逆数**という。逆数は、分母と分子を入れかえた分数になる。

❷もとの数とその数の逆数の積は **1** である。

2 分数÷分数

➡例題 2

❶分数のわり算は、わる数の**逆数**をかける。
└分母と分子を入れかえた分数

最重要ポイント

$$\frac{b}{a}\div\frac{d}{c}=\frac{b}{a}\times\frac{c}{d}=\frac{b\times c}{a\times d}$$

例 $\frac{3}{8}\div\frac{5}{6}=\frac{3\times\overset{3}{\cancel{6}}}{\underset{4}{\cancel{8}}\times5}=\frac{9}{20}$

└とちゅうで約分しておく

❷帯分数のわり算は、**仮分数《かぶんすう》**になおして計算する。

例 $1\frac{5}{9}\div1\frac{1}{6}=\frac{14}{9}\div\frac{7}{6}=\frac{\overset{2}{\cancel{14}}\times\overset{2}{\cancel{6}}}{\underset{3}{\cancel{9}}\times\underset{1}{\cancel{7}}}=\frac{4}{3}\left(1\frac{1}{3}\right)$

❸整数でわるときは、その数の逆数をかけてもよい。

例 $\frac{4}{7}\div2=\frac{4}{7}\div\frac{2}{1}=\frac{\overset{2}{\cancel{4}}\times1}{7\times\underset{1}{\cancel{2}}}=\frac{2}{7}$

3 複雑な分数の計算

➡例題 3

❶ 2 つ以上の分数で続けてわる計算は、順にわる数の**逆数**をかける。

例 $\frac{2}{3}\div\frac{5}{8}\div\frac{4}{9}=\frac{2}{3}\times\frac{8}{5}\times\frac{9}{4}=\frac{2\times\overset{2}{\cancel{8}}\times\overset{3}{\cancel{9}}}{\underset{1}{\cancel{3}}\times5\times\underset{1}{\cancel{4}}}$
$=\frac{12}{5}\left(2\frac{2}{5}\right)$

❷分数のかけ算・わり算が混じっている式は、わる数を逆数にしてかけ、**かけ算**だけの式になおして計算する。

例題と答え

例題1 逆　数

次の数の逆数を求めなさい。

① $\frac{5}{6}$　② 3　③ $3\frac{1}{8}$

答え ① $\frac{6}{5}\left(1\frac{1}{5}\right)$　② $\frac{1}{3}$　③ $\frac{8}{25}$

例題2 分数÷分数

次のわり算をしなさい。

① $\frac{3}{5}\div\frac{9}{10}$　② $2\frac{7}{8}\div3\frac{5}{6}$

答え ① $\frac{\overset{1}{\cancel{3}}\times\overset{2}{\cancel{10}}}{\underset{1}{\cancel{5}}\times\underset{3}{\cancel{9}}}=\frac{2}{3}$

② $\frac{23}{8}\div\frac{23}{6}=\frac{\overset{1}{\cancel{23}}\times\overset{3}{\cancel{6}}}{\underset{4}{\cancel{8}}\times\underset{1}{\cancel{23}}}=\frac{3}{4}$

例題3 3つの数の計算

次の計算をしなさい。

① $\frac{5}{6}\div\frac{4}{7}\div\frac{7}{9}$　② $\frac{4}{3}\times\frac{5}{4}\div\frac{5}{6}$

答え ① $\frac{5}{6}\times\frac{7}{4}\times\frac{9}{7}=\frac{5\times\overset{1}{\cancel{7}}\times\overset{3}{\cancel{9}}}{\underset{2}{\cancel{6}}\times4\times\underset{1}{\cancel{7}}}=\frac{15}{8}\left(1\frac{7}{8}\right)$

② $\frac{4}{3}\times\frac{5}{4}\times\frac{6}{5}=\frac{\overset{1}{\cancel{4}}\times\overset{1}{\cancel{5}}\times\overset{2}{\cancel{6}}}{\underset{1}{\cancel{3}}\times\underset{1}{\cancel{4}}\times\underset{1}{\cancel{5}}}=2$

考え方

1. ☞1

③帯分数の逆数は、仮分数になおしてから分母と分子を入れかえる。

2. ☞2

①わる数の逆数をかける。

②帯分数は仮分数になおしてから計算する。

3. ☞3

わる数の逆数をかけて、かけ算になおしたあとにまとめて約分する。

算数

チェックテスト

次の計算をしなさい。

① $6\div\frac{3}{5}$

② $3\frac{1}{3}\div1\frac{5}{9}\times\frac{7}{20}$

答え

① 10　② $\frac{3}{4}$

考え方 ① 6 を、$\frac{6}{1}$と考える。

②帯分数を仮分数になおす。

4 分数と割合

1 割合《わりあい》を表す分数

➡例題 3

注意 小数や百分率は、いつでも分数になおすことができる。

❶割合＝比べる量÷もとにする量である。

この商を、百分率（↳%）や歩合《ぶあい》（↳割、分、厘）だけではなく、分数でも表すことができる。

最重要ポイント

$$割合=\frac{比べる量}{もとにする量}\quad \left(a \div b = \frac{a}{b}\right)$$

例 「5dL の 15dL に対する割合」は、

$$5 \div 15 = \frac{\overset{1}{\cancel{5}}}{\underset{3}{\cancel{15}}} = \frac{1}{3}$$

❷これは、もとにする量を 1 と考えたときの比べる量の大きさを分数で表したものである。

2 比べる量の求め方

➡例題 1

❶ 1 の❶から、もとにする量と割合がわかっているとき、比べる量の求め方は次のようになる。

最重要ポイント

比べる量＝もとにする量×割合

例 「200 円の$\frac{1}{5}$の金額」は、

$$200 \times \frac{1}{5} = 40（円）$$

3 もとにする量の求め方

➡例題 2

注意 例の問題のもとの形は、
$□ \times \frac{4}{5} = 32$

❶ 2 と同じように考えて、比べる量とその割合がわかっているとき、もとにする量は次のように求める。

最重要ポイント

もとにする量＝比べる量÷割合

例 「32 人は□人の$\frac{4}{5}$である」では、

$$□ = 32 \div \frac{4}{5} = 40$$

例題と答え

例題1 比べる量の求め方

絵の展《てん》らん会《かい》で、1日の入場者は860人でした。そのうち$\frac{3}{5}$は男性で、残りは女性でした。女性の入場者は何人でしたか。

解き方　$860\times\left(1-\frac{3}{5}\right)=344$　答え　344人

例題2 もとにする量の求め方

なわとびのなわの長さを比べました。兄の長さの$\frac{3}{4}$が弟の長さで、ちょうど180cmありました。兄のなわの長さは何cmですか。

解き方　$180\div\frac{3}{4}=240$　答え　240cm

例題3 割合の求め方

本を、昨日は全体の$\frac{1}{6}$だけ読んで、今日は残りの$\frac{3}{10}$を読みました。まだ残っているのは、全体のどれだけですか。

解き方　$\left(1-\frac{1}{6}\right)\times\left(1-\frac{3}{10}\right)=\frac{7}{12}$　答え　$\frac{7}{12}$

考え方

1. ☞2

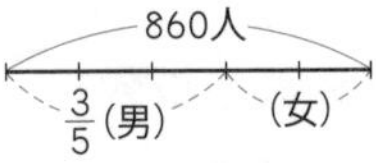

女性の割合を考えてから人数を求める。

2. ☞3

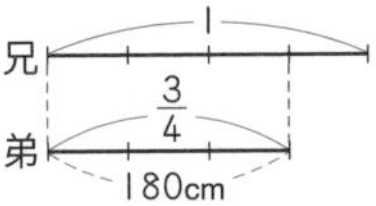

180cmが兄のなわの長さの$\frac{3}{4}$になっている。

3. ☞1

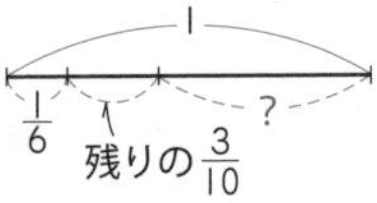

今日の残り分は、昨日の残り分を1としたときの$\left(1-\frac{3}{10}\right)$となる。

チェックテスト

次の□にあてはまる数を書きなさい。

① □kgの$\frac{4}{7}$は20kg

② 1200円の□は480円

③ 24kmの$\frac{5}{8}$は□km

答え

① 35　② $\frac{2}{5}$　③ 15

考え方　① $\square\times\frac{4}{7}=20$

② $1200\times\square=480$

5 分数と整数・小数の混合計算

1 分数と小数の計算

➡例題 1

参考 右の❶では、$1.8=\frac{18}{10}=\frac{9}{5}$だから、$\frac{5}{6}\times1.8=\frac{5}{6}\times\frac{9}{5}$と計算してもよい。

❶分数と小数の混じったかけ算・わり算は、**小数を分数**で表して計算する。

例 $\frac{5}{6}\times1.8=\frac{5}{6}\times\frac{18}{10}=\frac{5\times18}{6\times10}=\frac{3}{2}\left(1\frac{1}{2}\right)$

❷小数や整数も、**分数**で表して計算できる。

例 $0.57\div0.9=\frac{57}{100}\div\frac{9}{10}=\frac{57\times10}{100\times9}=\frac{19}{30}$

例 $4\div\frac{8}{7}=\frac{4}{1}\div\frac{8}{7}=\frac{4\times7}{1\times8}=\frac{7}{2}\left(3\frac{1}{2}\right)$

2 いろいろな分数の計算

➡例題 2、3

注意 整数や小数の計算のきまりは、分数のときも成り立つ。

❶×、÷→＋、－の順に計算する。

└( )のある式は、( )の中を先に計算する

例 $16\div12-0.4\times1\frac{7}{8}=\frac{16}{12}-\frac{4}{10}\times\frac{15}{8}$

$=\frac{4}{3}-\frac{3}{4}=\frac{7}{12}$

❷次のような**計算のきまり**を使うと、計算が楽にできることがある。

最重要ポイント

$(a+b)\times c=a\times c+b\times c$

$(a-b)\times c=a\times c-b\times c$

例 $\left(\frac{5}{6}+\frac{3}{4}\right)\times12=\frac{5}{6}\times12+\frac{3}{4}\times12$

$=10+9=19$

例 $\frac{13}{12}\times\frac{7}{9}-\frac{1}{12}\times\frac{7}{9}=\left(\frac{13}{12}-\frac{1}{12}\right)\times\frac{7}{9}$

$=1\times\frac{7}{9}=\frac{7}{9}$

例題と答え

例題1 分数と小数の計算

次の計算をしなさい。

① $0.45\times\frac{25}{9}$　　② $2\frac{4}{5}\div3.6$

答え ① $\frac{45}{100}\times\frac{25}{9}=\frac{\overset{5}{\cancel{45}}\times\overset{1}{\cancel{25}}}{\underset{4}{\cancel{100}}\times\underset{1}{\cancel{9}}}=\frac{5}{4}\left(1\frac{1}{4}\right)$

② $\frac{14}{5}\div\frac{36}{10}=\frac{\overset{7}{\cancel{14}}\times\overset{1}{\cancel{\overset{2}{\cancel{10}}}}}{\underset{1}{\cancel{5}}\times\underset{9}{\cancel{\underset{18}{\cancel{36}}}}}=\frac{7}{9}$

例題2 計算のきまり

次の計算をしなさい。

① $\left(1\frac{5}{12}-1\frac{3}{8}\right)\times24$

② $\frac{7}{9}\times1.53+\frac{13}{9}\times1.53$

答え ① 1　② $\frac{17}{5}\left(3\frac{2}{5}\right)$

例題3 いろいろな分数の計算

$0.64\times4\frac{1}{6}-12\div27$ を計算しなさい。

答え $\frac{64}{100}\times\frac{25}{6}-\frac{12}{27}=\frac{8}{3}-\frac{4}{9}=\frac{20}{9}\left(2\frac{2}{9}\right)$

考え方

1. ☛**1**

小数は分数に、帯分数は仮分数にして計算する。

① $\frac{45}{100}\times\frac{25}{9}$ を計算する。

② $\frac{14}{5}\div\frac{36}{10}$ を計算する。

2. ☛**2**

① $(a-b)\times c$

$=a\times c-b\times c$

を使う。

② $a\times c+b\times c$

$=(a+b)\times c$

を使う。

3. ☛**2**

×、÷→＋、－の順に計算する。

チェックテスト

次の□にあてはまる数を書きなさい。

① 2.4L の□は $1\frac{1}{15}$L

② □m の $\frac{7}{20}$ は 1.3m

答え

① $\frac{4}{9}$　② $\frac{26}{7}\left(3\frac{5}{7}\right)$

考え方 ① $2.4\times\square=1\frac{1}{15}$

② $\square\times\frac{7}{20}=1.3$

算数

6 文字を使った式

1 x《エックス》の値《あたい》の求め方

➡例題 1

注意 x の計算をするときには、＝を縦《たて》にそろえるとよい。

❶大きさのわからない数を x として、数量の関係を式で表し、x の値を求める。

❷ x の値の求め方

最重要ポイント

例 $x+20=35$

$x=35-20$

$=15$

$x\div8=35$

$x=35\times8$

$=280$

❸たし算とひき算は逆、かけ算とわり算も逆の関係だから、20 をたして 35 になるのであれば、35 から 20 をひけばよいと考える。

2 x の値の求め方

➡例題 2、3

❶式が複雑になっていても、「たしたのだからひく」、「かけたのだからわる」と、一段階《だんかい》ずつ逆に計算していけばよい。

例 $x\times6+40=70$

$x\times6=70-40$

$x=30\div6$

$=5$

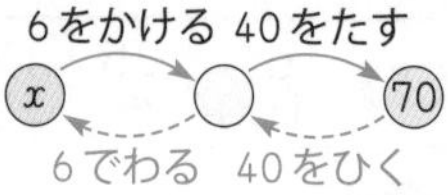

3 $24-x=8$ のとき

➡例題 2

❶ $24-x=8$ のときは、x をひいて 8 だから、8 に x をたしたら 24 と考えて計算する。

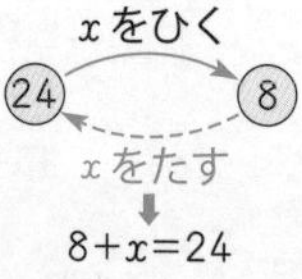

❷ $24\div x=8$ のときも同じ考え方。

└ $8\times x=24$

例題と答え

例題1 x の値の求め方①

次の式の x の値を求めなさい。

① $2.5+x=4$　② $3\times x=7.5$

③ $x-6=12.4$　④ $x\div2.4=10$

答え ①1.5　②2.5　③18.4　④24

例題2 x の値の求め方②

次の式の x の値を求めなさい。

① $36\div x=8$　② $x\div2+4=16$

答え ① $8\times x=36$

$x=36\div8$

$=4.5$

② $x\div2=16-4$

$x=12\times2$

$=24$

例題3 文章題

二等辺三角形 ABC のまわりの長さは 24cm で、辺 BC は 6cm です。等しい辺 AB、AC の長さを $x$cm として、x を使って辺の関係を式に書き、x の値を求めなさい。

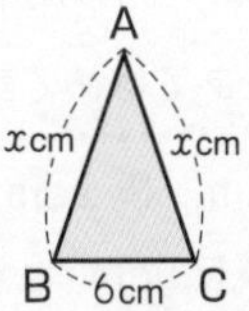

解き方 $x\times2+6=24$　$x=9$　**答え** 9

考え方

1. ☛**1**

小数があるが、考え方は整数と同じ。＋と－、×と÷とが逆であることを使えばよい。

2. ☛**2**、**3**

① x でわる場合だから p.120 の**3**を思い返す。

② 一段階ずつ計算を逆にたどっていくようにする。p.120 の**2**での求め方をよく復習する。

3. ☛**2**

三角形の 3 つの辺の長さの和は 24cm、各辺の長さは、6cm、$x$cm、$x$cm である。これを関係式に表し、x の値を求める。

算数

チェックテスト

次の式の x の値を求めなさい。

① $20-3\times x=2$

② $\frac{1}{8}+x\times3=\frac{1}{2}$

答え

① 6　② $\frac{1}{8}$

考え方 ① $2+3\times x=20$

② $x\times3=\frac{1}{2}-\frac{1}{8}$

7 関係を表す式

1 文字の使い方と計算

➡例題 1、3

注意 いままで使ってきた□や△のかわりに、a や b を使うと考えればよい。

最重要ポイント

1本が90円のえん筆を何本か買うときの代金
1本のとき、90×1（円）
2本のとき、90×2（円）
⋮　　⋮
a 本のとき、$90 \times a$（円）と表せる。
いろいろと変わる数のかわりに文字を使って表すことができる。

❶底辺 $a$cm、高さ $b$cm の三角形の面積を計算すると、三角形の面積の公式から、
$a \times b \div 2$（底辺×高さ÷2）となる。

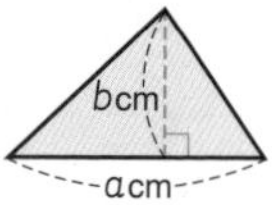

a が 6、b が 4 であるとき、
$6 \times 4 \div 2 = 12$（cm^2）となる。このように、a や b に数をあてはめて計算することができる。

2 関係を式に表す

➡例題 2

注意 何と何の関係か、1つのものが変わるとき、もう1つの変わるものは何かに気をつけることが大切。

❶縦《たて》5cm、横 $x$cm の長方形の面積を $y$cm² とすると、x と y の関係を表す式は、

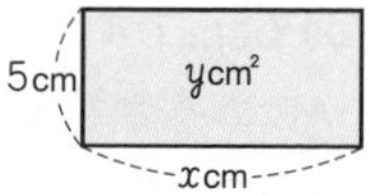

$5 \times x = y$ となる。
└縦×横＝長方形の面積

x にいろいろな数をあてはめて、y がどのように変わるか表をつくってみると、下のようになる。

横の長さ x（cm）	1	2	3	4	5	6	7
長方形の面積 y（cm^2）	5	10	15	20	25	30	35

上の式で $x=2$ とすると、$y=10$ になる。
x にあてはめた数 2 を **x の値《あたい》** といい、そこで求めた 10 を x の値 2 に対応する **y の値** という。

例題と答え

例題1 文字の使い方

(1) 1個 x 円のケーキを6個買って250円の箱につめてもらったときの代金を表す式を書きなさい。

(2) 上底 $a$cm、下底8cmで高さ $b$cm の台形の面積を表す式を書きなさい。

答え (1) $x \times 6 + 250$ (2) $(a+8) \times b \div 2$

例題2 関係を表す式

(1) 1日の昼を x 時間、夜を y 時間として、x と y の関係を式に表しなさい。

(2) 高さ6cm、底辺が $a$cm の三角形の面積を $b\text{cm}^2$ として、a と b の関係を式に表しなさい。

答え (1) $x+y=24$、または $y=24-x$ など

(2) $b=a \times 6 \div 2$、または $b=a \times 3$

例題3 式の値

$a=4$、$b=3$ として、式の値を求めなさい。

① $12 \div a + b \times 2$ ② $a \times b - (a+b)$

解き方 ① $12 \div 4 + 3 \times 2 = 3 + 6 = 9$ 答え 9

② $4 \times 3 - (4+3) = 12 - 7 = 5$ 答え 5

考え方

1. 1

(1)ケーキの代金に250円をたしたら全部の代金になる。

(2)台形の面積＝(上底＋下底)×高さ÷2に文字や数字をあてはめる。

2. 2

(1) 1日は24時間であるから、$x+y$ がどうなるかを考える。

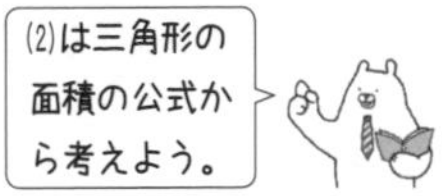

3. 1

式の a や b のところに、示された数をあてはめて計算する。

チェックテスト

A円を持って、B円の品物2個と、C円の品物1個を買ったときの残金を表す式を書きなさい。

答え

A－(B×2＋C)

考え方 残金＝持っていたお金－品物の代金にあてはめる。

8 比（1）

1 比

➡例題 1

❶ 2 つの量が 2 と 3 の割合《わりあい》であることを、2：3 のように表すことがある。このように表された割合を**比**という。また、2：3 は「**2 と 3 の比**」ともいう。

❷ 2：3 を「**2 対 3**」と読む。
└「2 たい 3」

2 比の値《あたい》

➡例題 2

注意 比の値には単位をつけない。

❶ $a：b$ の比で、a の b に対する割合を**比の値**という。

最重要ポイント

$a：b$ の比の値は、$a \div b = \dfrac{a}{b}$

❷比の値は、百分率や歩合《ぶあい》でも表すことができる。

❸比の値が等しいとき、その比は**等しい比**という。

例 6：8＝18：24

6：8 の 比の値は、$6 \div 8 = \dfrac{6}{8} = \dfrac{3}{4}$

18：24 の 比の値は、$18 \div 24 = \dfrac{18}{24} = \dfrac{3}{4}$

3 等しい比の性質

➡例題 1、3

注意 比の両方の数に同じ数をかけても、比の両方の数を同じ数でわっても、もとの比と等しい。

❶ $a：b$ の両方に同じ数をかけても、また両方を同じ数（0 でない数）でわっても、比の値は変わらない。

2：3＝6：9（×3、×3）

❷❶の性質を使って、最も小さい整数の比にすることを**比を簡単《かんたん》にする**という。

例 0.6：0.45 ＝ 60：45 ＝ **4：3**（×100、×100 → ÷15、÷15）

（はじめに 100 倍して、そのあと 15 でわる。）

例 $\dfrac{5}{8}：\dfrac{3}{5} = \left(\dfrac{5}{8} \times 40\right)：\left(\dfrac{3}{5} \times 40\right) =$ **25：24**

（分母の最小公倍数40をかける。）

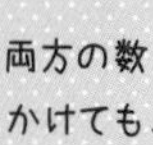

例題と答え

例題1 比をつくる

次の比を簡単な比にしなさい。

(1) 45円と60円の比

(2) 1.8kg の水と 1.2kg の水の比

(3) $\frac{3}{4}$時間と$\frac{6}{5}$時間の比

答え (1) 3：4 (2) 3：2 (3) 5：8

例題2 比の値

次の比の値を求めなさい。

① 36：28 ② 0.16：0.2 ③ 1.2：$\frac{2}{3}$

解き方 ③$1.2\div\frac{2}{3}=\frac{12}{10}\times\frac{3}{2}=\frac{9}{5}$(1.8)

答え ①$\frac{9}{7}\left(1\frac{2}{7}\right)$ ②$\frac{4}{5}$(0.8) ③$\frac{9}{5}$(1.8)

例題3 比の性質

縦《たて》と横の長さの比が 2：3 になる旗をつくります。縦を 48cm にすると、横は何 cm になりますか。

解き方 横の長さを $x$cm とする。

2：3＝48：x x＝72 答え 72cm

考え方

1. ☞1、3

(2)小数の比は 10 倍して整数の比になおしてから考える。

(3)分数の比は分母の最小公倍数をかけて、整数の比にする。

2. ☞2

a：b の比の値は $a\div b$ で求める。左の解き方のほかに、比を簡単な整数の比（**例題 1**）になおしてから求めることもできる。

3. ☞3

2：3＝48：x より、
48÷2＝24
3×24を計算して求める。

算数

チェックテスト

すとサラダ油を 3：5 の比で混ぜてドレッシングを 400mL つくります。サラダ油は何 mL 必要ですか。

答え

250mL

考え方

サラダ油の量：ドレッシングの量
＝5：(3＋5)
＝5：8

9 比（2）

1 比の一方の大きさから他方の大きさを求める

➡例題 2

最重要ポイント

$a:b$ の a にあたる大きさが x のとき、b にあたる大きさ y は、$y=x\times\frac{b}{a}$

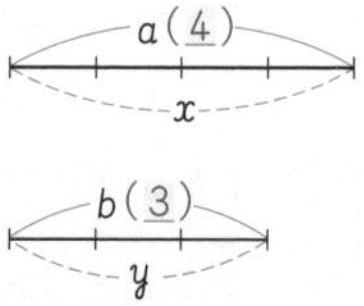

例　$a:b$ が 4：3 で、a にあたる大きさ x が 100 m のとき、b にあたる大きさ y は、

$y=100\times\frac{3}{4}=$**75**(m)

❶ $a:b$ の b にあたる大きさが y であるとき、a にあたる大きさ x は、$x=y\times\frac{a}{b}$

2 1つの量を決まった比に分ける

➡例題 1

注意 1つの量 x を $(a+b)$ 個に分けた a 個分、b 個分と考えればよい。

❶ 1つの量 x を $a:b$ に分けるには、次のように分ければよい。

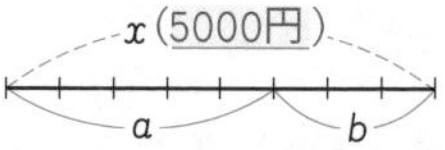

$x\times\frac{a}{a+b}$、$x\times\frac{b}{a+b}$

例　5000円をA、B 2人で 5：3 の比に分けると、
└全体 5+3

A……$5000\times\frac{5}{5+3}=$**3125** → **3125円**

B……$5000\times\frac{3}{5+3}=$**1875** → **1875円**

❷このような分け方を**比例配分**という。3つの部分に分けるときも同じように考えればよい。

❸全体の量を 5＋3＝8 と考えて、**等しい比の式**を利用して求めることもできる。

上の例で、Aのもらう金額は、**5：8＝A：5000** より、5000÷8＝625　5×625＝**3125(円)**

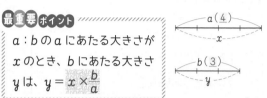

例題と答え

例題1 決まった比に分ける

(1) 兄と弟の今の年令の比は、3：2です。
また、兄と弟の年令の和は25才です。
弟の年令は何才ですか。

(2) 140cmのひもを3：4の比で妹と姉に分けます。姉は何cmのひもをもらいますか。

解き方 (1) $25\times\frac{2}{3+2}=10$　**答え** 10才

(2) $140\times\frac{4}{3+4}=80$　**答え** 80cm

例題2 比から一方の量を求める

春子さんと姉の持っているお金の比は4：5で、春子さんは600円持っています。

(1) 姉の持っているお金は何円ですか。

(2) 2人とも300円ずつ使ったときの2人の持っているお金の比を求めなさい。

解き方 (1) $600\times\frac{5}{4}=750$　**答え** 750円

(2) $(600-300):(750-300)$
$=300:450=2:3$　**答え** 2：3

考え方

1. 2

(1) 25を3：2に分ける。
25才を(3＋2)個に分けた2個分である。

(2)

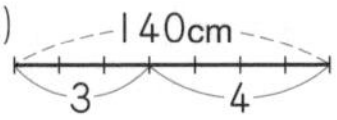

姉は7個に分けた4個分である。

2. 1

(1)

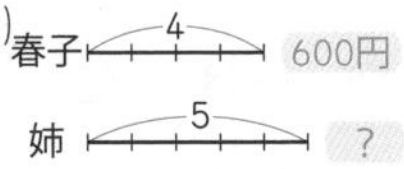

姉は春子さんの$\frac{5}{4}$倍のお金を持っている。

チェックテスト

当たりとはずれの比が1：5になるようなくじをつくりました。

① はずれくじを85本にすると、当たりくじは何本必要ですか。

② くじを180本つくりました。当たりくじはそのうちの何本ですか。

答え

① $85\times\frac{1}{5}=17$　17本

② $180\times\frac{1}{1+5}=30$　30本

考え方 ①当たりははずれの$\frac{1}{5}$である。
②当たりくじはくじ全体の$\frac{1}{1+5}$である。

算数

10 対称な図形

1 線対称《せんたいしょう》な図形

➡例題 1

最重要ポイント

ある図形を、1本の直線を折り目として折ったとき、折り目の両側が、きちんと重なる図形を**線対称な図形**という。

❶このときの折り目の直線のことを**対称の軸《じく》**という。
図形によって本数が変わる↵

❷折り重ねたとき、重なる点や辺を、**対応する点**、**対応する辺**という。

2 点対称な図形

➡例題 2

最重要ポイント

ある図形を、1つの点のまわりに180°回転したとき、もとの図形ときちんと重なる図形を、**点対称な図形**という。

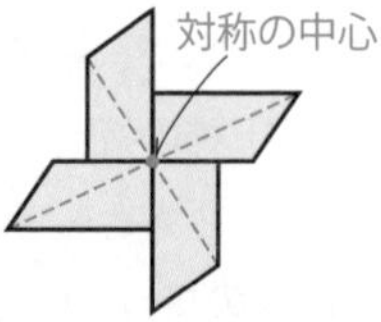

❶このときの1つの点のことを**対称の中心**という。

❷回転したとき重なる点や辺のことを**対応する点**、**対応する辺**という。

3 対応する点を結ぶ直線

➡例題 2

❶線対称な図形では、対応する2つの点を結ぶ直線は対称の軸に垂直《すいちょく》に交わり、対称の軸で**2等分**される。

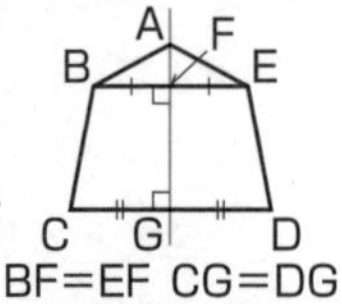

❷点対称な図形では、対応する2つの点を結ぶ直線は対称の中心を通り、対称の中心で**2等分**される。

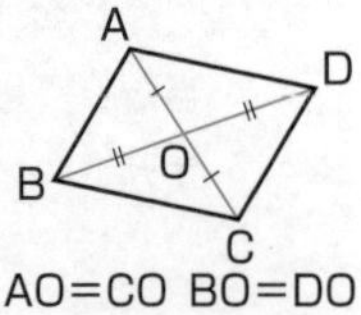

例題と答え

例題1 対称の軸

次の線対称な図形の対称の軸は何本ですか。

① 正三角形　② 長方形　③ 正方形
④ 正六角形　⑤ 円

解き方

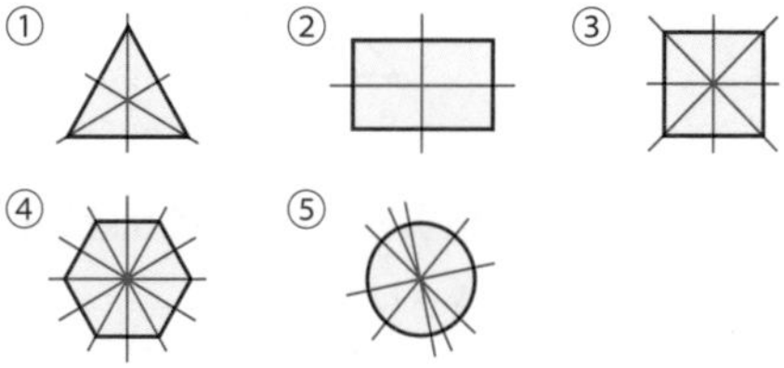

答え　①3本　②2本　③4本　④6本　⑤無数

例題2 対称の中心

次の図形のうち、点対称な図形を選び、その図形の対称の中心を示しなさい。

① 正三角形　② 長方形　③ 正六角形
④ 台形　⑤ 平行四辺形　⑥ 円

答え　点対称な図形は、②、③、⑤、⑥

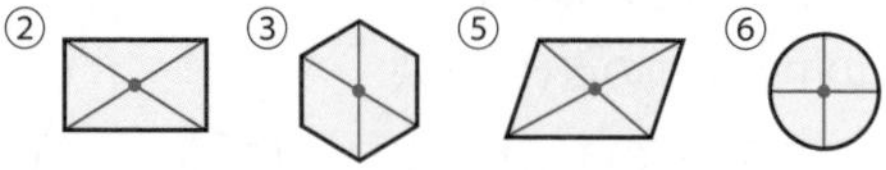

考え方

1. 👉 **1**

②と③のちがいに注意する。⑤の円の対称の軸は直径である。

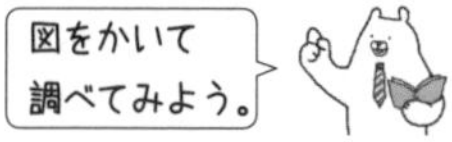

2. 👉 **2**、**3**

①は線対称ではあるが、点対称にはならない。
③の正六角形は点対称になるが、正五角形は点対称にはならない。図をかいて対称の中心を見つけられるかどうかでわかる。
④は点対称ではない。

チェックテスト

下の正方形で、辺ABに対応する辺を見つけなさい。

① 直線ACを対称の軸としたとき。
② 点Oを対称の中心としたとき。

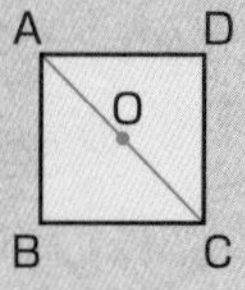

答え

① 辺AD　② 辺CD

考え方 ①直線ACを折り目としたときに重なる辺を考える。

11 図形の拡大と縮小

1 拡大《かくだい》図《ず》と縮《しゅく》図《ず》

➡例題 2

最重要ポイント

拡大図…もとの図形を同じ割合《わりあい》に拡大した図。

縮図……もとの図形を同じ割合に縮小した図。

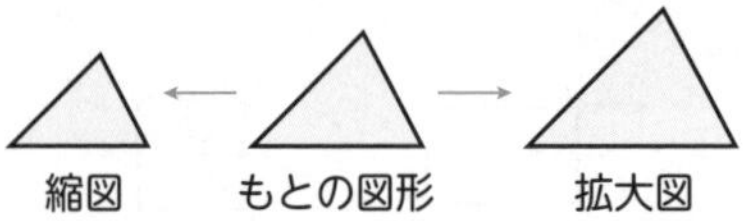

❶拡大図や縮図では、対応する辺の長さの比は**等しい**。

また、対応する角の大きさは**等しい**。

2 拡大図、縮図のかき方

➡例題 1

2倍$\left(\frac{1}{2}\right)$の拡大図（縮図）のかき方

❶方眼を使ってかく。

それぞれの辺の方眼の**目もり**を2倍$\left(\frac{1}{2}\right)$にしてかく。

❷対応する辺の長さや角の大きさを使ってかく。

対応する辺の長さを2倍$\left(\frac{1}{2}\right)$にし、対応する角の大きさはもとの図形と等しくする。

└2倍$\left(\frac{1}{2}\right)$にはならない

❸ 1つの点を中心にしてかく。

図形の中の1つの点（P）を決め、その点からのきょりが2倍$\left(\frac{1}{2}\right)$になるよう点をとる。

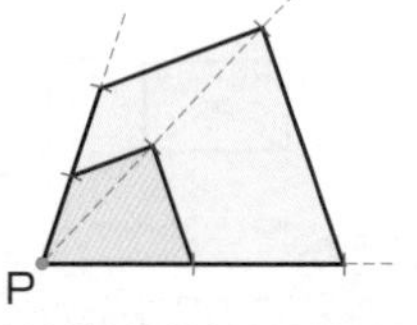

3 縮図と縮尺《しゅくしゃく》

➡例題 2、3

参考 地図などには必ず縮尺が示してある。

❶**縮尺**…縮図でのきょりと実際のきょりとの比の値《あたい》。

例 実際の長さを5万分の1に縮《ちぢ》めた場合の表し方。

㋐ 5万分の1　㋑ $\frac{1}{50000}$　㋒ 1：50000

㋓

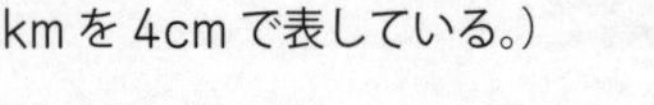

（2kmを4cmで表している。）

例題と答え

例題1 拡大図

右の五角形の3倍の拡大図を、点Pを使ってかきなさい。

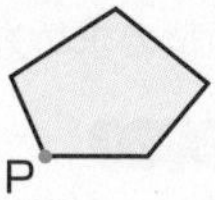

答え

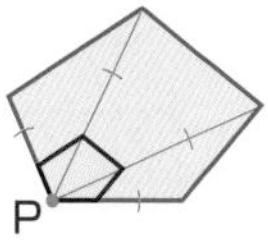

例題2 縮 図

縦《たて》2m、横4.8mの長方形の土地の縮図を、縦10cmにしてかきました。

(1) 何分の1の縮図になりましたか。

(2) 横は何cmにしてかきましたか。

答え (1) $\frac{1}{20}$ (2) 24cm

例題3 縮 尺

表の㋐、㋑、㋒を求めなさい。

実際の長さ	20m	4km	㋒km
縮　　尺	$\frac{1}{500}$	1：㋑	5万分の1
地図上の長さ	㋐cm	20cm	3cm

答え ㋐4 ㋑20000 ㋒1.5

考え方

1. ☞**2**

p.130 **2** の❸の方法による。

点Pと各頂点《ちょうてん》を結んだ線をのばして、頂点までの3倍のきょりの点をとり、それを順に結ぶ。

2. ☞**1**、**3**

(1) 2mを10cmに縮めているので10cmが2mのどれだけであるかをみる。

(2) 4.8mを縦と同じ割合で縮めればよい。

3. ☞**3**

地図上の長さを、実際の長さでわった商が縮尺である。長さの単位をまちがえないこと。

チェックテスト

木のかげの長さが3mのとき、1mの棒《ぼう》のかげが60cmありました。木の高さは何mですか。

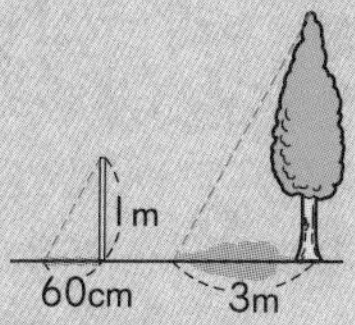

答え

$1 \times \frac{300}{60} = 5$ 　　5m

考え方 木とかげがつくる三角形は、棒とかげがつくる三角形の拡大図になる。

算数

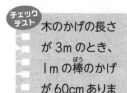

12 円の面積

1 円の面積

➡例題 1、2

❶円の面積の求め方

最重要ポイント

円の面積＝**半径×半径**×円周率

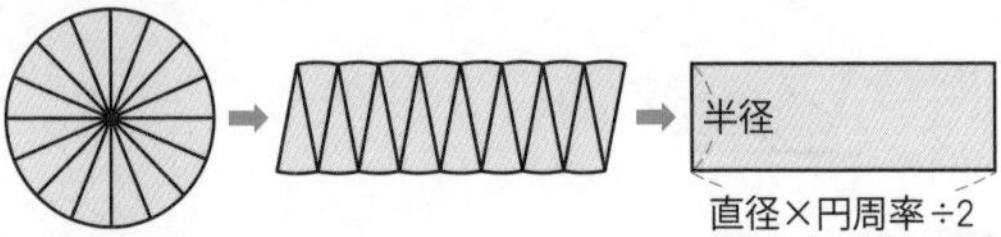

半径×直径×円周率÷2＝半径×直径÷2×円周率
（└半径）
＝半径×半径×円周率

例 半径 5cm の円の面積

5×5×3.14＝**78.5**（cm^2）

2 おうぎ形

➡例題 2

❶円を 2 つの半径で区切った形を**おうぎ形**、半径の間の角を**中心角**という。

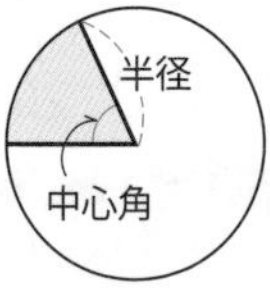

❷おうぎ形の面積は、もとの円の面積の何分の 1 になっているかで求める。

例 半径 3cm、中心角 60°のおうぎ形の面積

360÷60＝6 より、もとの円の面積の$\frac{1}{6}$だから、

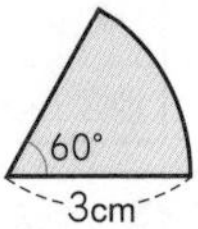

3×3×3.14÷6＝**4.71**（cm^2）

3 いろいろな図形の面積

➡例題 2

❶面積を求めやすい形に分けてたしたり、全体の形から一部をひいたり、図形の一部を移動させたりする。

例 右の図の色のついた部分の面積は、（長方形の面積）－（半円の面積）

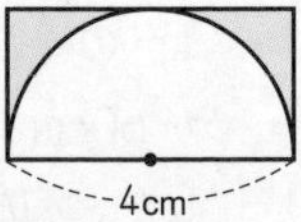

2×4－2×2×3.14÷2

＝8－6.28＝**1.72**（cm^2）

例題と答え

例題1 円周と面積

次の円の面積を求めなさい。

(1) 半径 6cm の円

(2) 直径 16cm の円

(3) 円周の長さが 25.12cm の円

解き方 (1) 6×6×3.14=113.04

(2) 16÷2=8　8×8×3.14=200.96

(3) 25.12÷3.14=8　8÷2=4

4×4×3.14=50.24

答え (1) 113.04cm^2　(2) 200.96cm^2

(3) 50.24cm^2

例題2 いろいろな図形の面積

右の図で、色のついた部分の面積を求めなさい。

①
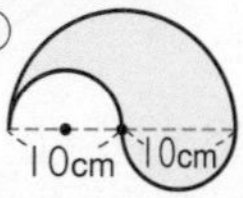

②
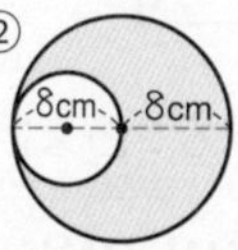

解き方 ①10×10×3.14÷2=157

②8×8×3.14−4×4×3.14=150.72

答え ①157cm^2　②150.72cm^2

考え方

1. ☞1

(2)半径の長さを求める。

(3)直径=円周÷3.14 である。

2. ☞1、2、3

①
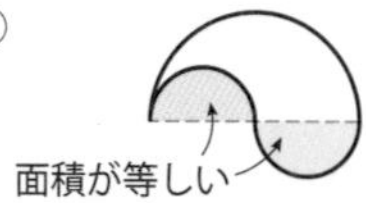

上のことに着目して、右の小さな半円を左に移動させる。

② 2 つの円の面積の差を求める。

チェックテスト

右の図で色のついた部分の面積を求めなさい。

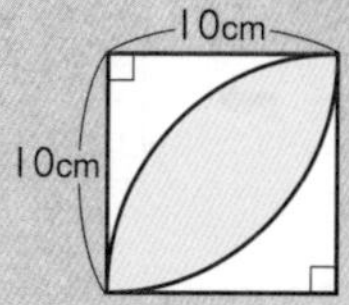

答え

57cm^2

考え方 半径 10cm の円の$\frac{1}{4}$のおうぎ形 2 つ分から、正方形の面積をひいて求める。

算数

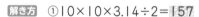

13 角柱・円柱の表面積

1 表面積

❶立体の1つの底面の面積を**底面積**といい、側面全体の面積を**側面積**という。

❷底面積と側面積を合わせた立体の表面全体の面積を、その立体の**表面積**という。

2 角柱の表面積

➡例題 1、3

注意 角柱の側面は、展開《てんかい》図《ず》にすると、1つの長方形になる。

最重要ポイント

角柱の側面積＝**底面の周の長さ**×高さ

角柱の表面積＝底面積×**2**＋側面積

例 三角柱の表面積

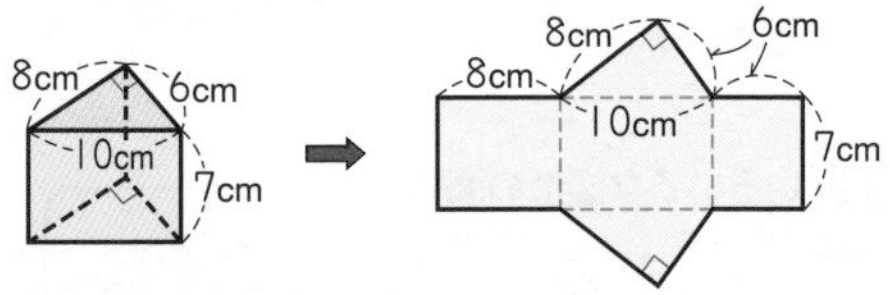

$$\underbrace{(8\times6\div2)}_{\text{底面積}}\times2+\underbrace{(8+10+6)\times7}_{\text{側面積}}=\mathbf{216\,(cm^2)}$$

3 円柱の表面積

➡例題 2

注意 円柱の側面は、展開図にすると長方形になり、横の長さは底面の円周の長さと等しい。

最重要ポイント

円柱の側面積＝**底面の周の長さ**×高さ

円柱の表面積＝底面積×**2**＋側面積

例 底面の半径 3cm、高さ 10cm の円柱の表面積

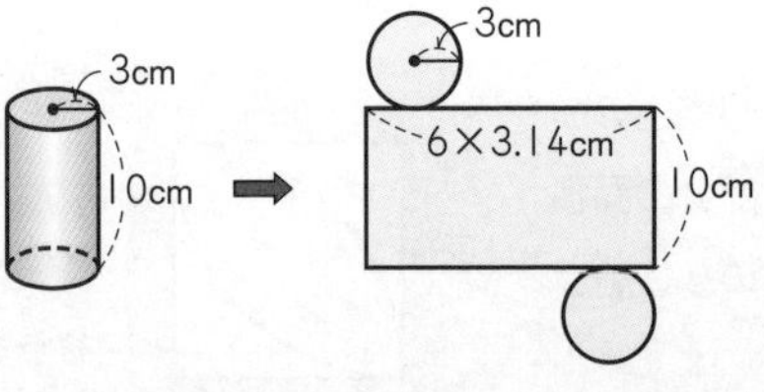

$$\underbrace{(3\times3\times3.14)}_{\text{底面積}}\times2+\underbrace{(6\times3.14)\times10}_{\text{側面積}}=\mathbf{244.92\,(cm^2)}$$

例題と答え

例題1 三角柱の表面積

右の図のような三角柱があります。表面積は何 cm^2 ですか。

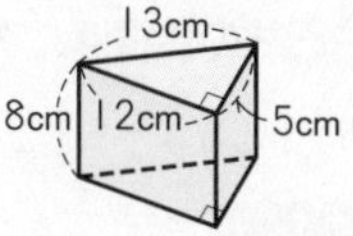

解き方　$12\times5\div2\times2+(12+13+5)\times8=300$

答え　300cm^2

例題2 円柱の表面積

底面の半径が 5cm で、高さが 8cm の円柱があります。

(1) この円柱の側面積は何 cm^2 ですか。

(2) この円柱の表面積は何 cm^2 ですか。

解き方　(1) $10\times3.14\times8=251.2$

答え　251.2cm^2

(2) $5\times5\times3.14\times2+251.2=408.2$

答え　408.2cm^2

例題3 四角柱の表面積

右の図のような四角柱の表面積は何 cm^2 ですか。

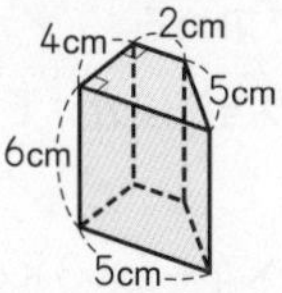

解き方　$\{(2+5)\times4\div2\}\times2+(4+5+5+2)\times6$

$=124$　　答え　124cm^2

考え方

1. ☞2

展開すると、側面は横の長さが底面の周の長さと等しい長方形になる。

2. ☞3

展開すると、側面は横の長さが底面の円周の長さと等しい長方形になる。

3. ☞2

底面は台形である。

台形の面積

＝(上底＋下底)×高さ÷2

算数

チェックテスト

底面の円周の長さが 25.12cm、高さが 5cm の円柱があります。この円柱の表面積は何 cm^2 ですか。

答え

226.08cm^2

考え方＞底面の円の直径の長さは、$25.12\div3.14=8$(cm)

14 角柱・円柱の体積

1 角柱・円柱の体積

➡例題 1

❶角柱や円柱の体積は、次の公式で求めることができる。

最重要ポイント

角柱・円柱の体積＝**底面積**×高さ

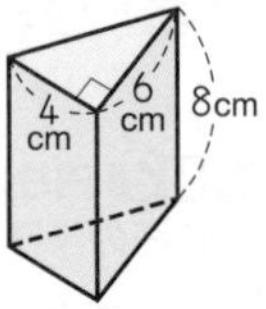

例 右の三角柱の体積

$4\times6\div2\times8=96(\text{cm}^3)$

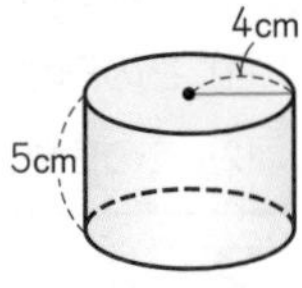

例 右の円柱の体積

$\underline{4\times4\times3.14}\times5$

└円の面積

$=251.2(\text{cm}^3)$

2 複雑な立体の体積の求め方

➡例題 2

注意 複雑な立体の体積でも、角柱や円柱などに分けて、その体積をたしたりひいたりすれば求められる。

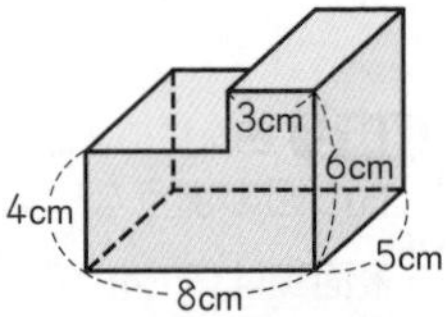

❶複雑な形の立体の体積の求め方

・分けて求める。

2 つの角柱に分けて考えると、

$5\times5\times4+5\times3\times6$

$=190(\text{cm}^3)$

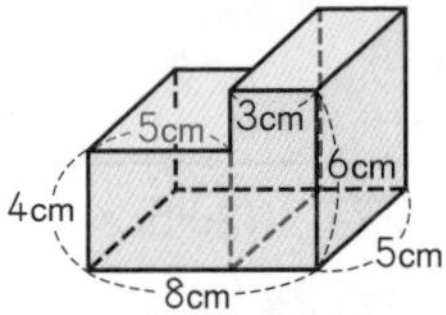

・角柱と考えて求める。

㋐の面を底面と考えると、底面積×高さの式が利用できる。

$(4\times5+6\times3)\times5$

$=190(\text{cm}^3)$

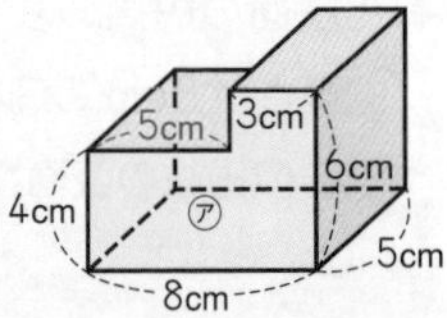

例題と答え

例題 1 角柱・円柱の体積

(1) 右の図のような三角柱の体積は何 cm^3 ですか。

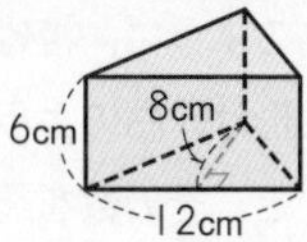

(2) 右の図のような円柱の体積は何 cm^3 ですか。

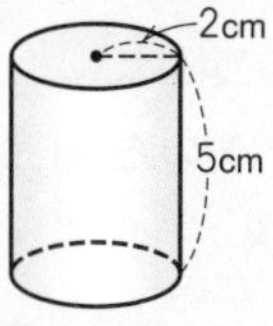

解き方 (1) $12 \times 8 \div 2 \times 6 = 288$

答え $288cm^3$

(2) $2 \times 2 \times 3.14 \times 5 = 62.8$ **答え** $62.8cm^3$

例題 2 いろいろな立体の体積

直方体を切ってできる右のような立体の体積は何 cm^3 ですか。

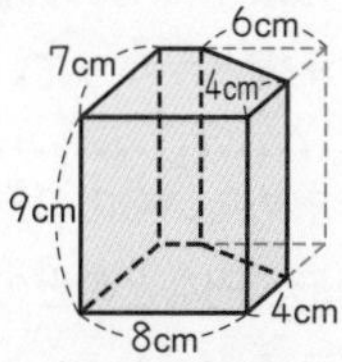

解き方 $7 \times 8 \times 9 - 3 \times 6 \div 2 \times 9 = 423$

答え $423cm^3$

考え方

1. ☞ 1

(1)まず、底面の三角形の面積(底面積)を求める。

2. ☞ 2

直方体の体積から三角柱の体積をひいて求める。

チェックテスト

下の図のような立体の体積は何cm^3ですか。

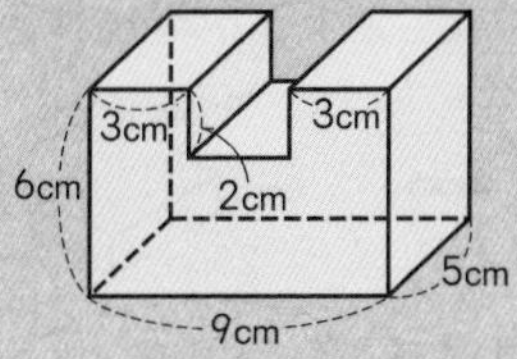

答え

$5 \times 9 \times 6 - 5 \times 3 \times 2 = 240$

$240cm^3$

考え方 縦《たて》5cm、横 9cm、高さ 6cm の直方体から、縦 5cm、横 3cm、高さ 2cm の直方体を取りのぞく。

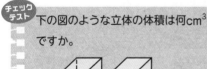

15 およその面積・体積

1 方眼を使っておよその面積を求める

➡例題 1

注意 方眼の区切り方によって面積が変わることがある。

❶池や島のように、複雑な形をした形は、右のように方眼をかき、その数を調べる。

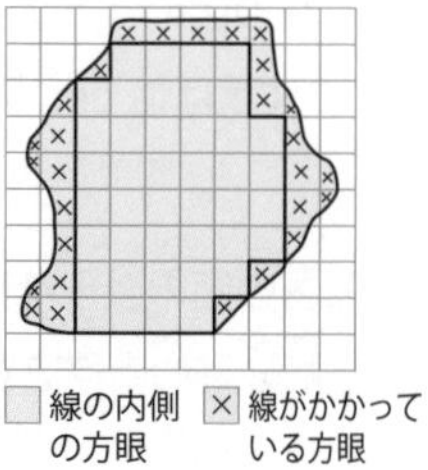

❷方眼の面積は、

線の内側の方眼(完全な方眼)…1

線がかかっている方眼(不完全な方眼)…$\frac{1}{2}$

└2つで1と考える

❸方眼を使った面積の求め方

最重要ポイント

面積＝方眼1つ分の面積×(線の内側の方眼の数＋線がかかっている方眼の数÷2)

2 およその形で面積を求める

➡例題 2

注意 曲線部分を直線として考える。

❶面積を求めたいものの形が、三角形、台形、円などのどの形に近いかを考える。

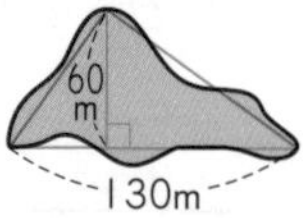

❷公式を使って面積を求める。

例 右上の図の土地の面積は、三角形と考えて、

130×60÷2＝3900

→およそ 3900m^2

3 およその体積

➡例題 3

❶直方体や円柱などとみて、およその体積を求める。

例

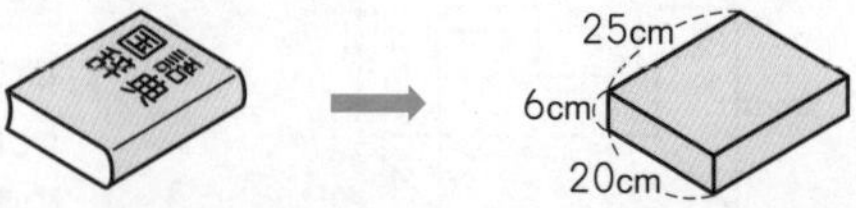

25×20×6＝3000 → およそ 3000cm^3

例題と答え

例題1 方眼による面積の求め方

方眼の１目もりを１mとして、右の池の面積を求めなさい。

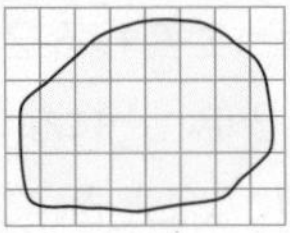

解き方 完全な方眼…19個　不完全な方眼…24個

$19+24\div2=31$　　**答え** およそ31m^2

例題2 およその形で面積を求める

右の公園のおよその面積を求めなさい。

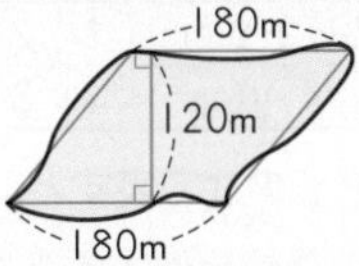

答え およそ21600m^2

例題3 およその体積

右の図のような、木から切り取ってできたいすのおよその体積を求めなさい。

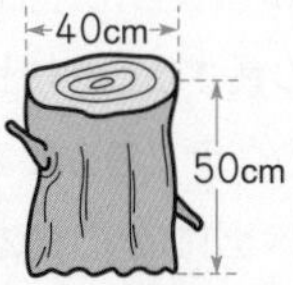

解き方 $20\times20\times3.14\times50=62800$

答え およそ62800cm^3

考え方

1. ☞1

方眼の１つの広さは、1m^2である。
完全な方眼、不完全な方眼の数を数えてから計算する。

2. ☞2

公園の形を平行四辺形とみる。
平行四辺形の面積
＝底辺×高さ

3. ☞3

円柱の体積
＝底面積×高さ

チェックテスト

次の方法で、右の土地の面積を求めなさい。
① 方眼を使う。
② 中心がOの円とみて、円周率3.14を使う。

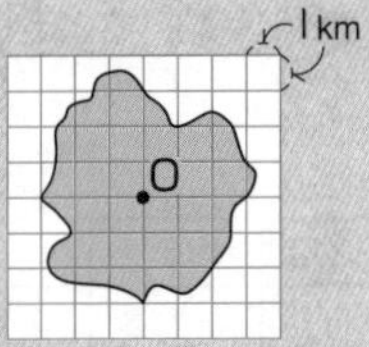

答え

① およそ28km^2
② およそ28.26km^2

考え方 ②半径3kmの円と考える。

16 比　例

1 比例の式

➡例題 1、2

注意 一方が$\frac{1}{2}$、$\frac{1}{3}$、…になれば、もう一方も$\frac{1}{2}$、$\frac{1}{3}$、…になる。

❶ともなって変わる 2 つの量があって、一方の値《あたい》が 2 倍、3 倍、…になれば、もう一方の値も 2 倍、3 倍、…になるとき、この 2 つの量は**比例する**という。

最重要ポイント

y が x に比例するとき、y ＝決まった数×x

例 縦《たて》の長さ 4cm の長方形の横の長さと面積

横の長さ x(cm)	1	2	3	4	5	…
面　積 y(cm^2)	4	8	12	16	20	…

y を x の式で表すと、$y=4\times x$

❷ 2 つの量が比例するときは、対応する 2 つの量(横の長さと面積)の商はつねに等しい。
└$y\div x$

2 比例のグラフ

注意 0 の点を、グラフの原点という。

❶縦 4cm の長方形の面積 $y$cm^2 が横の長さ $x$cm に比例する関係のグラフをかくとき、$y=4\times x$ に x の値をあてはめて対応する y の値を求める。

長方形の横の長さと面積

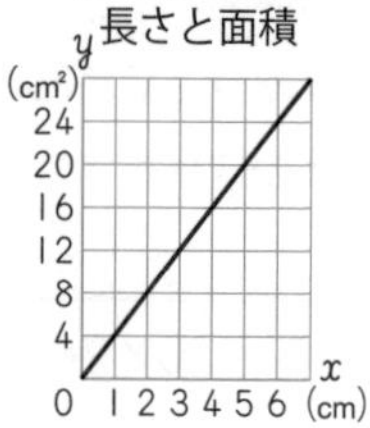

❷比例する 2 つの量をグラフにかくと、**0 の点を通る直線**となる。

3 比例の性質を使う

➡例題 3

❶ x と y が比例しているとき、下の関係になる。

2倍　$\frac{1}{2}$倍

横の長さ x(cm)	1	2	3	4	5	6	…
面積 y(cm^2)	4	8	12	16	20	24	…

2倍　$\frac{1}{2}$倍

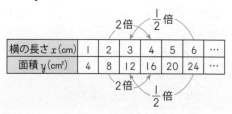

例題と答え

例題1 比　例

みかんの個数 x 個とその代金 y 円が比例するとき、表の㋐、㋑、㋒にはどんな数がはいりますか。

個数 x(個)	2	7	㋑	15
代金 y(円)	80	㋐	360	㋒

解き方　80÷2＝40　㋐7×40＝280

㋑360÷40＝9　㋒15×40＝600

答え　㋐280　㋑9　㋒600

例題2 比例の式

正三角形の 1 辺の長さ $x$cm と、まわりの長さ $y$cm の関係について、答えなさい。

(1) y を x でわった商を求めなさい。

(2) y を x を使った式で表しなさい。

答え　(1) 3　(2) $y=3\times x$

例題3 比例の性質を使う

1m が 0.6kg の鉄の棒《ぼう》があります。

(1) 同じ鉄の棒 4.5m の重さは何 kg ですか。

(2) 同じ鉄の棒 9kg では、長さは何 m ですか。

答え　(1) 2.7kg　(2) 15m

考え方

1. ☞1

代金÷個数＝ 40 だから、㋐は、7×40 で求められる。

㋑は、360÷40 である。

2. ☞1

正三角形の 3 つの辺の長さは等しいから、

x(cm)	1	2	3	4
y(cm)	3	6	9	12

3. ☞3

1m が 0.6kg で、長さと重さは比例するから、

(1) 0.6×4.5

(2) 9÷0.6

算数

チェックテスト

丸く束ねた針金《はりがね》があります。重さをはかったら、600g ありました。この針金 5m の重さは 150g です。600g の針金の長さは、何 m になりますか。

答え

150÷5＝30

600÷30＝20　　20m

考え方　1m あたりの重さを求める。

17 反比例

1 反比例の式

➡例題 1、2

注意 一方の量が何倍かになると、もう一方の量はその逆数倍になるのが反比例である。

❶ 2 つの量があって、一方の値《あたい》が 2 倍、3 倍、…になれば、それにつれてもう一方の値が$\frac{1}{2}$、$\frac{1}{3}$、…になるとき、この 2 つの量は**反比例する**という。

最重要ポイント

y が x に反比例するとき、y ＝決まった数÷x

例 600 円で買える品物の単価と数量

単価 x(円)	10	20	30	40	50	60	…	100	…
数量 y(個)	60	30	20	15	12	10	…	6	…

y を x の式で表すと、$y = 600 \div x$

❷ 2 つの量 x と y が反比例するとき、対応する 2 つの量の**積**はつねに等しい。
└$x \times y$

2 反比例のグラフ

➡例題 3

❶面積が 6cm^2 の長方形の縦《たて》の長さ $x$cm と横の長さ $y$cm の関係のグラフをかくとき、y=6÷x に x の値をあてはめて対応する y の値を求める。

面積が 6cm^2 の長方形の縦と横の長さ

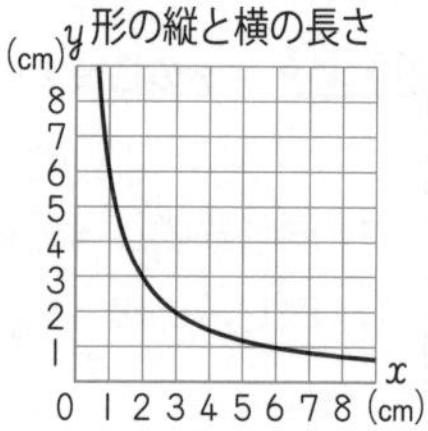

❷反比例する 2 つの量をグラフにかくと、上のような**曲線**のグラフになる。（この曲線は線対称《たいしょう》である。）

3 反比例している量の求め方

➡例題 1

❶反比例している量を求めるには、対応する 2 つの量の**積**が等しいことを利用して求める。

1の例では、10 円×60 個＝20 円×30 個など

❷一方が 2 倍、3 倍、…になれば、他方が$\frac{1}{2}$、$\frac{1}{3}$、…になることから求める。

例題と答え

例題1 反比例

x と y は反比例しています。㋐、㋑、㋒にはどんな数がはいりますか。

x	5	10	㋑	30
y	60	㋐	20	㋒

解き方　㋐ $10 \div 5 = 2$　$60 \times \frac{1}{2} = 30$

㋑ $20 \div 60 = \frac{1}{3}$　$5 \times 3 = 15$

㋒ $30 \div 5 = 6$　$60 \times \frac{1}{6} = 10$

答え　㋐30　㋑15　㋒10

例題2 反比例の式

90km の道のりを自動車で分速 $x$km で走るときにかかる時間を y 分とすると、x と y との関係はどんな式で表せますか。

答え　$y = 90 \div x$　または、$x \times y = 90$

例題3 グラフ

右の x と y のグラフについて答えなさい。

(1) x、y が比例しているのはどれですか。

(2) 反比例しているのはどれですか。

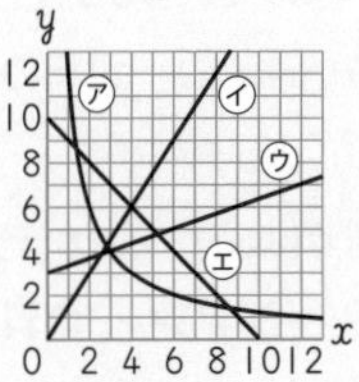

答え　(1) ㋑　(2) ㋐

考え方

1. ☞ 1、3

x が 5→10 で 2 倍になるから、㋐は 60 の $\frac{1}{2}$ になる。

2. ☞ 1

下のような表をつくって x、y に数を入れる。

x	1	2	3	…
y	90	45	…	…

この表から $x \times y$ を考える。

3. ☞ 2

比例のグラフは、0 の点を通る直線。反比例のグラフは、線対称の曲線である。

チェックテスト

面積が $36cm^2$ の長方形の縦を $x$cm、横を $y$cm とします。

① y を x の式で表しなさい。

② $x = 12$ のときの y の値を求めなさい。

答え

① $y = 36 \div x$　② 3

考え方　①縦×横＝36 より、$x \times y = 36$

算数

18 資料の調べ方 (1)

1 ドットプロット

➡例題 1

❶ドットプロット…下の図のように、資料の値《あたい》を数直線の上にドットで表したもの。

例 6年1組男子のソフトボール投げの記録(m)

28	32	26	29	30	30	29
31	24	28	34	30	32	23

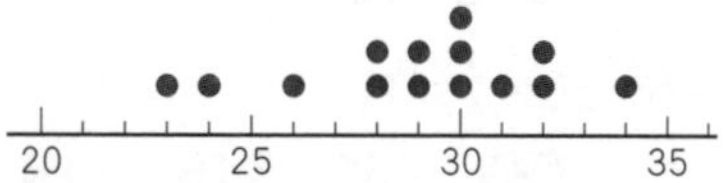

2 代表値

➡例題 1

注意 平均値、最頻値、中央値のように、資料の特ちょうを表す値を代表値という。

❶平均値…資料の値の平均のこと。

最重要ポイント

平均値＝資料の値の**合計**÷資料の**個数**

1の例では、資料の値の合計は406、資料の個数は14なので、406 ÷ 14 ＝ 29(m)

❷最頻値《さいひんち》(モード)…資料の値の中で、最も多く出てくる値のこと。

1の例では、ドットが一番多いので、30m である。

❸中央値(メジアン)…資料の値を大きさの順に並べたときのちょうど真ん中の値のこと。

最重要ポイント

資料の数が奇数《きすう》のときは、ちょうど真ん中の値が中央値で、資料の数が偶数《ぐうすう》のときは、中央にある2つの値の**平均値**が中央値になる。

1の例では、14 ÷ 2 ＝ 7より、7番目と8番目に大きい値の平均値を求めればよいので、

(29 ＋ 30)÷ 2 ＝ 29.5(m)

例題と答え

例題 1 ドットプロットと代表値

下の表は、あるクラスの反復横跳《と》びの記録をまとめたものです。次の問いに答えなさい。

（回）

43	51	45	48	53	51	47	45	50
41	44	47	38	42	52	44	48	45
39	50	46	42	41	53	44	48	45

(1) ドットプロットをかきなさい。

(2) 平均値を求めなさい。

(3) 最頻値（モード）を求めなさい。

(4) 中央値（メジアン）を求めなさい。

解き方 (2) 全ての資料の値を合計して、資料の個数でわる。

(3) ドットプロットを見て考える。

(4) 資料の個数は全部で27個なので、

27÷2＝13.5より、14番目に大きい値が中央値になる。

答え (1)

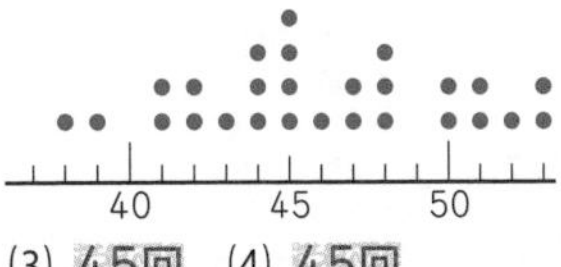

(2) **46回** (3) **45回** (4) **45回**

考え方

1. ☞ **1**、**2**

(1)数直線の上に、資料の値を１つずつ●で表すようにする。

(2)資料の値の合計を、資料の個数でわる。計算ミスをしないように注意する。

(3) (1)でかいたドットプロットを見て、●の数が最も多いものが最頻値となる。

(4)資料の数が奇数のときは、ちょうど真ん中の値が中央値（メジアン）である。

チェックテスト

下の資料について、次の問いに答えなさい。

12	14	15	12	11	16	13

① 最頻値（モード）を求めなさい。

② 中央値（メジアン）を求めなさい。

答え

① **12** ② **13**

考え方 ②資料の個数が７個なので、大きさの順に並べたときの４番目に大きい値が中央値になる。

19 資料の調べ方（2）

1 ちらばりを表す表

➡例題 1

❶ちらばりを表す表（度数分布表）…右の表のように、全体のちらばりの様子が見やすいように整理したもの。

体重調べ

体重（kg）	人数（人）
以上　未満	
28～30	3
30～32	8
32～34	17
34～36	26
36～38	9
38～40	5
40～42	2

❷以上・以下・未満の意味

最重要ポイント

以上…その数と同じか、その数より大きい。
以下…その数と同じか、その数より小さい。
未満…その数より小さい。

例　28kg **以上**は 28kg かそれより重いこと。
28kg **以下**は 28kg かそれより軽いこと。
28kg **未満**は 28kg はふくまず、それより軽いこと。
↳より小さい

2 ヒストグラム

➡例題 1

注意 ヒストグラムは柱の面積で数量を表している。

❶上のようなちらばりを表した表を、右のように表したグラフを**ヒストグラム（柱状グラフ）**という。

体重調べ

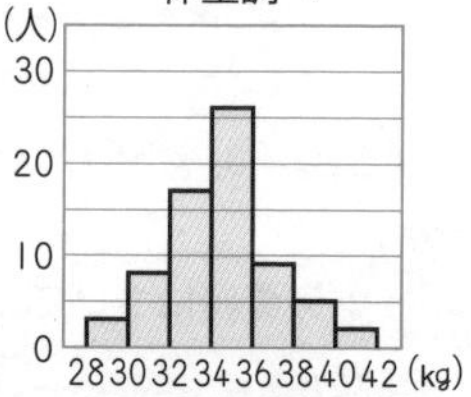

3 資料のちらばり

➡例題 2

❶ちらばりを表した表やグラフは、**資料のちらばり方**を調べるのに便利である。平均やちらばりのはんいなどを調べることができる。

例題と答え

例題1 ちらばりを表す表とグラフ

下の表は、ある組の算数のテストの点数です。10点きざみで、ちらばりを表す表をつくりなさい。また、ヒストグラムにかきなさい。

算数のテストの点数(点)〔○の中はその人の出席番号〕

①	90	⑧	80	⑮	78	㉒	85	㉙	74
②	70	⑨	93	⑯	82	㉓	74	㉚	80
③	87	⑩	82	⑰	95	㉔	87	㉛	95
④	95	⑪	68	⑱	87	㉕	55	㉜	78
⑤	75	⑫	85	⑲	93	㉖	65	㉝	85
⑥	85	⑬	75	⑳	97	㉗	93	㉞	82
⑦	98	⑭	65	㉑	52	㉘	98	㉟	87

答え

点数(点)	人数(人)
以上　未満	
50〜60	2
60〜70	3
70〜80	7
80〜90	13
90〜100	10

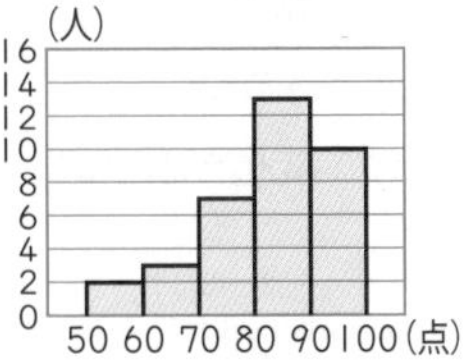

例題2 資料のちらばり

上の問題の表やグラフを見て答えなさい。

(1) 71点の人はどのはんいにいますか。

(2) 80点以上の人は全体の約何%ですか。

解き方 (2) (13+10)÷35=0.657…

答え (1) 70点以上80点未満のはんい　(2) 約66%

考え方

1. ☞1、2

もとの表から、最高点と最低点とをさがす。最高点は⑦、㉘の98点、最低点は㉑の52点なので、50点から100点までを10点きざみで50点以上60点未満、60点以上70点未満というようにして区切りをとる。落ちや重なりのないように調べていくこと。

グラフでは、横に点数(区切り)をとり、縦《たて》に人数(度数)をとる。

2. ☞3

(2) 80点以上の人は、80点から上のはんいの人数を合計すればよい。全体は35人である。

チェックテスト

クラスの25人について、通学時間を調べました。20分未満の人は全体の何%ですか。

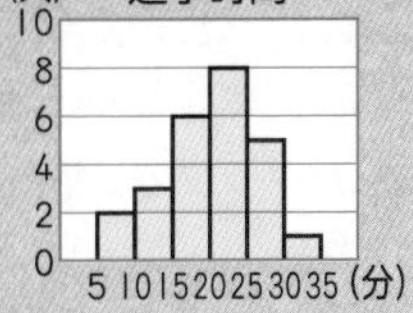

答え

44%

考え方 20分未満の人は、2+3+6=11(人)

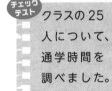

20 いろいろなグラフ

1 大きさや変化を表すグラフ

➡例題 2

❶棒《ぼう》グラフ…量の大きさを一目でわかるように棒の長さで表したグラフ。

❷折れ線グラフ…変化のようすをわかりやすくしたグラフ。

最重要ポイント

折れ線のかたむき

右上がり…**増加**

右下がり…**減少**

急…変化が**大きい**

ゆるやか…変化が**小さい**

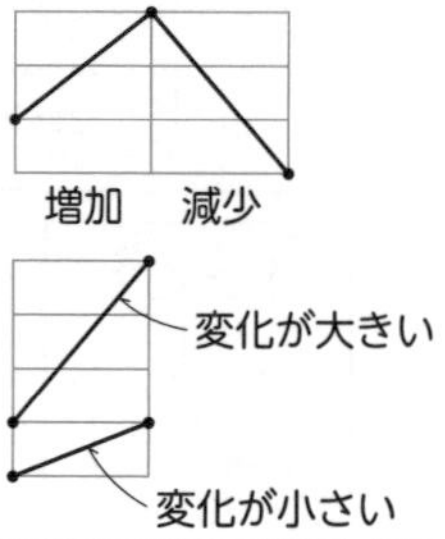

2 割合《わりあい》を表すグラフ

❶帯グラフ…全体と部分、部分と部分の割合を表す。グラフに目もりをいれて百分率がわかるようにしてある。

❷円グラフ…帯グラフと同じ目的で、おうぎ形の中心角の大きさで割合がわかるようにしたグラフ。

円を２つの半径で区切った形

3 ちらばりを表すグラフ

❶ヒストグラム(柱状グラフ)…区切りのはばをつくって、資料のちらばりをわかりやすく表したグラフ。(くわしくは、「19. 資料の調べ方(2)」参照。)

4 ダイヤグラム(運行グラフ)

➡例題 1

❶ダイヤグラム…列車などの運行のようすを一目でわかるようにしたグラフで、**折れ線グラフ**と同じ種類のグラフである。

❷ふつうは、横軸《よこじく》に時こく、縦軸《たてじく》にきょりをとり、**折れ線**で列車の運行のようすを表す。

例題と答え

例題1 ダイヤグラム

右はハイキングをしたときのグラフです。

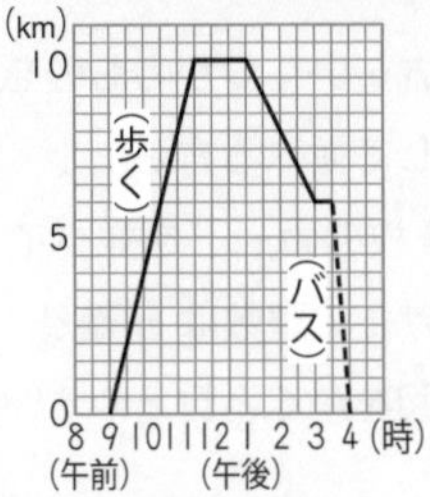

(1) 出発は何時ですか。

(2) 行きの歩く速さは時速何kmですか。

(3) バスに乗った時間はどれだけですか。

答え (1)午前9時 (2)時速4km (3)30分

例題2 面積とグラフ

1辺が10cmの正方形ABCDがあります。いま点PがBを出発して、辺上をCを通ってDまで動きます。PがBから動いたきょり$x$cmと、そのときの三角形ABPの面積$y$cm^{2}との関係をグラフに表しなさい。

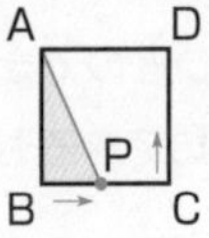

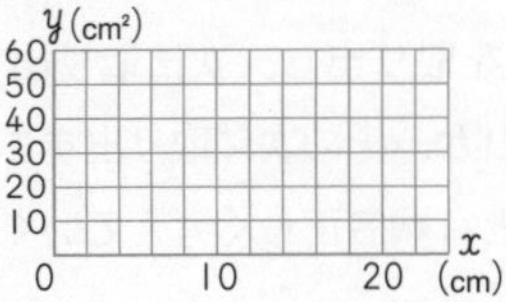

答え 右のようなグラフになる。

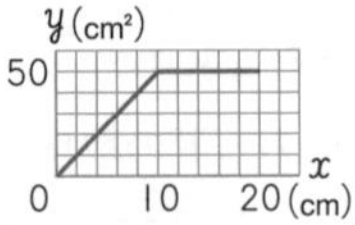

考え方

1. ☞4

横軸は時こくを、縦軸は出発場所からのへだたり(きょり)を表している。

行きの速さは右のようにして見る。バスに乗り始めたのは3時30分。

2. ☞1

PがBから動いていく、そのきょりをx、三角形ABPの面積をyとして表をつくると、

x(cm)	1	2	3	4	…
y(cm^2)	5	10	15	20	…

となる。

xが10をこえると、yはどうなるかも考える。

PはDで止まるので、x=20のところで、グラフは終わる。

チェックテスト

次のものは、何グラフで表しますか。

① 算数の成績のちらばりのようす。

② 学校でけがの起きた場所と人数。

③ 家の1か月の項《こう》目別支出の割合。

答え

① ヒストグラム(柱状グラフ)

② 棒グラフ

③ 帯グラフ、円グラフ

21 場合の数

1 並《なら》べ方

➡例題 1

注意 1－2－3と1－3－2は異《こと》なる並べ方である。

❶**並べ方**…いくつかのものを順番に注意して並べる方法

例 3枚《まい》のカードを並べてできる3けたの整数は**6通り**

❷樹形図《じゅけいず》をかくと数えやすい。

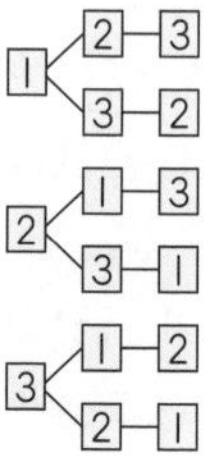

2 組み合わせ

➡例題 2、3

参考 次のような樹形図をかくとよい。

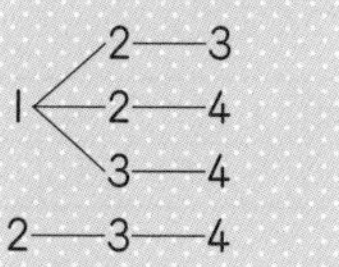

(1－2－3と1－3－2は同じ組み合わせである。)

❶**組み合わせ**…いくつかのものから順番は考えずに組をつくる方法

例 異なる4枚のカードから3枚を選ぶときの組み合わせは**4通り**

1	2	3	
1	2		4
1		3	4
	2	3	4

❷**落ち**や**重なり**がないようにするために、はじめにどれか1つを取り出し、次に取り出すことのできるものはどれか、その次に取り出すことのできるものはどれかと、順序正しく考えていく。

3 並べ方と組み合わせ

例 異なる4枚のカードを使ってできる3けたの整数

3枚のカードの取り出し方は、2より**4通り**

取り出した3枚のカードの並べ方は、1より**6通り**

よって、3けたの整数は、4×6＝**24通り**

最重要ポイント

並べ方の数

＝**取り出し方の数**×1つの取り出し方の並べ方の数

例題と答え

例題1 並べ方

A、B、Cの3人がリレーを走ります。3人の走る順序は何通りありますか。

解き方　Aが1番を走るときは2通りできる。

答え　6通り

例題2 組み合わせ①

A、B、C、Dの4つのチームで、どのチームとも1回ずつ試合をすることにします。試合の組み合わせは全部で何通りありますか。

解き方　AB、AC、AD、BC、BD、CDの6通りできる。

答え　6通り

例題3 組み合わせ②

図のようにA、B、C、D、Eの5つの点があります。そのうちの2点を結んだ直線は何本できますか。

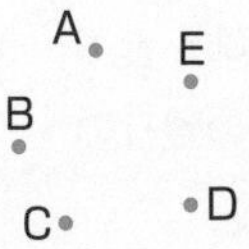

解き方　AB、AC、AD、AE、BC、BD、BE、CD、CE、DEの10本できる。

答え　10本

考え方

1. ☞1

(1番)(2番)(3番)

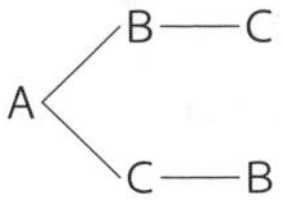

B、Cが1番のときの樹形図もかいて考える。

2. ☞2

Aの試合はAB、AC、ADの3試合。次にBの試合、Cの試合と順に考える。

3. ☞2

2つの点を結ぶので、2つの文字の組み合わせを考える。

チェックテスト

[0]、[1]、[2]、[3]のカードのうち3枚使って3けたの整数をつくるとき、3けたの整数は何通りできますか。

答え

18通り

考え方 百の位の数は[1]、[2]、[3]の3通りである。

22 相当算

発展

1 相当算

➡例題1

注意 姉と妹で、食べた割合に対する、「もとにする量」がちがうことに注意する。妹が食べた個数は、姉が食べたあとの残りを1としたときの$\frac{1}{5}$である。

❶ある割合《わりあい》にあたる部分の大きさがわかっていて、割合の**もとにする量**の大きさを求める計算を**相当算**という。相当算は、線分図を利用して解く。

最重要ポイント

もとにする量＝比べる量**÷割合**

例 おかしがいくつかありました。姉が全体の$\frac{1}{4}$を食べ、妹が残りの$\frac{1}{5}$を食べると、おかしは12個残りました。はじめにおかしは何個ありましたか。

考え方 「12個」が「比べる量」にあたる。はじめにあったおかしの個数を$\boxed{1}$としたとき、**残った12個は全体のどれだけにあたるか**を考える。

解き方 姉が食べたあとの残りの割合は、

$1-\frac{1}{4}=\boxed{\frac{3}{4}}$

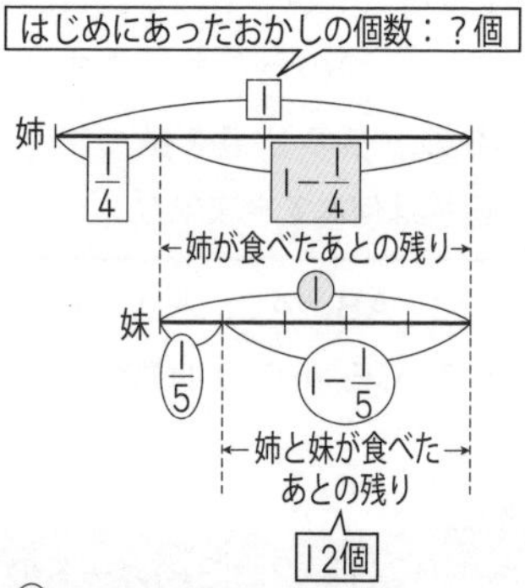

妹が食べたあとの残りの割合は、

①×$\left(1-\frac{1}{5}\right)$

＝$\frac{4}{5}$だから、$\boxed{\frac{3}{4}}\times\frac{4}{5}=0.75\times0.8=$**0.6**

残った12個の全体に対する割合

よって、はじめにあったおかしの個数は、

$12\div0.6=$ **20（個）**

例題と答え

例題1 相当算

兄弟２人のおこづかいを、兄は全体の $\frac{3}{10}$ より4600円多く、弟は全体の $\frac{1}{4}$ より3500円多くなるように分けました。２人のおこづかいの合計は、いくらですか。

解き方　兄のおこづかいの金額と、弟のおこづかいの金額について、線分図をかく。

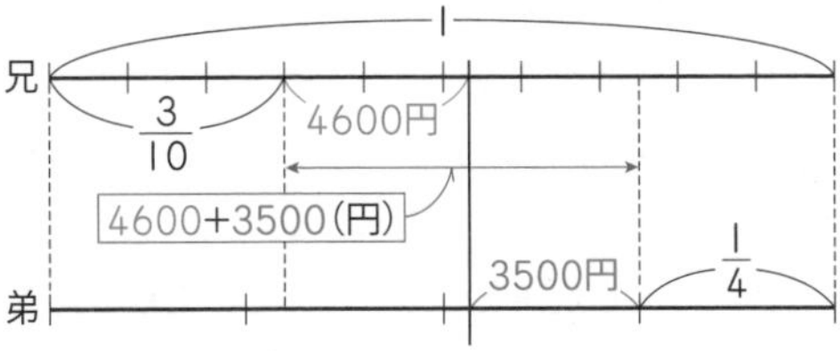

上の図より、

$(4600+3500)\div\left(1-\frac{3}{10}-\frac{1}{4}\right)$

$=8100\div\frac{9}{20}=8100\div0.45=18000$

答え　18000円

考え方

1. ☞1

$\frac{3}{10}$ や $\frac{1}{4}$ にあたる量の大きさや、4600円や3500円の割合は、線分図からはわからない。線分図からわかるのは、$\left(1-\frac{3}{10}-\frac{1}{4}\right)$ にあたる量の大きさが、4600＋3500(円)だということである。

チェックテスト

ある本を、１日目は全体の $\frac{3}{10}$ 読み、２日目は残りの $\frac{2}{5}$ を読みました。本はあと63ページ残っています。この本は全部で何ページですか。

答え

150ページ

考え方　$1-\frac{3}{10}=\frac{7}{10}$

$\frac{7}{10}\times\left(1-\frac{2}{5}\right)$

$=0.7\times0.6=0.42$

$63\div0.42=150$

23 倍数算

発展

1 倍数算

➡例題 1

❶複数の数量が増減して倍数関係になるとき、それをもとに、**もとの数量や増減した数量**を求める問題を**倍数算**という。

最重要ポイント

同じ数量が増えたり減ったりするとき、
2 つの数量の差÷割合《わりあい》の差＝**もとにする量**

例 兄は 700 円、弟は 100 円持っています。お母さんから同じ金額をもらったところ、兄のお金は弟のお金の 3 倍になりました。お母さんから何円もらいましたか。

注意 2人とも同じ金額をもらったとき、差は変わらない。

考え方 2 人は同じ金額をもらったので、もらった後の 2 人の金額の差は、もらう前の差と変わらないことを利用する。

注意 兄のお金を①とするよりも、弟のお金を①とするほうが考えやすい。

解き方 2 人の金額の差は、

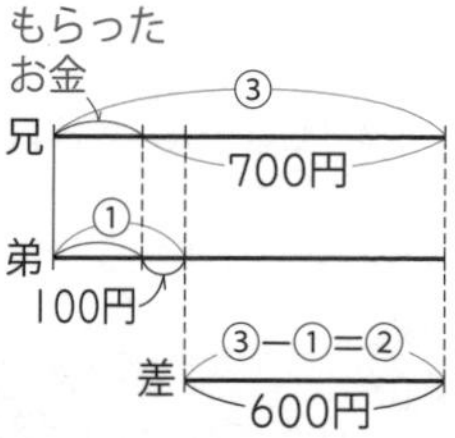

700－100＝**600(円)**
お母さんからお金をもらった後に兄のお金は弟のお金の3倍になるから、お金をもらった後の弟のお金を①とすると、兄のお金は③となる。
2 人の金額の差は変わらないので、
③－①＝②が 600 円にあたる。
①＝ 600 ÷ 2 ＝ 300(円)だから、
お母さんからもらったお金は、
300－100＝**200(円)**

例題と答え

例題1 倍数算

姉は妹よりお金を 2600 円多く持っていました。妹が姉に 800 円あげたので、姉の持っているお金は妹の持っているお金の 4 倍になりました。現在、2 人が持っているお金はそれぞれ何円ですか。

解き方 姉と妹の現在持っているお金の関係について、線分図をかく。

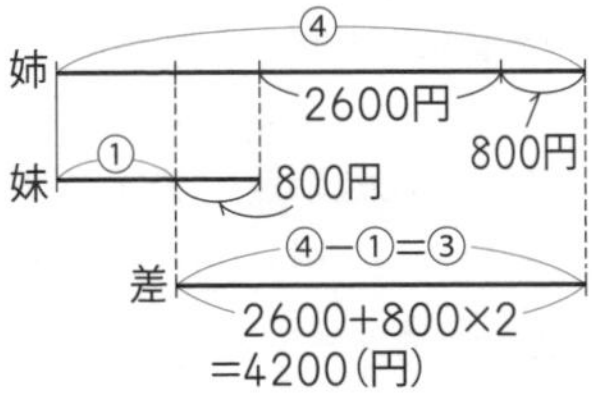

上の図より、2 人が持っているお金の差は、

2600＋800×2＝4200(円)

④−①＝③にあたるのが 4200 円なので、

①＝4200÷3＝1400(円)

したがって、④＝1400×4＝5600(円)

答え 姉 5600 円、妹 1400 円

考え方

1. 1

お金をわたす前の差は、2600 円で、妹が姉に 800 円あげたので、2 人のお金の差は、800×2＝1600(円) 大きくなる。

算数

チェックテスト

昨日、A は本を 140 ページ、B は本を 80 ページ読みました。今日は 2 人とも同じページ数を読んだので、今日までに読んだページ数の比は、11：7 になりました。2 人が今日読んだ本のページ数は何ページずつですか。

答え

25 ページ

考え方 ⑪−⑦＝④にあたるのが、昨日までのページ数の差の

140−80＝60(ページ)

24 仕事算

発展

1 仕事算

➡例題1

❶ある仕事をするのに**かかる日数(時間)**がわかっているとき、別の条件でその仕事を終わらせるのにかかる日数(時間)を求める問題を**仕事算**という。

❷**全体の仕事量を1**として、1日にする仕事量を分数を使って表すと考えやすい。

最重要ポイント

1日の仕事量＝1÷仕上げるのにかかる日数

A、B2人が仕事を仕上げるのにかかる日数

$$=1\div\left(\text{Aの1日の仕事量}+\text{Bの1日の仕事量}\right)$$

注意 例で、(6＋12)÷2＝9(日間)と計算することはできない。

例 A1人で仕事をすると6日かかり、B1人で仕事をすると12日かかります。2人がいっしょに仕事をすると、何日間かかりますか。

考え方 全体の仕事の量を1として、**A、Bが1日にする仕事量**を求める。

参考 例で、全体の仕事量を6と12の最小公倍数12と考えて解くこともできる。その場合、Aの1日の仕事量は2、Bの1日の仕事量は1となる。

解き方 Aが1日にする仕事量は

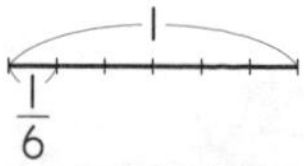

A1日の仕事量

$\frac{1}{6}$、Bが1日にする仕事量は$\frac{1}{12}$

2人が1日にする仕事量は、

$\frac{1}{6}+\frac{1}{12}=\frac{1}{4}$だから、

2人がいっしょに仕事をすると、

$1\div\frac{1}{4}=$ **4(日間)**かかる。

例題と答え

例題1 仕事算

ある仕事を終わらせるのに、Aさん1人では9日間かかり、Bさん1人では12日間かかります。この仕事をまず2人で3日間行い、残りの仕事をBさんが1人でやると、全部で何日間かかりますか。

解き方 Aさんの1日の仕事量は $1 \div 9 = \frac{1}{9}$、

Bさんの1日の仕事量は $1 \div 12 = \frac{1}{12}$ である。

2人が1日にする仕事量は、$\frac{1}{9} + \frac{1}{12} = \frac{7}{36}$

だから、3日間の仕事量は、$\frac{7}{36} \times 3 = \frac{7}{12}$

残りの仕事をBさんが1人でした日数は、

$\left(1 - \frac{7}{12}\right) \div \frac{1}{12} = 5$(日)より、全部で、

$3 + 5 = 8$(日間)かかる。

答え 8日間

考え方

1. ☞1

全体の仕事量を1として、Aさん、Bさんの1日の仕事量を表す。

線分図で表すと、下の図のようになる。

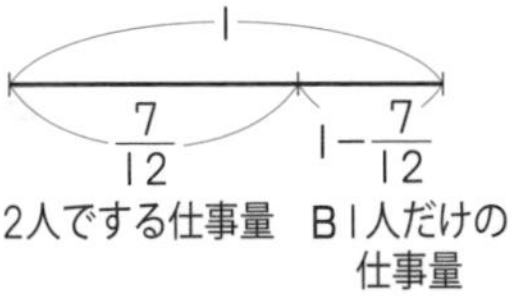

最初の3日間をたし忘《わす》れないように注意する。

チェックテスト

ある仕事をするのに、Aは12分、Bは15分、Cは20分かかります。この仕事を3人でいっしょにすると、何分で終わりますか。

答え

5分

考え方 3人が1分間にする仕事量は、

$\frac{1}{12} + \frac{1}{15} + \frac{1}{20} = \frac{1}{5}$

$1 \div \frac{1}{5} = 5$(分)

25 通過算

1 通過算

➡例題 1、2

❶電車や列車などの長さのあるものが、トンネルや鉄橋などを通過したり、2 つの列車がすれちがったり、追いこしたりするのに**かかる時間**や、**電車の長さ**・速さを求める問題を**通過算**という。

最重要ポイント

通過する時間
＝(電車の長さ＋通過するものの長さ)
　÷**電車の速さ**

❷人やふみきり、電柱などを通過する場合は通過するものの長さは考えない。

例 長さ 90m の電車が秒速 15m で進みます。この電車が長さ 570m の鉄橋をわたり始めてからわたり終わるまでにかかる時間は何秒ですか。

注意 電車の最後尾《さいこうび》が進んだ道のりでも考えることができる。

考え方 電車の先頭が進んだ道のりを考える。

解き方 電車が鉄橋をわたり始めてからわたり終わるまでに進んだ道のりは、

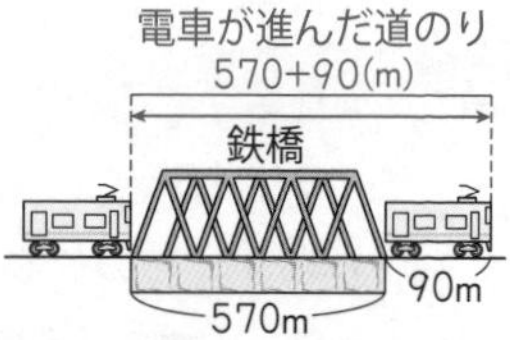

(570＋90)m である。
└鉄橋の長さ　└電車の長さ

この道のりを進むのにかかる時間は、

(570＋90)÷15＝**44(秒)**

例題と答え

例題1 通過算(電柱を通過する)

長さ160mの電車が、1本の電柱の前を通り過ぎるのに8秒かかりました。この電車の速さは秒速何mですか。ただし、電柱の太さは考えないものとします。

解き方　電車が電柱の前を通り過ぎるとき、電車の先頭は、電車の長さだけ進むから、

160÷8＝20　　答え　秒速20m

例題2 通過算(トンネルを通過する)

長さ350mの電車が秒速16mで進みます。この電車がトンネルに入り始めてから完全に出るまでに75秒かかりました。このトンネルの長さは何mですか。

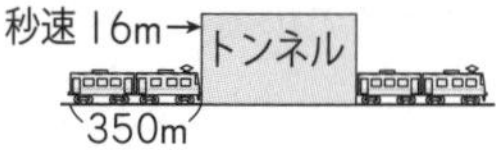

解き方　電車がトンネルに入り始めてから完全に出るまでに進んだ道のりは、

16×75＝1200(m)

1200−350＝850　　答え　850m

考え方

1. ☛1

電車の長さをもとにして、速さを求める。

2. ☛1

トンネルに入り始めてから完全に出るまでに進む道のりは、

電車の長さ＋トンネルの長さ

チェックテスト

長さ1100mのトンネルを、長さ260mの電車が秒速24mで進むと、トンネルに入り終わってから出始めるまでに何秒かかりますか。

答え

35秒

考え方　電車がトンネルに入り終わってから出始めるまでに進む道のりは、

(1100−260)m

26 流水算

発展

1 流水算

➡例題 1、2

❶流れている川を船が上ったり、下ったりするときの、**時間**や**道のり**、**船や川の流れの速さ**を求める問題を**流水算**という。

❷川の流れの速さと静水時の船の速さがわかっている場合は、次の式で求める。

最重要ポイント

上りの速さ＝船の静水時の速さ**－**流れの速さ

下りの速さ＝船の静水時の速さ**＋**流れの速さ

船の静水時の速さ

＝(上りの速さ＋下りの速さ)÷**2**

注意 上りの速さと下りの速さから、船の静水時の速さを求めることができる。

例 ある船が川を 45km 上るのに 5 時間、下るのに 3 時間かかります。川の流れの速さは時速何 km ですか。また、静水時のこの船の速さは時速何 km ですか。

考え方 川を上るときと下るときに分けて、図に表す。

解き方 この船の上りの速さは、

時速 45÷5＝**9(km)**

この船の下りの速さは、

時速 45÷3＝**15(km)**

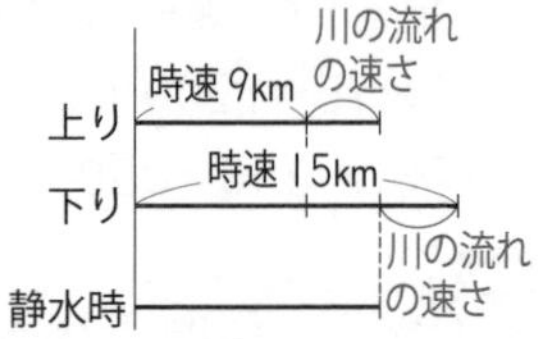

速さの差は、時速 15−9＝**6(km)**だから、

川の流れの速さは、時速 6÷2＝**3(km)**

上りの速さは時速 9km で、下りの速さは時速 15km だから、船の静水時の速さは、

時速(9＋15)÷2＝**12(km)**

参考 船の静水時の速さを上りの速さから求めると、
時速 9＋3
＝12(km)
下りの速さから求めると、
時速 15−3
＝12(km)

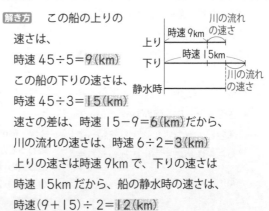

例題と答え

例題1 **流 水 算**

静水時の速さが時速 12km の船があります。川の流れの速さが時速 4km のとき、次の問いに答えなさい。

(1) 上りの速さと下りの速さはそれぞれ時速何 km ですか。

(2) 32km の川を上るのにかかる時間は何時間ですか。

解き方 (1) 12−4＝8　12+4＝16

答え 上り…時速 8km、下り…時速 16km

(2) 32÷8＝4　**答え** 4 時間

例題2 **流 水 算**

時速 3km で流れている川のＡ地からＢ地までボートで往復するのに、上りは 5 時間、下りは 2 時間かかりました。Ａ地からＢ地までの道のりは何 km ですか。

解き方 上りの速さを②、下りの速さを⑤とすると、⑤−②＝③が川の流れの速さの 2 倍だから、①＝(3×2)÷3＝2

よって、上りの速さ②は、時速 2×2＝4(km)

Ａ地からＢ地までの道のりは、

4×5＝20(km)　**答え** 20km

考え方

1. 👉 **1**

上りの速さは、静水時の速さから川の流れの速さの分だけおそくなる。

2. 👉 **1**

上りの時間：下りの時間＝5：2 より、

上りの速さ：下りの速さ＝2：5

上りの速さを②

下りの速さを⑤とする。

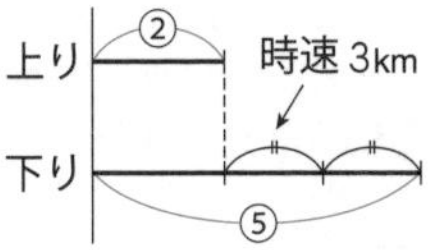

チェックテスト

船が 72km の川を上るのに 4 時間、下るのに 3 時間かかります。この川の流れの速さは時速何 km ですか。

答え

時速 3km

考え方 流れの速さ＝(下りの速さ−上りの速さ)÷2

英語

1 What do you like?(疑問詞①)

1 What ~?の文

参考 What would you like?「何がほしいですか。」という、ていねいなたずね方にも慣れておこう。

(What) do you like?

「あなたは何が好きですか。」

—(I)(like) music very much.

「私《わたし》は音楽が大好きです。」

最重要ポイント

「何が」「何を」とたずねるときは(what)を使う。疑問《ぎもん》詞《し》のうしろは、一般動詞《いっぱんどうし》や be 動詞の疑問文の形にする。「これは何ですか。」なら(What) is this? となる。

2 How ~?の文

参考 How much is it?「それはいくらですか。」や、How are you?「お元気ですか。」などの表現も重要。

(How) do you spell your name?

「あなたの名前はどのようにつづりますか。」

— A-L-I-C-E. Alice.

「A・L・I・C・E。アリスです。」

最重要ポイント

「どのように」と方法や状態をたずねるときは(how)を使う。「天気はどうですか。」は(How) is the weather?。

3 Why ~?の文

参考 Why? の 1 語だけでも「なぜ?」とたずねることができる。

(Why) do you like P.E.?

「あなたはなぜ体育が好きなのですか。」

— I like sports.

「私はスポーツが好きなのです。」

最重要ポイント

「なぜ」と理由や原因をたずねるときは(why)を使う。答えるときは、(Because) ~.「~だからです。」で始めると、理由であることがよりはっきりと伝わる。

チェックテスト

① [　]内から正しい語を選んで、英文を完成させよう。

① (What) is this? — It's *miso* soup.　[What / How]

② (How) is the weather? — It's cloudy. [Why / How]

③ (Why) do you like basketball? — It's exciting.

[What / Why]

② 次の絵と日本語に合うように、英文を完成させよう。

①

あなたは朝、何をしますか。— イヌを散歩させます。

(What) do you do in the morning?

— I (walk) my dog.

②

英語ではおにぎりをどう言いますか。— rice ball です。

(How) do you say *onigiri* in English?

— Rice ball.

③

あなたはなぜ家庭科が好きなのですか。— 料理が好きなのです。

(Why) do you like home economics?

— I like cooking.

知っ得！

★疑問詞と単語を組み合わせて使う疑問文

・what time「何時に」　what food「どんな食べ物」

What time is it?「何時ですか。」

What food do you like?

「あなたはどんな食べ物が好きですか。」

・how many ～「いくつの～」

How many pens do you have?

「あなたは何本のペンを持っていますか。」

— I have ten.「10 本持っています。」

2 When do you practice judo?（疑問詞②）

1 When ～?の文

注意 What time「何時に」は、正確な時刻をたずねるときに使う。

(When) do you practice judo?

「あなたはいつ柔道を練習しますか。」

—(I) (practice) it on Saturdays.

「私《わたし》はそれを土曜日に練習します。」

最重要ポイント

「いつ」と時をたずねるときは(when)を使う。疑問《ぎもん》詞《し》のうしろは、一般動詞《いっぱんどうし》や be 動詞の疑問文の形にする。「あなたの誕生日《たんじょうび》はいつですか。」は(When) is your birthday? となる。

2 Where ～?の文

参考 Where are you from?「出身はどちらですか。」と、I'm from ～.「私は～の出身です。」の表現にも慣れておこう。

(Where) is Hikone Castle?

「彦根城《ひこねじょう》はどこですか。」

—(It) (is) in Shiga.

「滋賀《しが》にあります。」

最重要ポイント

「どこに」「どこで」と場所をたずねるときは(where)を使う。答えるときは、「～に」の(on) ～、(in) ～など、位置や場所の言い方を使う。(→ p. 174)

3 Who ～?の文

(Who) is this?

「こちらはだれですか。」

—(This) (is) my brother, Shinji.

「こちらは私の弟、シンジです。」

最重要ポイント

「だれ」とたずねるときは(who)を使う。答えるときは、(He) is ～.「かれは～です。」や(She) is ～.「かの女は～です。」と答えてもよい。

チェックテスト

1 次の絵と日本語に合うように、英文を完成させよう。

①

あなたはいつ部屋をそうじしますか。ー私はそれを週末にします。

(When) do you clean your room?

—I (do) it on weekends.

②

この果物はどこからのものですか。ー それはブラジルからのものです。

(Where) is this fruit from?

— It is (from) Brazil.

③

こちらの女性はだれですか。ー かの女は私の母です。

(Who) is this woman?

— (She) (is) my mother.

2 答えの英文の質問になるように、英文を完成させよう。

① (When) do you take a bath?

— I take a bath after dinner.

② (Where) do you play badminton?

— I play badminton in the park.

③ (Who) is that girl? — She is Maho, my friend.

知っ得！

★そのほかの疑問詞 which、whose

・which「どちら」

Which is your umbrella?「どちらがあなたのかさですか。」

— This one.「こちらのです。」

・whose ～「だれの～」

Whose racket is this?「これはだれのラケットですか。」

— It's Mika's racket.「それはミカのラケットです。」

英語

3 I get up at 6:00.（現在の文）

1 現在の文（習慣）

日課にはat 6:00など時刻《じこく》の表現を、ふだんすることにはon Sundaysやafter ～「～のあとに」など時《とき》の表現をよく用いる。

What time do you (get) (up)?

「あなたは何時に起きますか。」

— I (get) (up) at 6:00.

「私《わたし》は６時に起きます。」

What do you do on Sundays?

「あなたは日曜日に何をしますか。」

— I (listen) (to) music.

「私は音楽を聞きます。」

最重要ポイント

動作や状態を表す一般動詞《いっぱんどうし》を使い、日課や現在の習慣を伝えることができる。(go) to bed「ねる」、(have) breakfast「朝食を食べる」など、ふだんよくすることを英語で言えるようにしておこう。

2 「～がある」の文

一般動詞haveにはいくつかの意味がある。「～がある」のほか、「～を持っている」「～を飼う」「～を食べる」なども確認《かくにん》しておこう。

What do you (have) on Mondays?

「月曜日には何がありますか。」

— (I) (have) English on Mondays.

「月曜日には英語があります。」

What do you (have) in your town?

「あなたの町には何がありますか。」

— (We) (have) a big park.

「私たちには大きな公園があります。」

最重要ポイント

自分の時間割《じかんわり》でどんな教科がいつあるかについては(I) (have) ～.「(私は)～があります。」、行事や町の施設《しせつ》など自分たちに共通することは(We) (have) ～.「(私たちには)～があります。」とする。

チェックテスト

1 次の英文の意味になるように、日本語を完成させよう。

① I have breakfast at 7:00. 私は 7 時に朝食を(食べます)。

② I go to the library on Tuesdays. 私は火曜日に図書館に(行きます)。

③ We have a zoo in our town. 私たちの町には動物園が(あります)。

2 次の絵と日本語に合うように、英文を完成させよう。

①

あなたは何時にねますか。— 私は 10時にねます。

What time do you (go) (to) bed?

— I (go) (to) bed at 10:00.

②

私は水曜日に国語と算数があります。

(I) (have) Japanese and math on Wednesdays.

③

私たちは秋に運動会があります。

(We) (have) a sports day in fall.

知っ得！

★頻度《ひんど》を表すことば

always「いつも」 usually「ふだん、たいてい」

sometimes「ときどき」 never「決して〜ない」

・I always wash the dishes after dinner.
「私はいつも夕食後に皿を洗《あら》います。」

・I usually study English.
「私はふだん英語を勉強します。」

・I sometimes take out the garbage.
「私はときどきごみを出します。」

・I never cook dinner.「私は夕食をまったく作りません。」

4 I cleaned my room.（過去の文）

1 一般動詞《いっぱんどうし》の過去形

過去にしたことを表すには、動詞の過去形を使う。

注意 主語にかかわらず、一般動詞の過去形は動詞ごとに同じものを使う。

I clean my room on Sundays.

「私《わたし》は日曜日に部屋をそうじします。」

➡ I（ cleaned ）my room.

「私は部屋をそうじしました。」

最重要ポイント

一般動詞の過去形「～しました」は、play →（ played ）、watch →（ watched ）、see →（ saw ）、go →（ went ）、have →（ had ）、get →（ got ）、make →（ made ）、eat →（ ate ）、study →（ studied ）、do →（ did ）などとする。

2 疑問詞《ぎもんし》の疑問文

注意 答えるときは、動詞の過去形を使って答える。

（ What ）（ did ）you（ do ）in summer?

「あなたは夏に何をしましたか。」

— I（ went ）to the beach with my family.

「私は家族とビーチに行きました。」

最重要ポイント

「何を～しましたか。」とたずねるときは、（ What ）（ did ）you で文を始め、そのうしろに動詞の元の形を続ける。

3 be 動詞の過去形

参考 was の否定《ひてい》の形は wasn't (was not)、were の否定の形は weren't (were not)。

How（ was ）your weekend?

「あなたの週末はどうでしたか。」

— It（ was ）fun. I（ saw ）fireworks.

「楽しかったです。私は花火を見ました。」

最重要ポイント

「～でした」は、be 動詞の am と is の代わりに（ was ）を、are の代わりに（ were ）を使う。「～はどうでしたか。」とたずねるときは、（ How ）（ was ）～? とする。

チェックテスト

1 次の英文が過去の意味となるように、右の英文を完成させよう。

① I watch TV after dinner.→ I (watched) TV after dinner.

② What do you do after school? → What (did) you (do) after school?

③ How is the weather? → How (was) the weather?

2 次の絵と日本語に合うように、英文を完成させよう。

①

私は弟とサッカーをしました。

I (played) soccer with my brother.

②

あなたたちはどこに行きましたか。一私たちは山に行きました。

Where (did) you (go)?

— We (went) to the mountains.

③

夏祭りはどうでしたか。一すばらしかったです。私はかき氷を食べました。

How (was) the summer festival?

— It (was) great. I (ate) shaved ice.

知っ得！

★一般動詞の過去の疑問文と否定文

・疑問文は、主語の前に(Did)を置き、主語のうしろの一般動詞は元の形にする。

Did you have lunch?「あなたは昼食を食べましたか。」

— Yes, I did.「はい、食べました。」

— No, I didn't.「いいえ、食べませんでした。」

(didn't は did not の短縮形)

・否定文は、一般動詞の前に(didn't)を置き、一般動詞は元の形にする。

I didn't have lunch.「私は昼食を食べませんでした。」

5 I like singing.

1 like ～ing の文

注意 動詞《どうし》の最後に ing をつけると、「～すること」という意味になる。

I like music.「私《わたし》は音楽が好きです。」

I like (singing).

「私は歌うことが好きです。」

最重要ポイント

「～することが好き」は(like) ～ing で表す。「歌うこと」は(singing)、「ダンスをすること」は(dancing)、「泳ぐこと」は(swimming)とする。

2「…を～すること」の文

注意 like や enjoy のあとに、play など動詞のそのままの形を続けることはできない。

I enjoyed (jogging).

「私はジョギングを楽しみました。」

I enjoyed (playing) (tennis).

「私はテニスをすることを楽しみました。」

最重要ポイント

「テニスをすること」は、動詞 play に ing をつけて (playing) tennis とする。(enjoy) (playing) tennis で「テニスをすることを楽しむ」という意味になる。

3 good at ～ing の文

参考 得意なことは、can を使い She can play the piano well.「かの女はじょうずにピアノをひくことができます。」とも表せる。

I'm (good) (at) basketball.

「私はバスケットボールが得意です。」

She is (good) (at) (playing) the piano.

「かの女はピアノをひくことが得意です。」

最重要ポイント

「～が得意です」は、be 動詞のあとに(good) (at) ～を続けて表す。「～することが得意です」は、at のうしろに playing や swimming など～ing のことばを続ける。

チェックテスト

1 次の日本語に合うように、[　]内から正しい語を選んで、英文を完成させよう。

① 私は本を読むことが好きです。

I (like) reading books.　　[like / enjoy]

② 私たちは音楽を聞くことを楽しみました。

We enjoyed (listening) to music.　[listening / listened]

③ かれは英語を話すことが得意です。

He is good at (speaking) English.　[speak / speaking]

2 次の絵と日本語に合うように、英文を完成させよう。

①

あなたは料理をすることは好きですか。― はい、好きです。

Do you (like) (cooking)? ― Yes, I do.

②

私たちはパレードを見ることを楽しみました。

We (enjoyed) (watching) the parade.

③

あなたは泳ぐことは得意ですか。― はい、得意です。

Are you (good) (at) (swimming)?

― Yes, I am.

知っ得！

★～ing を用いるほかの表現

「～(すること)に興味がある」は、be 動詞のあとに(interested)(in)～を続けて表す。

・I am interested in camping.

「私はキャンプ(をすること)に興味があります。」

・He is interested in drawing pictures.

「かれは絵をかくことに興味があります。」

6 Are you happy?(形容詞)

1 気持ちを表す形容《けいよう》詞《し》

人の気持ちや性格、特徴《とくちょう》などを表すことばを形容詞という。I'm ～.のように人を主語にして、be動詞のあとに形容詞を続けて表す。

Are you (happy)?

「あなたは楽しいですか。」

— Yes, I am. I'm very (happy).

「はい。私《わたし》はとても楽しいです。」

最重要ポイント

人の気持ちを表す形容詞には、(fine)「元気な」、(sad)「悲しい」、(tired)「つかれた」、(sleepy)「ねむい」、(hungry)「空腹《くうふく》な」、(angry)「おこって」などがある。

2 性格や特徴を表す形容詞

This is my brother. He is (friendly).

「こちらは私の兄です。かれは親しみやすいです。」

My sister is (shy).

「私の妹ははずかしがりやです。」

最重要ポイント

人の性格や特徴を表す形容詞には、(kind)「親切な」、(strong)「強い」、(cute)「かわいい」、(smart)「頭のよい」、(active)「活動的な」などがある。

3 様子・状態・感想を表す形容詞

形容詞は、be動詞のあとに続けるほかに、new book「新しい本」のように、ものの名前の前に置く使い方もある。

We went to a (famous) castle.

It was (beautiful).

「私たちは有名な城に行きました。それは美しかったです。」

最重要ポイント

様子や状態、感想を表す形容詞には、(big)「大きい」、(small)「小さい」、(new)「新しい」、(old)「古い」、(good)「よい」、(bad)「悪い」、(popular)「人気のある」、(interesting)「おもしろい」などがある。

チェックテスト

1 次の英文の意味になるように、日本語を完成させよう。

① I'm sleepy. 私は(ねむいです)。

② Are you hungry? あなたは(空腹です)か。

③ Our teacher is kind. 私たちの先生は(親切です)。

④ The movie was interesting. その映画《えいが》は(おもしろかったです)。

2 次の絵と日本語に合うように、英文を完成させよう。

①

やあ、エミリー。元気ですか。— 元気です、ありがとう。

Hi, Emily. How are you?

— I'm (fine), thank you.

②

かれはかっこよくて活動的です。

He is (cool) and (active).

③

あなたの町には人気のあるレストランがあります。

You have a (popular) restaurant in your town.

知っ得！

★動作の様子を表す副詞

fast「速く」、high「高く」、well「じょうずに」のほか、頻度《ひんど》を表すことば(→ p.167)も副詞である。

・I can swim fast.「私は速く泳ぐことができます。」

・She can cook well.
　「かの女はじょうずに料理をすることができます。」

・I usually go shopping on Sundays.
　「私はたいてい日曜日に買い物に行きます。」

7 It was rainy in the morning.(前置詞)

1 時《とき》を表す前置詞《ぜんちし》

前置詞とは、時や場所などのことばの前に置いて、時や場所の様子を表すことば。

It was rainy (in) the morning.

「午前中に雨がふっていました。」

I went to bed (at) 11:00.

「私《わたし》は11時にねました。」

最重要ポイント

時を表す前置詞には、(at)「～時に」、(in)「～(午前・午後・月・季節など期間)に」、(on)「～(曜日・特定の日)に」などがある。

2 場所を表す前置詞①

注意 時と場所の両方で使う前置詞は多い。

We enjoyed camping (in) Shizuoka.

「私たちは静岡でキャンプを楽しみました。」

Turn right (at) the post office.

「郵便局《ゆうびんきょく》で右に曲がってください。」

最重要ポイント

(in)はparkやtownなど「～(広がりのある場所の中)に、～で」を、(at)はcorner「角《かど》」や建物など「～(ある地点)に、～で」を表す。ほかに、(near)「～の近くに」、(by)「～のそばに」、(on)「～側に」もある。

3 場所を表す前置詞②

参考 onは、on the wall「かべ(の上)に」のように、かべなどに接しているときにも使う。

Your tablet is (on) the table.

「あなたのタブレットはテーブルの上にあります。」

Your bag is (under) the table.

「あなたのかばんはテーブルの下にあります。」

最重要ポイント

(on)は「～の上に」、(under)は「～の下に」、(by)は「～のそばに」の位置関係を表す。(in)は「～(建物や部屋などの中)に」の意味にもなる。

チェックテスト

1 次の日本語に合うように、[　]内から正しい語を選んで、英文を完成させよう。

① 私は金曜日に理科があります。

I have science (on) Fridays.　　[in / on]

② あなたの町にはすてきな博物館があります。

You have a nice museum (in) your town.　[in / by]

③ 私たちは木の下で昼食を食べました。

We had lunch (under) the tree.　[on / under]

2 次の絵と日本語に合うように、英文を完成させよう。

①

私たちは10月に修学旅行《しゅうがくりょこう》があります。

We have a school trip (in) October.

②

まっすぐ行ってください。左側に書店が見えます。

Go straight. You can see the bookstore (on) your left.

③

私のぼうしはどこですか。— それは窓《まど》のそばにあります。

Where is my cap? — It's (by) the window.

知っ得！

★そのほかの前置詞

・with「～と(いっしょに)」

I did my homework with my classmate.

「私はクラスメートと宿題をしました。」

・from「～出身の、～からの」

This chocolate is from France.

「このチョコレートはフランスからのものです。」

英語

8 I want to buy a pencil case.

1 want to 〜の文

注意「〜したい」は、wantのあとに動詞《どうし》の〜ingの形を続けないことに注意する。

I (want) a pencil case.

「私《わたし》は筆箱がほしいです。」

I (want) (to) (buy) a pencil case.

「私は筆箱を買いたいです。」

最重要ポイント

「〜したい」は(want) (to) 〜で表す。toのあとには、動詞の元の形を続ける。

2 want to be 〜の文

I (want) (to) (be) a doctor.

「私は医者になりたいです。」

最重要ポイント

将来《しょうらい》なりたい職業などを伝えるときは、(want) (to) (be) 〜「〜になりたい」で表す。want to beのあとになりたい職業を続ける。

3 What 〜?の文

参考 What club do you want to join?「あなたは何部に入りたいですか。」のように、Whatとものの名前を表す語を組み合わせるたずね方もある。

What do you (want) (to) (do) in winter?

「あなたは冬に何をしたいですか。」

— I (want) (to) (go) skiing.

「私はスキーに行きたいです。」

What do you (want) (to) (be)?

「あなたは何になりたいですか。」

— I (want) (to) (be) a famous singer.

「私は有名な歌手になりたいです。」

最重要ポイント

したいことやなりたい職業をたずねるときは、(What) (do) (you) (want) (to) 〜? とする。

チェックテスト

① 次の絵と日本語に合うように、英文を完成させよう。

①

私はオーストラリアをおとずれたいです。コアラを見たいです。

I (want) (to) (visit) Australia.

I (want) (to) (see) koalas.

②

私は警察官《けいさつかん》になりたいです。

I (want) (to) (be) a police officer.

③

あなたは沖縄《おきなわ》で何をしたいですか。ー私は美しい海を見たいです。

What do you (want) (to) (do) in Okinawa?

—I (want) (to) (see) the beautiful sea.

② 質問の答えになるように、英文を完成させよう。

① What do you want to study in junior high school?

—I (want) (to) (study) English.

② What do you want to eat for lunch?

—I (want) (to) (eat) spaghetti.

③ What do you want to be?

—I (want) (to) (be) a teacher.

英語

知っ得！

★疑問詞を用いたそのほかのたずねる表現

・Where do you want to go in Japan?

「あなたは日本でどこに行きたいですか。」

・When do you want to go to the zoo?

「あなたはいつ動物園に行きたいですか。」

・Why do you want to be a doctor?

「あなたはどうして医者になりたいのですか。」

・（中点・中黒）…同じ種類の言葉を並《なら》べるとき。
「　」（かぎ）…会話や引用のとき。
『　』（二重かぎ）…かぎの中にさらにかぎを使うとき。

❺清　書…原稿《げんこう》用紙に正しくていねいに書く。
・題名は一行目の四文字目から。
・氏名は二行目に。
・書き出しや改行後は一字下げる。
・会話文の初めは改行する。

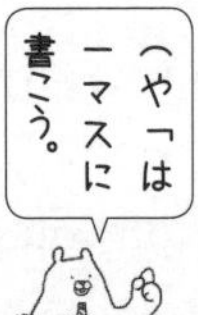

2 文章を書くときの工夫

注意 随筆《ずいひつ》や創作《そうさく》、詩など文学的な文章では、倒置法《とうちほう》、たとえなどの表現の工夫が効果的。一方で、記録文や報告文では不必要に文章をかざることはのぞましくない。

❶**一文の長さに気をつける**…長すぎる文は意味がわかりづらくなる。長い文は分けて、一文を短くするとよい。

❷**文末表現を工夫する**…文末を工夫すると文がひきしまる。
㋐終わった事がらも**現在形**で書く。㋑**名詞《めいし》止め**にする。

❸**会話文を入れる**…説明ばかりではなく会話文を入れることでその場の空気が伝わり生き生きとした文章になる。

最重要ポイント
文章は書く前とあとに時間をかける。じっくりと構想を練り、書き終えた文章は推敲を重ねて完成させる。

私は、かってもらったばかりの上着お、どろだらけにしてしまった。母にしかられると思って、びくびくしながら帰ると、母は出かけていました。今のうち、にと思って急そいで洗《せん》たく器に入れて洗《あら》った。

答え

① 「私たちで、この公園をきれいにしていこう」
② かって→買って／上着お→上着を／いました→いた／今のうち、に→今のうちに（、）／急そいで→急いで／洗たく器→洗たく機

考え方 ① 会話部分には「　」をつける。② 漢字の送りがなのまちがいなどには特に気をつける。

15 文章の書き方

国語

1 文章を書くときの手順

❶**取　材**…書く事がらについての**材料**を集める。

❷**構　想**…文章の組み立てを考える。

・**主題**…何をいちばん伝えたいのかを考える。

・順序…何を中心に、どのような順序で書くかを考える。

❸**記　述**…構想をもとに、**表現**を工夫《くふう》しながら書いていく。

❹**推《すい》　敲《こう》**…書き終えたら読み返して文章を練る。
（↳文章を練り直すこと）

・主題、**要旨《ようし》**がわかりやすく表現されているか。

・言葉が足りないところや、不必要な内容はないか。

・段落《だんらく》の分け方、構成は適切か。
（↳段落の順序や段落どうしの関係）

・**文体**（**常体**・**敬体《けいたい》**）は統一されているか。

・文法的なまちがいはないか。
（↳主語と述語の関係など）

・文字や漢字の送りがなにまちがいはないか。

・句読点などの記号の使い方は正しいか。

〈主な記号〉

。（**句点**）と**、**（**読点**）…文の終わりと**意味**の切れ目。

注意 文章の種類によって中心にすべき事がらは変わる。

例
感想文…受けた感動の内容とその理由
記録文…観察・調査してわかった事実

参考 常体は文末が「…だ・である」、敬体は「…です・ます」。

チェックテスト

1 次の作文の必要なかしょに「　」をつけなさい。

昨日、ぼくは、月に一度ある、地域《ちいき》の公園のそうじに参加しました。そうじをしてみると、公園のすみにはたくさんゴミがたまっています。それを見た地域のリーダーは、私《わたし》たちで、この公園をきれいにしていこうと言いました。

2 次の作文の、表現や文字の使い方を正しく直しなさい。

参考 報告文を書くときは、①序論《じょろん》(取り上げる内容についての説明) ②本論(報告書の中心となる部分。調べてわかったこと。) ③結論(調べたことの結果や感想・意見)の順に書くとよい。

参考 本や資料から引用したり参考にしたりしたときは、出典を報告文の最後に書く。参考にした本や資料の著者《ちょしゃ》名《めい》・書籍名《しょせきめい》・発行年月日・出版社名などをメモしておこう。

とである。

❶報告の内容

①調査や研究の動機・目的 ②計画や準備 ③期間や場所 ④調査・研究の内容 ⑤調査・研究の結果、わかったこと ⑥今後の課題、意見

❷報告を行うときの注意点

・受け手が報告内容をどの程度知っているかなどを意識して、右の①~⑥の報告の内容を検討《けんとう》する。
・こった表現やよけいなかざりはさけて、簡潔《かんけつ》に表現する。
・念入りに資料を収集《しゅうしゅう》し、正確で、信頼《しんらい》できる内容にする。
・正しい報告にするため、事実と意見を区別する。
・文章で報告を行う場合、引用は、短いときは「 」で、長いときは改行して行頭を一字下げるなど、他の文とのちがいがわかるようにする。

最重要ポイント
記録・報告・報道文は事実を正確に書くことを心がける。必要に応じて図表や写真などを活用する。

とをクラスで発表するためにまとめたい。

③ 植物の観察記録を書くとき、必要のない項目《こうもく》を二つ選びなさい。

ア 観察日時　イ 観察の目的
ウ 観察日の天候　エ 写真
オ 観察の服装《ふくそう》　カ 観察結果
キ 反省　ク 観察時の気分

答え

① ウ→ア→オ→エ→イ
② ①ア ②イ
③ オ・ク

考え方 **①** 報告を行うときは、くわしい内容の前にまず調査の動機、次に具体的な方法を述べる。調査の感想はいちばん最後。

14 記録・報告のしかた

国語

1 記録のしかた

参考 記録文、報告文、報道文などに、解説文、広告文、通信文などを加えて、実用的文章という。

記録とは、事件や事がらをありのままに書き記したもの。観察記録・見学記録・実験記録・会議記録・調査記録などがある。

❶記録の作成のしかた

動機	なぜこれを調べようと考えたのか。
目的	観察で何を調べ、何を知りたいのか。
方法	観察のやり方を述べる。
経過	日時や大きさなど、ものの変化は特に念入りに見て、**数字**は正確に述べる。スケッチ・図表・写真などを入れるとよい。（↳本・データなどを示す場合がある）
結果	わかったことをまとめる。
結果の考察	**成果**や**課題**、感想や反省を述べる。（↳解決されたことや解決できなかったこと）

2 報告のしかた

報告とは、ある事がらについて、観察、調査、研究した経過や結果をまとめて発表すること、またはその内容のこ

チェックテスト

1 次の内容を、報告を行う順に並《なら》べなさい。

ア 調査の動機やめあて

イ 調査して感じたこと

ウ 報告文の題名

エ 調査してわかったこと

オ 調査の計画や方法

2 次の場合、ア 記録、イ 報告のどちらを作成すればよいですか。

① 今年の修学旅行の様子を下級生のために書き残しておきたい。

② 社会の授業で調査したこ

2 論《ろん》説《せつ》文《ぶん》

論説文とは、筆者が、自分の意見や考えを述べたり主張したりするために書く文章（意見文・議論文）。

❶論説文の特色…論説文は、ふつう、**序論**（書き出し）、**本論**（本文）、**結論**（結び）の構成となっている。

序論	問題（話題）の取りあげ、理由など。
本論	問題点のくわしい説明（具体例、事実、理由、自分の考え、意見など）。
結論	自分の考えや意見のまとめ。将来《しょうらい》の見通しや、自分の決意など。

❷論説文の読み方…正確に、批判的《ひはんてき》に読む。
↳すぐに受け入れず、よく考えるさま

㋐**題目**から、問題（話題）をつかむ。
㋑段落の**要点**を読み取り、論理の展開《てんかい》をつかむ。
㋒事実、具体例、意見、感想、理由などを区別する。
㋓**要旨**、筆者の結論を正確につかむ。
㋔論理の進め方、結論について批判し、意見をもつ。

最重要ポイント
説明文は知識を、論説文は意見を伝えるための文章。
論説文は自分のものの見方・考え方を深めるのに役立つ。

参考 事実と、感想・意見とを見分けるために、文末の言葉に注意する。

例
・事実
～だ。～である。
・伝聞
～そうだ。
～といわれている。
・推定《すいてい》
～らしい。
～のようだ。
・感想
～と思う。
～と感じる。
・意見
～とよい。（提案）
～したい。（希望）

イカは深海にすむ生物で、たいへん目が良いことでも知られている。目といっても、人間の目とはその構造も仕組みも大きくちがう。人間は目で知覚した情報を大脳《だいのう》で処理《しょり》しているが、イカには大脳がない。イカはぼう大な視覚《しかく》情報をどのように処理しているのだろうか。

ア イカの体の仕組み
イ 人間とイカの関係

答え

①ア ②イ ③ア

考え方 ②アは伝聞。イは推定で、書き手の判断が入っている。③人間は話題の中心ではない。

13 説明文・論説文

国語

1 説明文

注意 要点を意識するあまり、細部を読み落とさないようにする。

参考 段落の役割には、
・話題への導入
・話題提起
・説明
・結論
などがある。

説明文とは、ある事がらや、考え方などについて説明した文章。読み手に情報や知識をあたえてくれる。

❶**説明文の読み方**…話題をつかみ、それがどのように説明されているかを正確に読み取る。

㋐**題目**によって、何の説明かをしっかりとつかむ。

↓問題として取り上げる事がら

㋑**要点をとらえる**…段落《だんらく》ごとに、何が中心になっているか(重要な語句、最も中心となる文)をとらえ、それをまとめる。

㋒**段落の関係**…各段落の全体の中での役割《やくわり》をとらえ、段落と段落との関係、全体の構成をつかむ。

㋓**事実**…説明されている具体例と事実を正確に読み取る。

㋔**要旨《ようし》をとらえる**…文章全体から筆者の考えや意図を正確に理解し、短くまとめる。

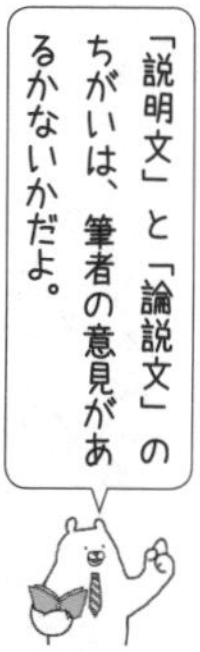
「説明文」と「論説文」のちがいは、筆者の意見があるかないかだよ。

チェックテスト

① 事実について述べている文を選びなさい。

ア ここは図書館だ。
イ ここは図書館のようだ。
ウ ここは図書館だと思う。
エ ここが図書館だとよい。
オ ここは図書館かもしれない。

② 次の文の「そうだ」と同じ使い方の文を選びなさい。

明日は雨が降《ふ》りそうだ。

ア かれは河童《かっぱ》を見たそうだ。
イ 計画どおり完成しそうだ。

③ 次の文の題目をあとから選びなさい。

2 脚《きゃく》本《ほん》

参考 脚本でよく使われる言葉。

効果…感じを出すための音楽や擬音《ぎおん》。

上手《かみて》・下手《しもて》…舞台に向かって右側が上手、左側が下手。

間《ま》…せりふとせりふの間をうまくとり、せりふの効果を高める。

場わり…脚本を書くときに、場面をいくつに分けるかを決めること。

暗転《あんてん》…幕を下ろさず照明を暗くして場面を変える。

脚本とは、劇《げき》をするときの台本で、登場人物のせりふや動作のしかた、場面、舞台装置《ぶたいそうち》などが書かれている。

↓映画ではシナリオという

❶ 脚本の形式

・**前書き（脚本の初め）**…時（時代や季節）、場所、場面、装置（舞台に置く道具やその並《なら》べ方）、登場人物（名前や年《ねん》齢《れい》）、幕《まく》などが説明される。

↓脚本内の大きな段落、ひとまとまりの場面

・**せりふ**…登場人物の話す言葉。

・**ト《と》書《が》き**…人物の動作、表情、場面の情景などについて、わかりやすく説明したもの。

例 …と言いながら…する。

❷ 脚本の読み方…よく読んで、話の筋《すじ》や展開《てんかい》、人物の性格、クライマックスと結末などから劇の主題をつかむ。

❸ 脚本の特色

・説明が少なく、せりふと動作を中心に書かれている。

・せりふと動作で、人の心の動きやストーリーを表す。

・舞台の場所を自由に変えることができないので、一つの場面でいろいろなできごとが組み合わされ、筋が運ばれる。

ケ では、みな様によろしくお伝えください。

コ とても書き心地《ごこち》が良く、気に入っています。

サ 四月二十九日

② 手紙文について、正しいものを選びなさい。

ア 日付とあて名は続けて書く。

イ 追伸《ついしん》は用件の前に書く。

ウ 季節に合わせた前文を書く。

答え

① オ→ウ→ア→カ→コ→イ→ケ→ク→サ→エ→キ

② ウ

考え方 ① お礼→感想→まとめ→結びのあいさつの順。

② イ追伸とは、本文のあとにつけたす文のこと。

12 手紙・脚本

国語

❶**手紙の形式**…手紙文には形式があり、次の組み立てで構成されている。

前文	**書き出し**の部分（時候《じこう》のあいさつ、相手の安《あん》否《ぴ》をたずねる）。（時候→季節や気候）
本文	用件、相手に伝えたいこと（わかりやすく、用件を落とさないように）。
末文	結びのあいさつ、結びの言葉。
後づけ	月、日、自分の名前、相手の名前。

❷**手紙の書き方の注意**

・用件はわかりやすくはっきりと書く。

・手紙は残るものだから、礼儀《れいぎ》正しく親しみをこめて書く。

・**敬語**《けいご》を正しく使って書く。文章は**敬体**で書く。（敬体→「…です」「…ます」で終わる文）

最重要ポイント

手紙には定まった形式がある。親しいあいだがらであっても、礼儀を守って書かなくてはならない。

1 手紙

参考　前文の初めに使う語を頭語、末文の終わりに使う語を結語といい、組み合わせにはきまりがある。

例　拝啓《はいけい》―敬具《けいぐ》
　　前略《ぜんりゃく》―草々《そうそう》

注意　手紙の文字は読む人への敬意をこめて、ていねいに美しく書く。

チェックテスト

1 手紙文として、正しい順に並べかえなさい。

ア　おじさま、お変わりはありませんか。

イ　今後もますます勉学に励《はげ》みたいと思います。

ウ　新緑の美しい季節となりました。

エ　山田陽子《ようこ》

オ　拝啓

カ　先日は私《わたし》の入学祝いにすてきな万年筆をありがとうございました。

キ　山田春男《はるお》様

ク　敬具

2 短歌

千年以上も昔から親しまれてきた日本の定型詩。和歌ともいう。美しいひびきや表現されている情景を味わう。

❶形　式…五・七・五・七・七の三十一音。
（↓五・七・五を「上(かみ)の句」、七・七を「下(しも)の句」という）

❷表現法

㋐枕詞《まくらことば》…ある言葉を引き出すための五音の言葉。

㋑序詞《じょことば》…枕詞と同じ役目。音数や下の語は決まっていない。

㋒句の止め方…名詞止めや「けり・かな・かも」など。

参考 一、二音多くなる場合を「字余り」という。

参考 枕詞は下に続く語がそれぞれ決まっている。

例 ひさかたの↓光
たらちねの↓母

3 俳《はい》句《く》

世界で最も短い定型詩。四百年ほど前から発達し、江戸《えど》時代の初めに松尾芭蕉《まつおばしょう》により、文学として高められた。

❶形　式…五・七・五の十七音。必ず季語をよみこむ。
（↓季節を表す言葉）

❷表現法

㋐句切れ…意味やリズムの切れ目。

㋑切れ字…「や・かな・けり」など強い感じを出す言葉。

参考 川柳《せんりゅう》…俳句と同じ形式で、季語のきまりがなく、おもしろさやこっけいさを表したもの。

最重要ポイント
詩・短歌・俳句を味わうときには、そのひびきやリズムを楽しめるように、声に出して読む。

3 次の俳句の季語と季節を答えなさい。

① 昼顔やぽつぽと燃える石ころへ　小林一茶《こばやしいっさ》

② 赤とんぼ筑波《つくば》に雲もなかりけり　正岡子規《まさおかしき》

③ 流れ行く大根の葉の早さかな　高浜虚子《たかはまきょし》

答え

1 どこかにいい国があるんだな　**2** 「銀杏ちるなり」と「夕日の岡に」　**3** ① 昼顔・夏　② 赤とんぼ・秋　③ 大根・冬

考え方 **1** 蜩はセミの一種。夏の朝や夕方に「カナカナ」と鳴く。そのおだやかな情景に対する作者の感動を読み取る。

11 詩・短歌・俳句

国語

心に強く感じたことを自分の言葉や調子で表現したもの。

❶詩の三要素…㋐素材、㋑感動、㋒リズム
↳うたおうとする事がら

❷詩の表現法…感動を強めるためさまざまな技法が使われる。

連《れん》	内容によって数行を一続きにしたもの
たとえ	情景や気持ちを別のもので表現する
くりかえし法	同じ言葉や同じ意味の語を重ねる
倒置《とうち》	言葉の順序を逆にする
省略	言葉を省くことでひきしめる
対句《ついく》	調子のよく似た言葉を並《なら》べる
呼《よ》びかけ法	目の前にいない相手に呼びかける
擬人《ぎじん》法	人間以外を人間のように表現する

❸詩の味わい方

㋐**詩の心**…作者は何に感動しているのかを読み取る。

㋑**言葉**…一つ一つの言葉の意味やひびきを味わう。

㋒**リズム**…行と行、連と連との関係やリズムをつかむ。

㋓**情景**…うたわれている情景を想像しながら読む。

1 詩

注意 これらの表現法は、詩に限らず普通《ふつう》の文章にも用いられる。

参考 このほかに、名詞《めいし》止めや反語的表現などもよく用いられる。

参考 詩は内容によって次のような種類に分けられる。
叙事詩《じょじし》…できごとや物語を表現した詩。
叙景詩…自然の情景に感動をこめた詩。
叙情詩…自分の心の動きを表現した詩。

チェックテスト

1 次の詩の、作者の感動が表れている部分を答えなさい。

ある時　山村暮鳥《やまむらぼちょう》

また　蜩《ひぐらし》のなく頃《ころ》となった
かな　かな
かな　かな
どこかに
いい国があるんだな

2 次の短歌で倒置になっている部分を答えなさい。

金色《こんじき》のちひ《(い)》さき鳥のかたちして
銀杏《いちょう》ちるなり夕日の岡に
与謝野晶子《よさのあきこ》

2 随《ずい》筆《ひつ》

参考 随筆のことを、随想、エッセーともいう。日本の古典では、「枕《まくらの》草子《そうし》」「徒然草《つれづれぐさ》」が随筆として有名である。

参考 筆者の考えをつかむには、次のような文末表現に気をつける。
- …と思われる。
- …にちがいない。
- …と考えられる。

随筆とは、筆者が見たり聞いたり感じたりしたことや、それについての**感想や考え**を、筆にまかせて書き記した文章。

❶ **随筆の組み立て**…形式は自由で、筆者の個性がそのまま表現される。

❷ **読み味わい方**

㋐ **筆者の体験を読み取る**…人物、場所、時など、その場の情景を想像し、筆者がどのような体験をしたかを読み取る。

㋑ **筆者の考え方や人がら、ものの見方を読み取る**…筆者の独自のものの味方、考え方、感じ方を読み取り、そのことについての自分の意見をまとめる。

㋒ **表現のうまさを味わう**…言葉の使い方、叙述《じょじゅつ》のしかた、たとえなど、表現の美しさを読み味わう。

（叙述…物事を順を追って述べること）

最重要ポイント
物語にも随筆にも、筆者のものの見方、考え方が反映《はんえい》されている。特に小説の主題は意識して読む。

3 次の作品の作者名を書きなさい。

① 源氏物語　② 徒然草
③ 土佐日記《とさにっき》　④ 枕草子
⑤ 山椒大夫《さんしょうだゆう》　⑥ 奥《おく》の細道
⑦ 金閣寺《きんかくじ》　⑧ 走れメロス

答え

1 エ→イ→ウ→ア→カ→キ→オ

2 ① イ　② オ　③ ウ　④ ア　⑤ エ

3 ① 紫式部《むらさきしきぶ》　② 吉田兼好《よしだけんこう》（兼好法師）　③ 紀貫之《きのつらゆき》　④ 清少納言《せいしょうなごん》　⑤ 森鷗外《もりおうがい》　⑥ 松尾芭蕉《まつおばしょう》　⑦ 三島由紀夫《みしまゆきお》　⑧ 太宰治《だざいおさむ》

考え方 **1** エは奈良《なら》時代、イ・ウは平安時代、アは鎌倉《かまくら》時代、カ・キは江戸《えど》時代、オは明治時代の作品。

10 物語・随筆

国語

1 物語

注意 物語の種類には、おもに次のようなものがある。

・文学的物語
・伝記物語
・歴史物語

「小説」とは、ふつう明治時代以降《いこう》の作家の作品をさす。

参考 物語は次のような要素で構成される。

いつ（時代、時）
だれが（登場人物）
どこで（場所、場面）
どうした（事件の展開）

物語とは、作者の想像によってつくられた**文学的文章**である（童話・小説）。**登場する人物の行動や事件の展開《てんかい》**の中に、人間としての生き方や心理などがえがかれている。

文学のおもむきがある文章

❶物語の組み立て…多くは**起承転結《きしょうてんけつ》**の構成をとる。
起（話の起こり）→**承**（話の発展）→**転**（話の高まり、転かん）→**結**（話の結び）

❷主　題…作者がその作品を通して言おうとしていることの中心になる考え（**テーマ**）。

❸読み味わい方

㋐**話の筋《すじ》をとらえる**（事件の展開に気をつける）。
㋑**人物の行動や心情をとらえる**（会話や表現から）。
㋒**場面の情景を想像する**…物語の時代背景《はいけい》や事件がくりひろげられる場面などを、表現から想像する。
㋓**表現の優《すぐ》れている部分を味わう**…表現のすばらしさ、言葉の使い方などを味わい、自分の作文などに生かす。
㋔**主題をとらえる**…作者が伝えたいことは何かを読み取る。

チェックテスト

1 次の文学作品を、書かれた年代順に並《なら》べなさい。

ア 平家《へいけ》物語　イ 竹取《たけとり》物語
ウ 源氏《げんじ》物語　エ 古事記《こじき》
オ たけくらべ
カ 世間胸算用《せけんむなざんよう》
キ 南総里見八犬伝《なんそうさとみはっけんでん》

2 次の作品の作者を、あとから選びなさい。

① 二十四の瞳《ひとみ》　② 杜子春《とししゅん》
③ 坊《ぼ》っちゃん　④ 雪国
⑤ ごんぎつね

ア 川端康成《かわばたやすなり》　イ 壺井栄《つぼいさかえ》
ウ 夏目漱石《なつめそうせき》　エ 新美南吉《にいみなんきち》
オ 芥川龍之介《あくたがわりゅうのすけ》

注意 文末表現が「…と思う」などとなっていれば、事実ではなく感想や意見を述べている。

参考 段落のはたらきには次のような種類がある。

・話題を提起している段落
・具体例を挙げている段落
・中心段落
・まとめの段落

「…と思う」などの文末表現に気をつける。

❹文章の構成（組み立て）を正確に読み取る

・段落のはたらき、段落相互《そうご》の関係を考える。
・指示語、接続語、段落の初めの言葉などを手がかりにする。

❺主題、要旨《ようし》、作者の意図を読み取る

主題	作者が、作品を通して言おうとする中心になる事がら、考え方。（**文学的文章**）
要旨	作者が述べようとしている中心になる事がら。（**説明的文章**）
意図	作者が述べようとするねらい、目的。

❻描写《びょうしゃ》や表現の優《すぐ》れている部分をとらえる…ぬき出して書いたり（視写《ししゃ》）、気持ちをこめて読んだりする（朗読《ろうどく》）。

❼自分の経験や考えと比べる…読み取った内容について、自分なりに考えてみる。
↳文学的文章は情景を想像して読む

❽作者について調べる

最重要ポイント
内容や表現について、書かれていることをうのみにせず、自分の考えや意見を持って批判的《ひはん》に読む。

② 次の文章で感想・意見が述べられている一文の初めの三字を答えなさい。

桜が美しくさくこの季節には、天候が乱《みだ》れることも多い。せっかくの桜が、すぐ雨で散ってしまうこともめずらしくない。冷たい雨が心や体を冷やす。そんなとき、なぜ空はあと数日雨を降《ふ》らすのを待てなかったのだろう、と思う。

答え

① (1) 説明文 (2) (例)洋紙の作り方 (3) イ ② そんな

考え方 ① (2)話題は文章の最初に示されることが多い。② まず文末表現を見るとよい。

9 文章の読み方

国語

1 文章の種類

参考 文学的文章には、童話、小説、伝記、随《ずい》筆《ひつ》、詩、短歌、俳句《はいく》、脚本《きゃくほん》、シナリオなどがある。

参考 説明的文章には、説明文、解説文、論説文《ろんせつぶん》、観察文、記録文、報告文、報道文などがある。

文章の種類や、読む目的により読み方がかわってくる。文章は、大きく二つの種類に分けられる。

❶**文学的文章（物語や詩など）**…楽しみのために読む文章で、**場面の情景や登場人物の心情の移り変わり**を想像豊かに味わって読むようにする。

❷**説明的文章（説明文、記録文など）**…内容を正しく知るための文章で、**段落《だんらく》ごとの要点**や、段落と段落の関係をとらえて、何がどのように説明されているかを正確に読み取るようにする。

2 文章の読み方

❶**要点をとらえる**…文章や段落の**重要な言葉**、**まとめてある文**などをしっかりととらえる。

❷**語句の意味を文脈**（↓文章の前後の流れ）**の中で正しくとらえる**…読む目的に応じて、必要なところは文章の細部まで気をつけて読む。辞典で意味を調べたら、必ず文脈の中で考えよう。

❸**事実と感想・意見を述べている部分を読み分ける**…

チェックテスト

① 次の文章を読んで、あとの問いに答えなさい。

洋紙は、木材を原料として作る。まず、木材をくだき、薬品でにて、かゆのようにどろどろしたパルプを作る。それをいろいろに処理《しょり》、加工して紙にしあげる。

(1) この文章の種類は何ですか。
(2) この文章の話題は何ですか。
(3) この文章の読み方として、次のどちらがよいですか。
ア 味わって読む。
イ 内容を正確に読み取る。

3 文節と文節の関係

参考 下の例の㋐のように名詞、代名詞にかかるものを連体修飾語、㋑のように動詞、形容詞、形容動詞にかかるものを連用修飾語という。

参考 補助の関係は、「〜て(で)…」の形をとることが多い。

例 友人に｜会って｜くる。
私《わたし》は｜医者で｜ある。

❶主語と述語の関係…主語は「何が(は)」にあたる文節。述語は「どうする」「どんなだ」「何だ」にあたる文節。

例 白い　コスモスが（主語）　きれいに　さいた。（述語）

❷修飾語《しゅうしょくご》と被《ひ》修飾語の関係…修飾語はあとにくる文節にかかり、その内容を説明する文節。被修飾語は修飾される文節。

↳下の語と結びつくことを「かかる」、上の語と結びつくことを「受ける」という

例 ㋐白い（修飾語）　コスモスが（被修飾語）　さいた。
㋑コスモスが　きれいに（修飾語）　さいた。（被修飾語）

❸並立《へいりつ》(対等)の関係…二つの言葉が対等に並《なら》ぶ関係。

例 白く　美しい　コスモスが　さいた。

❹補助《ほじょ》の関係…あとの言葉が補助的な意味をそえる関係。

例 コスモスが　さいて　いる。（補助）

❺独立の関係…ほかの文節と直接かかり受けのない関係。

例 はい、　白い　花が　好きです。

最重要ポイント
文を文節に区切ることで、その文の構造がわかる。書くときは主語・述語がそろった文になるよう意識する。

を修飾している文節を答えなさい。
りんどうの花が例年になく美しくさいた。

⑤ 次の——線部①と②の関係をあとから選びなさい。
アルプスは①高く　②険しい。

ア 主語・述語　イ 並立
ウ 修飾・被修飾　エ 補助
オ 独立

答え

① 空に／白い／雲が／うかんで／いる。　② 8
③ ①(主)作品が　(述)すばらしい
② (主)私は　(述)信じる
④ りんどうの　⑤ イ
考え方 ② 「うかんで　いる」となる。「で」は助詞。

8 文の組み立て

国語

1 文の成り立ち

注意 一つの文節は、二つ以上の単語でできている場合と、一つの単語でできている場合とがある。

文とは、あるまとまった考えや気持ちなどを表したもので、文字で書くときは終わりに「。」(句点)がつく。

❶**文　節**…意味がわかるはん囲で、文を短く切ったときの一続きの言葉。「**ね**」などをそのあとに入れて考えるとよい。

↳発音上不自然にならないところへ入れる

例 月のね／光がね／静かにね／地上をね／照らす。

❷**単　語**…文節を意味ごとにいちばん小さく分けたときの言葉をいう。

例 月｜の｜光｜が｜静か｜に｜地上｜を｜照らす。

2 基本文型

参考 主語のあとには「が・は」だけでなく、「も」「の」「さえ」「まで」などいろいろな助詞がつく。

文には、次の三つのもとになる文型(かたち)がある。

❶**何が(は)どうする…** 例 犬が（主語）｜走る。（述語）(動詞《どうし》)

❷**何が(は)どんなだ…** 例 空が（主語）｜美しい。（述語）(形容詞など)

❸**何が(は)なんだ…** 例 犬は（主語）｜動物だ。（述語）(名詞)

チェックテスト

① 次の文を文節に区切りなさい。

例 今日は／いい／天気だ。

空に 白 い 雲 が うかんでいる。

② ①の文の単語の数を、算用数字で答えなさい。

③ 次の文の主語と述語になる一文節を答えなさい。

① 君の作品がクラスの中でいちばんすばらしい。

② 私はいつだってかれの温かい友情を信じる。

④ 次の文の——線部の文節

㋑動詞などの語について下に続ける。

例 雨が降っているが、予定どおり出発する。

㋒いろいろな言葉について細かい意味を表す。

例 雨も風もだんだん激《はげ》しくなる。

㋓文の終わりにつく。 例 今日はよい天気ですね。

4 助動詞

動詞について表現をくわしくする言葉。〈**活用する**〉

助動詞のはたらきには、「**使役**《しえき》」「**受け身**」「**打ち消し**」「**推定**」「**過去・完了**《かんりょう》」「**伝聞・様態**」「**断定**」などがある。

↓他人にある動作をさせること

例 **使役**…せる・させる　**受け身**…れる・られる

打ち消し…ない・ぬ　**推定**…らしい

過去・完了…～た　**伝聞・様態**…～そうだ

断定…～だ・です

5 敬《けい》語《ご》

注意 敬語には、決まった言葉をはじめや終わりにつける形と、語自体が変化する形がある。

相手に対する敬意と親愛の気持ちを表す語で、「**尊敬語**《そんけいご》」「**けんじょう語**」「**ていねい語**」の三つの使い方がある。

↓自分の動作をへりくだっていう言葉

最重要ポイント

助詞と助動詞はどちらも単独で文節を作れないが、助動詞は**活用し**、助詞は**活用しない**。

④ 次の――線部の敬語はア尊敬語、イけんじょう語、ウていねい語のどれですか。

① 先生は二時にいらっしゃる。

② お帰りを①お待ち申し上げて②おります。

答え

① イ　② ア

③ (例)それとも

④ ① ア　② ① イ　② ウ

考え方 ② 「られる」には尊敬、自発、可能、受け身の意味がある。③ どちらかを選ぶ意味の接続詞が入る。④ ①「来る」の尊敬語。② ①「お～申し上げる」でけんじょう表現。②「いる」のていねい語。

7 言葉の種類とはたらき (2)

国語

1 副詞《ふくし》

動詞、形容詞、形容動詞などを修飾《しゅうしょく》する言葉。〈活用しない〉

❶**副詞のはたらき**…修飾語となって、状態や程度を表す。

例 森の中をゆっくり歩く。（**状態**）

今朝はとても寒い。（**程度**）

❷**呼応《こおう》の副詞**…あとに続く言葉が特定の表現となる。

例 明日は、たぶん雨が降《ふ》るだろう。（**推量《すいりょう》**）

↳見当をつけること

参考 呼応の副詞の例

①打ち消し けっして↓〜ない

②仮に決める たとえ↓〜ても

③たとえる まるで↓〜ように

2 接続詞

語と語、文と文、段落《だんらく》と段落をつなぐ言葉。〈活用しない〉

例 **順接**…だから・したがって　**逆接**…しかし・けれども

並列《へいれつ》・累加《るいか》…そして・なお　**選択《せんたく》**…または・あるいは

説明…なぜなら・つまり　**転換《てんかん》**…ところで・さて

3 助詞

他の語のあとについて、語と語の関係を示したり、語や内容を加えたりする言葉。〈活用しない〉

㋐名詞につく。 例 公園に集まる。

チェックテスト

① 次のうち、正しい言い方の文を選びなさい。

ア あの雲はまるで鳥らしい。

イ あの雲はまるで鳥のようだ。

② 次の文の「られる」と同じ使い方の文を選びなさい。

朝早くても起きられる。

ア 会議はすぐに始められる。

イ お母さんにほめられる。

ウ 先生が教室に来られる。

③ 次の文の（　）に入る言葉を考えて答えなさい。

明日は、山に登ろうか、（　）泳ぎに行こうか。

3 性質や様子を表す言葉

参考 動詞・形容詞・形容動詞・助動詞は、次に続く言葉によって語《ご》尾《び》が変化する。変化しない部分は、語幹《ごかん》という。

例 読 { まない / みます / むとき / めば / め }

物事の性質や様子を表す言葉に、形容詞・形容動詞がある。〈どちらも活用する〉

❶**形容詞**…言い切りの形が「…い」で終わる。述語文節・主語文節・修飾語《しゅうしょくご》になる。
↳辞書で調べるときの形
↳あとにくる文節をくわしくする文節

述語文節	例 富士山は 高い。
主語文節	例 日本一高いのが 富士山だ。
修飾語	例 高い 山は すずしい。

❷**形容動詞**…言い切りの形が「…だ」で終わる。述語文節・修飾語になる。
↳「…です」の場合もある

述語文節	例 今日の 海は 静かだ。
修飾語	例 静かな 公園を 歩く。

4 連体詞

名詞を修飾する言葉。〈活用しない〉

例 この本・大きな鳥・とんだ失敗

最重要ポイント
動詞・形容詞・形容動詞は活用し、単独で述語になる。名詞・連体詞は活用しない。

② 神様が幸運をさずける。（　　）

4 次の文中の形容詞に――線、形容動詞に〰〰線を引きなさい。

さわやかな空気に、少年はねむくなり、草原に横たわった。

答え

1 (名)ア (動)ウ (形)エ (形動)イ
2 ①B ②A ③B ④A
3 ①みんなに集められる。 ②神様に幸運をさずけられる。
4 (形容詞) ねむく (形容動詞) さわやかな

考え方 **2** 他動詞は「〜を」という修飾語を受ける。

6 言葉の種類とはたらき (1)

国語

1 名詞《めいし》

事がら、ものの名前、数、順序などを表し、次のような種類がある。〈活用しない〉

普通《ふつう》名詞	「犬」「海」など、いっぱん的な名前を表す。
固有名詞	「日本」「富士山」など一つしかないもの。
数詞	「二」「五番」など、数や量、順番を示す言葉。
代名詞	「ぼく」「あれ」など、名詞の代わりに使う言葉。

2 動詞

注意 言い切りの形が五十音図の「ウ段《だん》」になる。

参考 「〜が」に続けば自動詞、「〜を」に続けば「他動詞」である。

例 木の葉が落ちる。→自動詞

風が木の葉を落とす。→他動詞

物事の動作、行動、存在《そんざい》、作用などを表す。〈活用する〉

❶**動詞のはたらき**…文の中で述語になる。

❷**自動詞・他動詞**…それ自身だけのはたらきを表す「自動詞」と、他に対するはたらきを表す「他動詞」がある。

❸**可能動詞**…一語で「〜することができる」という意味をふくむ動詞。

例 書く→書ける　遊ぶ→遊べる

歩く→歩ける

チェックテスト

1 次の言葉を、名詞、動詞、形容詞、形容動詞に分けなさい。

ア 平均　イ おだやかだ

ウ うずまる　エ さわがしい

2 あとの語を、次の動詞のA型かB型に分類しなさい。

A 人が集まる。B 人を集める。

① 止める　② こわれる

③ 乱《みだ》す　④ 起きる

3 次の文を、受け身の形の文に直しなさい。

① みんなは、小石を集める。

小石は、（　　　　）

例 高性能・低学年・新記録・総予算

㋑上の語が下の一字を修飾して、物事の名前になる

例 銀河系《ぎんがけい》・著作権《ちょさくけん》・運動場・芸術家

2 多義語

参考 多義語の例
良い点を取る。(手に入れる)／草を取る。(とりのぞく)／対策《たいさく》を取る。(ある行動をする)

多義語(一つの言葉でいろいろな意味をもつもの)は、文脈から正しい意味をとらえる。

例 合わせる…①くっつける、②そろえる、③くらべる
ピアノの音に調子を合わせる。
→②音の高さ、速さをそろえる

3 同義語・類義語

同じ意味や、よく似た意味の言葉はいっしょに覚える。

例 救助—救済《きゅうさい》　承認《しょうにん》—承知　故郷《こきょう》—郷土

4 反対語・対義語

注意 反対ではなく、対応する意味の語の場合もある。

例 寒流—暖流《だんりゅう》

反対の意味の言葉はいっしょに覚える。

例 単純《たんじゅん》↔複雑　成功↔失敗　権利↔義務

最重要ポイント
熟語の構成を知ることで、言葉の意味や使い方を理解できる。類義語や対義語はいっしょに覚えておく。

3 上と下の同義語を、――線で結びなさい。

① 生産・　　・ア 終生
② 一生・　　・イ 製造
③ 生育・　　・ウ 発育

4 次の熟語の反対の意味の熟語を書きなさい。

① 容易　② 許可
③ 温暖　④ 横断

答え

1 ① カ　② エ　③ ア　④ ウ・オ　⑤ イ
2 ① 不　② 未　③ 無
3 ① イ　② ア　③ ウ
4 ① 困難　② 禁止　③ 寒冷　④ 縦断

考え方 **4** ①・③同じ意味の漢字を重ねた熟語は、反対の意味の漢字を重ねる。

5 言葉の意味 (2)

1 熟語《じゅくご》の構成（成り立ち）

参考 熟語と熟語が結びつくことで、さらに新しい熟語ができる。

例 臨時《りんじ》列車
宇宙《うちゅう》飛行士
入学試験

参考 長い熟語を省略したものを略語という。

例 国際連合 → 国連
重要文化財 → 重文

熟語の構成には、次のものがある。

❶ **同じ意味の漢字を重ねる** 例 保存《ほぞん》・貴重《きちょう》・簡易《かんい》

❷ **反対の意味の漢字を重ねる** 例 縦横《じゅうおう》・善悪《ぜんあく》・開閉《かいへい》

❸ **上が下の意味を修飾《しゅうしょく》する** 例 地層《ちそう》・再会・城門
↳上から下に読むと意味がとおる

❹ **動詞《どうし》の下に目的語がつく** 例 討論《とうろん》・着陸・登山
↳下から上に読むと意味がとおる

❺ **上が主語、下が述語になる** 例 国立・頭痛《ずつう》・日没《にちぼつ》

❻ **ある語に特定の意味をもつ字がつく**

㋐上につく…不、無、未、非、否《ひ》がついて打ち消しを表す。

例 不満・未熟・未解決・無責任・非常識・否認《ひにん》

㋑下につく

的	～の、～の状態にある	例 公的・個性的・理想的
化	～にする、～になる	例 進化・美化・合理化
性	～の性質をもっている	例 水性・適性・社会性

❼ **一字の語が集まる** 例 市町村・松竹梅・東西南北

❽ **二字の熟語に一字を加える**

㋐頭に一字加えて、下の語の性質・状態を限定する

チェックテスト

1 次の組み立て方の熟語を、あとから選びなさい。

① 似た意味の字を重ねたもの。
② 上が下を修飾するもの。
③ 下が上の目的語になるもの。
④ 反対の意味や対《つい》になるもの。
⑤ 上が下を打ち消すもの。

ア 読書　イ 不便
ウ 公私《こうし》　エ 親友
オ 天地　カ 出発

2 次の□に漢字を入れて、意味を打ち消しなさい。

① □可能　② □成年
③ □関係

例 論《ろん》より証拠《しょうこ》…議論するより証拠を示すほうが、ものごとをはっきりさせられるということ。

❸故事成語…昔から伝わるいわれがもとになってできた言葉。

例 五十歩百歩…戦場から五十歩逃《に》げた者が、百歩逃げた者を臆病者《おくびょうもの》だと笑った故事から、大したちがいがないこと。

4 話し言葉・書き言葉

参考 音声では同音・同訓の言葉が区別しにくいため、話し言葉では言い回しを工夫《くふう》して誤《ご》解《かい》の起こらないようにするとよい。

例 シリツ ←
①市立…イチリツ
②私立…ワタクシリツ

❶話し言葉…音声によって伝えられる言葉。相手や状況《じょうきょう》がはっきりしているため、言葉を省略したり、くり返したり、くだけた言い回しにすることができる。
↳かた苦しくない、日常的な表現

❷書き言葉…文字によって伝えられる言葉。その場にいない相手にも情報を伝えられる。だれが読んでも理解できるように、必要な内容を整理し、共通語を用いて明快に書く。
↳地域のちがいをこえて通用する言葉

最重要ポイント
言葉にはさまざまな由来や成り立ちがあり、場や状況、相手に応じてそれらの言葉を使い分ける必要がある。

① 一□先は闇《やみ》
② 一□の虫にも五分《ごぶ》の魂《たましい》

4 次の故事成語の意味を、あとから選びなさい。

① 大器晩成《たいきばんせい》　② 背水《はいすい》の陣《じん》
③ 温故知新《おんこちしん》

ア 過去を研究して知識を得る。
イ 大人物はゆっくり大成する。
ウ 必死の覚悟《かくご》で当たること。

答え

1 （和語）ア・オ　（漢語）ウ・カ　（外来語）イ・エ
2 ①竹　②目　③的
3 寸
4 ①イ　②ウ　③ア

考え方 **3** ①先の予測がつかないこと。②小さく弱い者にも意地があること。

4 言葉の意味(1)

国語

1 言葉の意味

言葉は意味をもっている。文章を読むときは、文脈の中でその意味を正しくとらえ、文を書いたり話をしたりするときにも正しく使うようにしよう。

（意味：一つの言葉が複数の意味をもっていることも多い）
（文脈：文章の前後の流れ）

2 意味の考え方

注意 漢字の訓読みを手がかりにすれば、意味がわかりやすい。訓読みをもたない場合は、その字を用いた別の熟《じゅく》語《ご》を考えてみるとよい。

❶**日本語の種類を考える**

和語	日本固有の言葉	例 速さ
漢語	漢字を組み合わせた言葉	例 速度
外来語	他の言語から入ってきた言葉	例 スピード

❷**漢字の意味を考える**…漢語は、その成り立ち方や一つ一つの漢字の意味から考える。

例 後退《こうたい》…後ろに退《しりぞ》く　納税《のうぜい》…税を納《おさ》める

急増…急に増える

3 慣用句・ことわざ・故事成語

❶**慣用句**…昔から言いならわされた**きまり文句**。

例 **足が棒《ぼう》になる**…ひどくつかれること。

❷**ことわざ**…昔から言いならわされた言葉で、**人生の教訓**がふくまれている。

チェックテスト

1 次の言葉を、和語・漢語・外来語に分けなさい。

ア 豊か　イ アドバイス
ウ 兄弟　エ メッセージ
オ 暮《く》らし　カ 科学技術

2 次の――線部の□に漢字一字を入れて、慣用句を完成させなさい。

① □を割《わ》ったような性格。
② □の中に入れても痛《いた》くないかわいがり方。
③ □を射《い》た表現。

3 次の□に共通して入る漢字一字を答えなさい。

4 形が似ている漢字

読み方や意味が異なっていても、形が似ている漢字は書きまちがえやすいので注意。

例 住《じゅう》と往《おう》、捨《しゃ》と拾《しゅう》
特《とく》と持《じ》、輸《ゆ》と輪《りん》
積《せき》と績《せき》、動《どう》と働《どう》

5 漢字の書き方

注意 漢字を組み立てている一つ一つの点画の種類や長短を覚えて正しく書く。

筆順にはきまりがある。ただし、例外もあるので注意する。

①左から右へ　例 批・潮・郷・縦
②上から下へ　例 笑・貴・奮・憲
③横画から縦《たて》画へ　例 木・毛・羊・刊
④中心から左右へ　例 策・率・承
⑤外から内へ　例 困・閣・閉・団
⑥つらぬく横画、縦画は最後に　例 女・母・車・申
⑦先に書くにょう（夂・走）　例 処・起
↳すいにょう・そうにょう
⑧あとに書くにょう（辶・廴）　例 辺・延
↳しんにょう・えんにょう

最重要ポイント
音読み、訓読みが同じ漢字は意味で区別する。特に同訓異字、同音異義語は文脈に気をつけて書き分ける。

① 台所をエイセイ的に保つ。
② エイセイから見た地球。
③ エイセイ中立国。
④ 絶好のキカイをのがす。
⑤ キカイの性能を調べる。
⑥ キカイ体操《たいそう》をする。

答え

1 ①映　②移　③写
2 ①門　②積　③側　④延
3 ①衛生　②衛星　③永世　④機会　⑤機械　⑥器械

考え方 **2**〔　〕内は①モン、②セキ、③ソク、④エンの同音異字である。**3** ①は清潔に気を配ること。②は惑《わく》星《せい》の周りの天体。③は長い年月。

3 漢字の書き

国語

1 同《どう》訓《くん》異《い》字《じ》

注意 それぞれの場合の意味に合う漢字を選ぶ。

訓は同じでも、意味、形の異《こと》なる漢字。

例
- あける
  - 席を空ける
  - 夜が明ける
  - ふたを開ける
- つとめる
  - 会社に勤める
  - 勉学に努める
  - 議長を務める

2 同音異字

注意 「検・険」「義・議」など形の似た字に注意。

音は同じでも、意味、形の異なる漢字。

例
- トウ→冬・当・投・湯・統・灯
- ショウ→小・少・将・正・生・商・勝
- カイ→会・回・改・階・界・快

3 同音異義語

参考 同音異義語の例

ツイキュウ
- 利益の追求
- 責任の追及
- 真理の追究

同じ音読みで、意味、表記（↳文字や記号で書き表すこと）の異なる熟語《じゅくご》。

例
- カイホウ
  - 病気が快方に向かう（良くなること）
  - 校庭を開放する（あけはなすこと）
  - 人質《ひとじち》を解放する（自由になること）
- タイショウ
  - 小学生対象（めあてとなるもの）
  - 対照的な性格（比較《ひかく》してちがいが目立つ）
  - 左右対称の形（たがいに対応している）

チェックテスト

1 次の――線部の言葉を漢字で書きなさい。

① 鏡に姿《すがた》をウツす。
② 住まいをウツす。
③ カメラでウツす。

2 次の□に入る正しい漢字を〔 〕から選び、熟語を完成させなさい。

① 専《せん》□〔門・問・聞〕
② 面□〔責・積・績〕
③ □面〔則・測・側〕
④ □期〔園・遠・延〕

3 次の――線部の言葉を漢字で書きなさい。

合図(あいず)
生糸(きいと)
家屋(かおく)
風上(かざかみ)

参考 日常生活でよく使われる次のような言葉も、特別な読み方の熟語である。

例 父《とう》さん、母《かあ》さん、兄《にい》さん、姉《ねえ》さん、
大人《おとな》、一人《ひとり》、二人《ふたり》、
一日《ついたち》、二日《ふつか》、二十日《はつか》、
昨日《きのう》、今日《きょう》、明日《あす》、
今朝《けさ》、今年《ことし》、部屋《へや》、
上手《じょうず》、下手《へた》、時計《とけい》

㋐あとの言葉がにごる。例 花《はな》＋畑《はたけ》↓花畑《はなばたけ》
㋑あとの言葉が変わる。例 春《はる》＋雨《あめ》↓春雨《はるさめ》
㋒初めの言葉が変わる。例 声《こえ》＋色《いろ》↓声色《こわいろ》
㋓初めの言葉もあとの言葉も変わる。例 雨《あめ》＋雲《くも》↓雨雲《あまぐも》

❸音・訓の交じっている読み方の熟語

・重箱《ジュウばこ》読み…上を音で読み、下を訓で読む。

例 客間↓キャクま　素顔↓スがお　味方↓ミかた

・湯桶《ゆトウ》読み…上を訓で読み、下を音で読む。
↳湯桶は、湯や茶を入れるうつわ

例 合図↓あいズ　値段↓ねダン　湯気↓ゆゲ

❹特別な読み方をする熟語

・昔からの習慣によるもの

例 雨戸《あまど》・木立《こだち》・支度《したく》・布団《ふとん》

・熟字訓
↳漢字一字ではなく熟語全体で特別な読みをする

例 土産《みやげ》・意気地《いくじ》・時雨《しぐれ》・七夕《たなばた》・果物《くだもの》

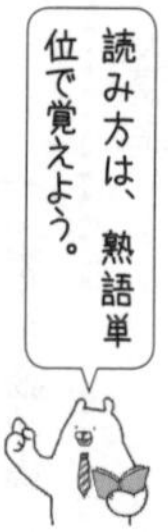

最重要ポイント
漢字の意味は**訓読み**によって表される。一字で読んでも意味がわかるもの、送りがながつくものが訓読み。

ア 音と音　イ 重箱読み
ウ 訓と訓　エ 湯桶読み

4 次の熟語の読みを答えなさい。

① 眼鏡　② 真っ赤
③ 景色　④ 清水

答え

1 ① ① ヒ・くら-べる ② カイ・こころよ-い ③ チク・きず-く ④ ヨク・あ-びる
2 (例) ① にが-い・くる-しい ② おも-い・かさ-ねる ③ おぼ-える・さ-める ④ ふ-える・ま-す
3 ① ウ ② イ ③ ア ④ エ
4 ① めがね ② まっか ③ けしき ④ しみず

考え方 **3** ② 「ダイ」は訓読みではない。

2 漢字の読み

国語

1 漢字の読み方

❶**音読み**…中国の発音をもとにした読み方。**二つ以上の音をもつ漢字もたくさんある。**

例 人間《ゲン》・時間《カン》　直《チョク》立・正直《ジキ》

呉音《ごおん》	中国の南部（揚子江《ようすこう》下流）での読み。	光明《こうみょう》
漢音	隋《ずい》、唐《とう》との交流で伝えられた読み。	明暗《めいあん》
唐音	宋《そう》、元《げん》、明《みん》、清《しん》の時代の読み。	明国《みんこく》

❷**訓読み**…漢字のもっている意味を日本の言葉に当てはめた読み方。**二つ以上の訓をもつ漢字もある。**

例 細《ほそ》い・細《こま》かい　冷《つめ》たい・冷《さ》める・冷《ひ》える

参考 二つ以上の音をもつ漢字があるのは、中国から伝わってきた時代、場所が異《こと》なるためである。

例 行 ギョウ（呉音）／コウ（漢音）／アン（唐音）

注意 漢字は、訓読みが複数ある漢字は、送りがなで読み方を判断する。

2 熟語《じゅくご》の読み方

❶**音読み**…音だけで読む熟語。

例 解決《かいけつ》・劇場《げきじょう》・寒暖《かんだん》・組織《そしき》・賃金《ちんぎん》・看病《かんびょう》

❷**訓読み**…訓だけで読む熟語。

例 灰色《はいいろ》・弓矢《ゆみや》・仏様《ほとけさま》・背骨《せぼね》・高値《たかね》・空箱《からばこ》

・二つの言葉が組み合わさって読み方が変わる場合がある。

参考 次の熟語は、読めそうで読めないものである。正しく覚えること。

チェックテスト

1 次の漢字の音読みと訓読みを答えなさい。

例 深（シン・ふか-い）

① 比　② 快
③ 築　④ 浴

2 次の漢字の二通りの訓読みを答えなさい。

例 負（ま-ける・お-う）

① 苦　② 重
③ 覚　④ 増

3 次の熟語の読み方は、あとのうちどれですか。

① 朝日　② 台所
③ 感情　④ 関所

2 漢字の形と音《おん》・意味

漢字には、異《こと》なる字が同じ形を共通してもっている場合がある。このような漢字には音や意味に共通点があることが多い。

❶**漢字の形と漢字の音**…同じ形をもつ字は、音が共通している場合がある。

例 検―険―験　青―清―晴―静　暑―署―諸

❷**漢字の形と漢字の意味**…同じ形を共有する字には、意味のつながりがある場合がある。この共通の形を**部首**という。

扌（てへん）	手や手の動作に関わる。例 指・持・技
氵（さんずい）	水に関わる。例 池・洗《せん》・浴・深
忄（りっしんべん）	気持ちや感情に関わる。例 情・性・快
門（もんがまえ）	門に関わる。例 門・開・閉《へい》・間

最重要ポイント

すべての漢字には**部首**がある。部首は意味のつながりを表す。音や形が共通でも、部首も同じとは限らない。

参考 部首は次の七種類に分けられる。
- へん…字の左側
- つくり…字の右側
- かんむり…字の上側
- あし…字の下側
- かまえ…字全体をつつむ
- たれ…字の上から下へたれさがる
- にょう…字の左から下へ沿《そ》う

注意 「門」「石」「米」「竹」などのように、一字全体が一つの部首になっている場合もある。

4 次の漢字の部首名をひらがなで書きなさい。

①空　②国　③点
④顔　⑤病　⑥術
⑦冷　⑧歌

答え

1 （表音文字）かたかな・ひらがな・ローマ字（表意文字）漢字
2 ①紀　②起　③記
3 （例）①固・故　②張・帳　③球・救　④管・館　⑤版・板　⑥持・時
4 ①あなかんむり　②くにがまえ　③れんが（れっか）　④おおがい　⑤やまいだれ　⑥ぎょうがまえ（ゆきがまえ）　⑦にすい　⑧あくび（かける）

考え方 **4** ①「うかんむり」ではないので、注意する。

1 文字の起こりと部首

最初に古代人がつくった文字は「絵文字」である。これが、だんだん形を整えて「表意文字」(↓漢字)「表音文字」(↓ギリシャ文字、エジプト文字など)ができた。

❶**漢　字**…漢字は、今からおよそ三千五百年以上も前に中国でつくられた文字で、わが国へは、千六、七百年ほど前に、朝鮮《ちょうせん》を経て伝わってきたといわれている。

❷**「仮名《かな》」と「真名《まな》」**…日本語を、波流《ハル》(春)、奈津《ナツ》(夏)のように、漢字の音だけを使って書き表すようになった。これを「かな」(仮名)とよんだ。これに対し、漢字のことを「まな」(真名)という。

❸**万葉仮名《まんようがな》**…八世紀にできた「万葉集」(↓日本最古の和歌集)でこの仮名が多く用いられたので、「万葉仮名」とよばれている。

❹**か　な**…平安《へいあん》時代になると、「万葉仮名」がもとになって、現在のような「かな」が発明された。

- **かたかな**…漢字の一部分を用いたもの。
- **ひらがな**…漢字全体をくずしたもの。

1 文字の起こり

参考 ローマ字は、古代ギリシャ文字がローマに伝わってできたとされる。日本には室町《むろまち》時代に伝わってきた。

参考 かたかなの「カ」は「加」という漢字の左側を用いたもので、ひらがなの「か」は「加」全体をくずしたものである。

チェックテスト

1 日本語を書き表す文字を四種類挙げ、表音文字、表意文字に分けなさい。

2 次の各文の□に入る、同じ音の漢字を書きなさい。

① 二十一世□の世界。
② 全員が□立する。
③ 日□を書く。

3 次の漢字と同じ形をふくみ、音も同じ漢字を書きなさい。

① 古　② 長　③ 求
④ 官　⑤ 反　⑥ 寺

編集協力　マイプラン（英語）
デザイン　ブックデザイン研究所
図　版　デザインスタジオエキス.
写真提供
国立国会図書館／聖徳記念絵画館／徳川美術館イメージアーカイブ /DNPartcom ／長崎歴史文化博物館／日本製鉄株式会社九州製鉄所／平等院／文化庁（写真提供：埼玉県立さきたま史跡の博物館）／毎日新聞社／ ColBase（https://colbase.nich.go.jp/）／PIXTA
〈五十音順・敬称略〉

小6 全科の要点100％

編著者　小学教育研究会
発行所　受験研究社
発行者　岡本明剛

〒550-0013 大阪市西区新町2―19―15
注文・不良品などについて：(06)6532-1581(代表)／本の内容について：(06)6532-1586(編集)

Printed in Japan　ユニックス(印刷)・高廣製本
落丁・乱丁本はお取り替えします。